아주 낯선 상식

아주 낯선 상식

'호남 없는 개혁'에 대하여

2015년 11월 27일 초판 1쇄
2015년 12월 30일 초판 2쇄

지은이 | 김욱

편   집 | 김희중, 이민재
디자인 | 이창욱
제   작 | 영신사

펴낸이 | 장의덕
펴낸곳 | 도서출판 개마고원
등   록 | 1989년 9월 4일 제2-877호
주   소 | 경기도 고양시 일산동구 호수로 662 삼성라끄빌 1018호
전   화 | (031) 907-1012, 1018
팩   스 | (031) 907-1044
이메일 | webmaster@kaema.co.kr

ISBN 978-89-5769-357-5 (03340)

아주 낯선 상식

김욱 지음

개마고원

커다란 고통, 시간을 끄는 길고 오랜 고통, 생나무 장작에 불태워지는 고통만이 비로소 우리들 철학자들로 하여금 우리가 지닌 궁극적인 깊이에까지 이르게 하고, 모든 신뢰와 선의, 부드러운 가식, 온순, 중용 등 아마도 우리가 이전에는 우리의 인간성을 쏟았던 것들과 결별하도록 만든다.

— 프리드리히 니체, 「제2판 서문」, 『즐거운 학문』(책세상, 2005) 중에서

우리나라에서 정치를 논하는 건 아주 피곤한 일이다. 술집에서 안주 삼아 논하는 정치 이야기야 때로는 가벼운 여흥처럼 느껴질 수도 있다. 하지만 정색을 하고, 더군다나 글로 정치 이야기를 하는 건 거의 정신적 자학에 가깝다.

그럼에도 불구하고 나는 정색을 하고 '글'로 정치 이야기를 꽤 많이 한 사람 축에 속한다. 지난 2003년 초부터 여러 매체와 몇 권의 저서를 통해 상당 기간 정치 이야기를 해왔으니 정치에 대해 과묵한 편은 결코 아니었다. 한데 유감스럽게도 내가 한 정치 이야기가 대중적으로 환영받았던 기억은 거의 없다. 그렇다면 당연히 이런 비난성 질문을 받을 준비를 해야 할 것이다. "당신은 정치 이야기가 괴롭다면서 도대체 무슨 영광을 보려고 그렇게 힘을 쏟았는가?"

나도 당연히 이런 어이없는 행동에 변명의 필요성을 느낀다. 변명이 될지 모르겠지만 난 지금까지 단 한 번도 적극적으로 나서고 싶어서 정치 이야기를 해본 적이 없다. 믿거나 말거나, 나는 우리나라 정치의 지배 이데올로기에 질식된 저항논리를 어쨌든 기록으로 남겨둬야 한다는 어떤 의무감 때문에 글을 써왔다. 나의 이런 해명이 독자에게 어떤 느낌으로 받아들여질지 충분히 알고 있다. 하지만 나는 그렇게밖에 다른 해명은 못 하겠다.

물론 우리나라 정치가 아무리 험한 글 소재라고 해도 그 이야기를 하는 게 무슨 죄를 짓는 건 분명 아니다. 따라서 이런 장황한 서두가 꼭 필요치는 않을 것이다. 그렇지만 군이 이렇게 뭔가 저어하며 글을 시작하는 심리적 이유를 찾자면 이런 것이다.

나는 지난 2013년에 출간된 『정치는 역사를 이길 수 없다』라는 저서를 끝으로 정치 이야기를 더 이상 하지 않겠다고 생각했다. 아마도 거의 그럴 거라고 생각했다. 그런데 3년도 채 못 돼 다시 정치 이야기를 하려다보니 어떤 민망함이 있는 듯하다. 마치 인기 없는 배우가 화면에 계속 얼굴을 들이대며 자신의 연기를 보여주려고 애를 쓸 때 느끼는 민망함 같은 것이라 어림짐작된다. 그러니 독자들도 길어지는 나의 서문을 자기 연기에 '확신'을 갖고 있지만 인기는 없는 배우의 수다 섞인 자기소개쯤으로 이해해주기 바란다.

내 정치 글이 인기 없는 이유는 우선 글 쓰는 역량의 문제일 것이다. 그 이유를 차치하고 말한다면, 무엇보다 내가 우리나라 정치를 지역 틀로 분석하는 글을 쓰는 것이 그 가장 큰 이유일 것이다. 온 나라의 정치가 수십 년간 지역 틀로 돌아왔고, 또 아마 앞으로도 수십 년간 그렇게 돌아가겠지만, 정치를 지역 틀로 분석하는 글은 결코 환영받지 못한다. 좀 억울하다는 생각도 드는 건 나는 단 한 번도 지역 틀로 '만' 정치를 분석하는 게 가능하다고 주장한 적이 없는데도 그렇기 때문이다. 어쨌든 독자들은 지역 틀로 정치를 분석하는 글은 결코 원치 않는 것으로 보인다.

우리나라 정치의 주요 모순은 지역인데, 왜 지역 틀로 분석하는 글은 원치 않는 것일까? 사실 이에 대한 대답을 제대로만 할 수 있다면 이미 지역문제의 절반은 푼 것이라고 본다. 난 다음과 같은 불가피한 원인이 있다고 본다.

우선은 지역패권주의, 정확히 말하면 영남패권주의자의 입장에서 지역분석을 원치 않는 경우다. 지역분석 틀을 이용해 이해관계를 과학적으로 드러내는 것을 원치 않기 때문에 공개적인 지역분석을 싫어한다. 그들에게 지역은 공개적이고 과학적인 분석의 대상이 아니라 은밀하게 공유하는 유리한 지배조건일 뿐이다.

다음으로 이른바 민주진영, 정확히 말하면 그중 일부인 친노진영에서 지역분석 틀을 거부하는 경우다. 그들에게 지역분석 틀을 들이대는 것은 이브에게 접근하는 뱀의 공포를 유발한다. 왜 그럴까? 한편으로 지역을 이용하면서 다른 한편으론 지역을 깨야 하기 때문이다. 이용해야 할 지역은 호남이고, 깨야 할 지역은 영남이다. 그들은 이용해야 할 호남에서는 지역 애기를 하지 않아도 알아서 지역몰표를 주기를 원하고, 깨야 할 영남에서는 지역 애기 대신 계층 애기를 해야 하지 않겠냐며 유권자를 설득하려 한다. 이런 이중적 태도는 위선 없이는 불가능하다. 선거가 끝난 뒤, 이용해야 할 호남에서는 지역몰표에 대한 고마움을 표하기는커녕 그것이 공론화라도 될까봐 쉬쉬하며 금기시하고, 깨야 할 영남에서는 겉으로는 계층 애기를 하면서 안으로는 지역을 '깨기 위해' 지역적 이익으로 유혹한다. 친노의 위선은 인간성의 문제라기보다는 구조의 문제다.

이어서 호남 스스로도 지역분석 틀을 원치 않는 경향이 있다. 김대중의 대통령당선 이전까진 호남은 '민주 = 호남 = 지역적 소외 극복'이라는 확신 속에 지역적 단결을 마다하지 않았다. 정신적·실천적으로 일관되게 그랬다. 그런데 노무현 집권 이후 호남은 확신을 잃게 된다. 현실적으로는 여전히 지역몰표를 민주진영 혹은 반새누리당진영에 바치지만 이데올로기적 확신은 없다. 왜냐하면 아무리 지역몰표를 바쳐도 그것이 민주주의를 위한 것이라는 민주진영의 상찬을 받을 수 없기 때문이다. 상찬은커녕 노무현으로부터는 '지역주의 부패정당'에 대한 몰표 혹은 '(한나라당) 이회창 안 찍으려'던 결과라는 비아냥거리는 소리만 들었다. 한때 호남이 자랑스럽게 행사했던 지역몰표는 이제 아무런 이익도 가져다주지 않으면서, 그렇게 할 수밖에 없고, 그러면서도 또 타지의 눈치를 살펴야만 하는 콤플렉스로 전락하고 말았다. 그러니 지역분석 틀은 가능한 멀리 떨어져 있고 싶은 '에비'일 뿐이다.

마지막으로 지역분석 틀에 대한 이른바 진보의 태도다. 진보 입장에서도 그것은 금기다. 친노와 거의 비슷한 위선을 보이지만 조금 다른 측면도 있다. 우리나라의 진보는 주입식 진보다. 그들은 현실을 과학적으로 이해해 진보사회를 향해 한걸음이라도 나아가려는 태도를 보이기보다는 여전히 '프롤레타리아' 계급만이 새역사 창조의 특권을 쥐고 있다는 태도를 견지하며 자신들에게 주입된 머릿속 진보 관념을 꿋꿋이 실천하는 것을 진보라고 생각한다. 유감스럽게도 우리나라 진보의 관념 속에는 지역이 없다. 그래서 당위적으로 없어져야 할 지역모순이 지배적 현실로 존재하는 우리나라 정치 환경에 관념적인 짜증까지 낸다. 그들의 히스테리 증상을 보고 있자면 '우리의 현실적 삶은 모두 회색빛이고, 푸르른 것은 오직 주입식 관념'이란 생각이 들 정도다. 그러는 그들의 눈엔 오히려 유권자들이야말로 선거 때마다 자기 계급적 이익도 모르고 투표하는 멍청이들로 보일 것이다.

우리는 지금도 가끔 철지난 영구 코미디를 흉내 낼 때가 있다. 그런데 '영구 읎~따!' 코미디는 왜 웃길까? 타조처럼 얼굴만 마루 밑에 처박고 엉덩이를 들어 올린 채 '영구 읎~따!'를 외치는 영구! 제 혼자서만 자기가 사라졌다고 철석같이 믿는 영구! 그럼에도 불구하고 절대로 사라질 기미를 보이지 않는 영구! 심지어는 그 이상한 행태를 한두 번도 아니고 끊임없이 반복하는 영구! 우리는 그 모습을 보고 웃었다.

나는 우리나라 정치문제와 관련해 과거에도 그랬지만, 현재도 그리고 앞으로도 '지역 읎~따!'라는 말을 못하겠다. 나는 영구가 되고 싶은 생각이 추호도 없다. 단지 내가 이해하기 힘든 것은 모두가 TV 화면 속 영구 코미디를 볼 땐 웃었으면서 현실 속에서 재현되는 '지역 읎~따!' 패러디를 보고서는 웃지 않고 심각한 표정으로 빠져드는 현상이다. TV 속 영구가 외치는 '영구 읎~따!'에서는 바보를 보면서, 현실 미디어 속 명사들이 외치는 '지역 읎~따!'에서는 반지역주의 영웅을 보는 것이다.

매우 유감스럽게도 우리나라에서 영남패권주의 문제는 공개적으로 논의해야 할 사회과학이 아니다. 그건 절대 입에 담아서는 안 될 금기다. 이런 사태는 마치 19세기 유럽의 부르주아가 예술을 향해 호들갑을 떨며 외설금지를 부르짖던 태도와 많이 닮아 있다. 미술사가 이연식은 당시 부르주아의 위선을 이렇게 설명한다.

> 한 가지 짚고 넘어가야 할 점은 이들 그림을 놓고 난리를 피웠던 파리
> 의 부르주아들이 한편으로 훨씬 더 음란한 삽화와 판화를 보고 즐겼다
> 는 사실이다. 그들이 마네나 제르벡스의 그림을 용인할 수 없었던 이유
> 는 은밀해야 마땅할 요소를 공식적인 영역, 소위 고상한 예술의 영역에
> 등장시켰다는 점이었다.[1]

21세기 대한민국의 '그들'도 한편으론 영남패권주의를 은밀하게
마음껏 즐기면서, 다른 한편으론 그것을 고상한 사회과학의 영역에
공식적으로 드러내는 것은 참을 수 없는 외설이라고 근엄한 표정으
로 우기고 있다. 이것이 단지 영남패권주의자들의 위선이라면 그러
려니 하겠지만, 문제는 자신을 개혁·진보적이라고 생각하는 사람들
은 물론 호남까지 모두들 이 이데올로기에 지배당하고 있다는 사실
이다. 세상엔 이해할 수 없는 신기한 일이 많지만 나로선 이 이데올
로기적 현상도 분명 그중 하나다.

2015년 4월 재보선 4군데 지역에서 새누리당은 3군데에서 승리
했고, 새정치민주연합은 전패했다. 그리고 광주 서을에선 새정치민

주연합을 탈당한 무소속 천정배가 낙승했다. 이 현상은 우리 정치의 구도가 다시 흔들리고 있음을 보여준다. 상당 기간 전부터 그 징후가 있었지만 모두가 그것을 인식하고 놀라기까지에는 시간이 좀 걸린 셈이다. 그래서 난 이제 다시 이 문제를 드러내고 말할 여건이 됐다고 생각해 이 책을 낸다.

그동안 우리 사회는 호남의 정치적 욕망을 선거를 통해 표출하는 것을 가로막았다. '광주학살'의 가해진영은 호남을 희생양 삼아 지배했고, 민주진영은 그 희생을 순교의 형태로 신성화시켜 이용했다. 그리고 호남은 스스로 그 신성화의 십자가를 짊어졌다. 말하자면 철저히 세속적인 욕망이 표출돼야 할 정치(선거)가 신성화됨으로써 호남의 욕망은 자의반 타의반 거세된 것이다. 천정배 현상은 이 구도가 무너지고 있음을 보여준 것이다. 따라서 이 구도에 안주해온 호남의 지배정당 새정치민주연합은 당연히 지각변동의 공포를 느낄 수밖에 없다.

그보다 더 근원적으로 어쩌면 호남인들 스스로 기존 구도가 무너지는 것에 대한 공포를 느낄 수도 있다. 호남은 지금까지 호남이 민주화의 성지라는, 따라서 단순히 세속적 욕망을 표출하는 선거를 할 수는 없다는 신성 이데올로기와, 그 신성 이데올로기의 세속 전략적 실천형태인 '분열 없는 반새누리당 전선'을 운명처럼 받아들이며 스스로 고난을 감수했다. 그래서 이 구조적 충격을 나름대로 극복하기까지는 아직 시간이 좀 걸릴지도 모른다.

나는 이 책에서 우선 욕망을 거세당한 호남의 신성 이데올로기를 분석할 것이다. 그리고 오랫동안 지속된 이 구조의 균열된 틈을 비집고 드러난 천정배 현상을 분석할 것이다. 나는 이러한 분석이 신성 호남을 세속화시키는 데, 그리고 신성 호남이 스스로를 세속화하는 데 도움이 되기를 바란다. 조금 더 욕심을 내자면 눈앞의 사태뿐만 아니라 우리 정치가 나아갈 방향에도 도움이 됐으면 좋겠다. 이를 위해 난 무엇보다 이 책이 독자 여러분의 기존 관념을 송두리째 흔드는 계기가 될 수 있기를 기대한다.

끝으로 이 책은 12년 이상 거의 일관된 논리를 지속하고 있는 나의 정치 관련 글의 연장선상에 있다. 그러므로 부분적으로 반복적인 주장이 있을 수 있다. 불가피한 핵심테제를 제외하고는 가능한 한 중복이 없도록 노력하겠지만 그 점 미리 양해를 구한다.

2015년 11월

김욱

1장

희생양과
순교자

1

'희생양/순교자'에 대하여

어린 시절 흔히 봤던 '희생양' 만들기가 기억난다. 요즘도 그런 의식을 믿는 어린 친구들(어른들이라고 반드시 예외는 아니었다)이 있는지 모르지만 옛날엔 그렇게들 했다. 눈에 다래끼가 나면 눈썹을 몇 개 뽑아 납작한 작은 돌 위에 놓는다. 그리고 그 돌 위에 또 다른 돌을 얹어놓는다. 그리고는 지나다니는 사람이 많은 길가에 놓아두고 지켜보면 된다. 누군가 이 돌을 차고 지나가면 자신의 다래끼는 그 재수 없는 사람에게 옮겨간다고 믿었다. 내 다래끼 때문에 이 행사를 치렀던 기억은 나지 않지만 효력이 좋았단 허풍을 들은 것 같기도 하다. 어쨌든 그렇게들 믿고 놀던 때가 있었다. 물론 한 가지 주의할 점이 있었다. 자신이 거꾸로 누군가의 돌을 걷어차 재수 없는 희생양이 되는 일이다.

그런데 이런 유의 풍속이 다른 나라에도 있을까? 엄청 많다. 제임스 조지 프레이저의 기념비적인 저서 『황금가지』에는 전세계에 퍼져 있는 이런 유의 희생양에 관한 온갖 원시적 형태의 사례들이 망라돼 있다. 심지어 이 책은 정월 대보름 전날에 그 해의 액을 함께 날려 보내달라는 소망을 적은 종이 연을 날리는 조선인들의 풍습까지 소개하고 있다.[1] 비슷한 맥락의 풍습이 고대로부터 지금까지, 그리고 세계 전지역에 걸쳐 전해 내려오고 있다면 뭔가 진지하게 생각해볼 거리가 분명 있을 것이다. 프레이저는 이 현상을 이렇게 설명한다.

우리 죄와 고통을 다른 어떤 존재에게 떠넘겨 우리 대신 감당하게 할수 있다는 생각은 미개인에게는 익숙한 사고방식이다. 그것은 육체적인 것과 정신적인 것, 물질적인 것과 비물질적인 것의 아주 명백한 혼동에서 생긴다. 나무나 돌 따위의 짐을 우리 등에서 다른 사람의 등으로 옮겨 그가 대신 감당하게 하는 것도 마찬가지로 가능하다고 상상하는 것이다. 그는 이런 생각을 근거로 행동하며, 그 결과로 자신이 감당하고 싶지 않은 고난을 다른 누군가에게 떠넘기기 위해 수많은 불유쾌한 수단을 만들어낸다. 간단히 말해서, 기독교의 대속代贖 원리는 사회적·지적으로 문화수준이 낮은 종족들이 일반적으로 이해하고 실행하고 있다.[2]

그렇게 우리는 사물, 동물, 심지어는 다른 인간에게 우리의 죄와 고통을 떠넘긴다. 이것이 희생양이다. 그러므로 우리는 희생양 메커니즘에서 죄의식, 연민, 후회, 동정 등의 감정을 느낄 수 있다. 어쩌면

이 모든 감정을 '악'이라는 개념에 담아 느낄 수도 있다.

그런데 이런 악을 담은 희생양 현상은 어떻게 그토록 끈질긴 생명력을 유지하는가? 우리는 애초에 이런 악의 천성대로 살아갈 수밖에 없는 존재인가? 아니면 우리의 죄와 고통을 떠넘길 무고한 희생양을 만드는 메커니즘에 어떤 최소한의 명분이라도 있는 것일까? 르네 지라르는 우리에게 희생양에 관한 흥미로운 관점을 제공한다. 우선 그가 인용하고 있는 성경 구절부터 살펴보자.

그래서 대사제들과 바리사이파 사람들은 의회를 소집하고 "그 사람이 많은 기적을 나타내고 있으니 어떻게 하면 좋겠소? 그대로 내버려두면 누구나 다 그를 믿을 것이고 그렇게 되면 로마인들이 와서 이 거룩한 곳과 우리 백성을 짓밟고 말 것입니다." 하며 의논하였다. 그 해의 대사제인 가야파가 그 자리에 와 있다가 이렇게 말하였다. "당신들은 그렇게도 아둔합니까? 온 민족이 멸망하는 것보다 한 사람이 백성을 대신해서 죽는 편이 더 낫다는 것도 모릅니까?" 이 말은 가야파가 자기 생각으로 한 것이 아니라 그 해의 대사제로서 예언을 한 셈이다. 그 예언은 예수께서 유다 민족을 대신해서 죽게 되리라는 것과 자기 민족뿐만 아니라 흩어져 있는 하느님의 자녀들을 한데 모으기 위해서 죽는다는 뜻이었다. 그 날부터 그들은 예수를 죽일 음모를 꾸미기 시작하였다.[3]

르네 지라르는 "폭력을 최대한으로 제한할 것, 그러나 더 큰 폭력을 피하기 위해서는 필요하다면 마지막 극한에 달한 그 폭력을 이용할 것"[4], 이것이 가야파가 말한 명분의 골자라고 설명하고 있다. 우리는 이 지점에서 희생양 메커니즘에 대한 인식의 혼란이 일어난다. 가야파의 명분에 따르면 희생양은 단순한 박해 혹은 절대악의 현현이 아니라 더 큰 악을 막기 위한 작은 필요악, 즉 사회를 보전하기 위한 효율적인 폭력 메커니즘으로 등장하는 것이다.

물론 이게 희생양에 관한 이야기의 전부는 아닐 것이다. 지라르는 역사적 문건에 나타난 희생양 현상의 속성을 다음과 같이 정리한다. ①폭력은 실재했으며, ②위기도 실재했고, ③그 희생양들이 선택된 것은 집단이 비난하는 범죄 때문이 아니라 그들이 갖고 있던 희생양의 징후, 즉 그들이 위기에 대해 혐의가 있다는 관련성을 암시하고 있었기 때문이며, ④그 위기의 책임을 그 희생자에게 씌워서 그 희생양을 없애거나 아니면 적어도 그가 '오염시키는' 공동체에서 추방함으로써 그 위기를 벗어나고자 하는 게 처형의 의미라는 것이다.[5] 이 속성을 기준으로 말한다면, 희생양은 그 겉모습이 어떻든지 간에 적어도 이유를 찾기 힘든 절대악의 현현이라기보다는 어떤 집단이 자신들의 공동이익을 추구하며 저지르는 설명 가능한 악행인 것이다.

바로 그 때문에 희생양 메커니즘은 극적인 반전을 예비할 수밖에 없다. 그 반전의 전제조건은 희생양의 능력에 대한 가해자(박해자)의 믿음이다. 만약 가해자가 희생양에 대한 자신들의 폭력이 어떤 목적도 달성할 수 없는 쓸데없는 폭력이라고 의심하는 순간 희생양에 대한 폭력은 즉시 그 의미를 상실할 수밖에 없다. 희생양에 대한 폭력이 단순한 악의 발현이 아닐진대, 희생양이 된 소수집단을 아무리 박해하고, 추방하고, 처형한다고 해도 자신들의 공동체가 위기를 벗어나는데 어떤 도움도 주지 않는다고 의심한다면 거기에서 대체 무슨 의미를 찾을 수 있겠는가? 그러므로 희생양에 대한 가해는 반드시 희생양을 통해 문제를 해결할 수 있다는 가해자의 확고한 믿음이 전제돼 있어야 한다.

그렇게 해서 실제로 위기가 사라진다면(희생양이 다소간에 '허구적인' 역할을 했을 수도 있다) 가해자는 희생양에 대해 어떤 생각을 하게 될까? 희생양 메커니즘이 놀라운 능력을 발휘했다고 믿을수록 가해자의 희생양에 대한 시선은 경탄으로 바뀔 것이다. 그 과정 속에서 가해자의 폭력적 악행은 은유로 바뀌고(신화화되고), 희생양에 대한 죄의식은 성스러운 경배로 바뀔 것이다. 이것은 가해자(희생양)가 아닌 피해자(순교자)가 그 공동체의 시선을 지배하게 된다는 것을 의미한다. 그리고 이 반전은 세속적 욕망에 가득 차 희생양을 향했던 폭력과 저주가 이제는 자신들을 구원한 성스러운 순교자를 찬양하고 축복하는 분위기로 바뀌는 것을 의미하기도 한다. 지라르는 이 반전을 이렇게 표현한다.

이 같은 믿음이 어떤 문턱을 넘어서면 희생양 효과는 박해자와 희생양의 관계를 완전히 역전시킨다. 바로 이 역전 현상이 성스러움이나 건국 선조와 신성을 만들어낸다. 실제는 수동적이던 희생양을 그를 억압하는 무리에 대항하게 하는 막강한 명분도 바로 이 같은 역전 현상이다. 어떤 인간 집단이 외적 원인이나 내부의 요인 때문에 집단적인 질병에 빠져들게 됨으로써 악화되었던 집단 내의 관계가 만약 그들 모두가 증오하는 희생양 덕택에 다시 재건된다면, 그들의 쾌유를 도와준 그 희생양이 전능하다는 환상적인 믿음에 따라 그 집단은 그 사건을 기념하려 할 것은 분명한 사실이다. 결과적으로 말하자면, 그들에게 병을 가져다 준 자에 대한 만장일치적인 증오에 그 병을 낫게 해준 자에 대한 만장일치적인 찬양이 겹쳐진 것이라 할 수 있다. **6**

나는 지라르의 이 일반적 설명에 공감한다. 특별히 김대중의 정계은퇴 선언 시, 『조선일보』 등이 기억해낸 '김대중의 추억'에 관한 놀라운 에피소드*가 떠올라 고개를 끄덕일 수밖에 없다. 희생양 김대중에 대한 '만장일치적인 증오'가 '만장일치적인 찬양'으로 반전되며 신화화될 '뻔'했던 장면이었다. 그러나 굳이 김대중의 경우가 아니더라

---

* 1992년 대선이 끝나고 김대중이 정계은퇴를 선언하자, 오랫동안 그에게 적대적이었던 보수신문들은 일제히 그를 찬양하는 듯한 사설을 내놓았다.

"그는 암울했던 권위주의 시대를 온몸으로 저항했던 '행동하는 양심'이었다. 그는 인간의 한계를 시험하는 것 같은 위협과 회유를 당당하게 물리친 '불굴의 인간'이었다. 그러기에 그의 빛나는 정치적 퇴장은 '민주화의 사표'로 '자랑스런 정치인'으로 기록될 것이다."(동아일보, 1992년 12월 21일, 사설)

"그렇지만 어떤 사람은 세속적인 승자가 됨으로써 역사에 기여하기도 하지만 또 어떤 사람은 세속적으로는 승부에 지는 것에 의해서도 역사에 기여한다. 비록 이번 대선 경쟁에서 계표상으로 뒤졌다 해도 그것이 김대중씨의 민주발전과 야당 성장에의 공적과 기여를 가리는 일은 되지 못한다."(조선일보, 1992년 12월 20일, 사설)

"이제는 모두가 그에 대해 따뜻한 박수를 보낼 시점이다. 이 땅의 민주화에 이바지한 공은 결코 과소평가 될 수 없다. 또 그는 척박한 정치풍토 속에서도 사회의 소외세력과 진보세력의 목소리를 제도권 정치 속에 반영하는데 그 누구보다도 큰 기여를 했다. 설사 정치적 견해를 달리하는 사람이라도 '다양성의 존중'이라는 민주적 가치를 인정한다면 그의 기여를 폄하해선 안 될 것이다."(중앙일보, 1992년 12월 20일, 사설)

도 지라르의 설명을 우리 현대사에 곧이곧대로 적용하기엔 아직 너무 이르다. 우리 현대사는 지금도 희생양 제의가 진행되고 있다. 그것도 극단적으로 분열된 형태를 띠며 진행되고 있다. 마치 정신분열적 희생양 제의를 보는 듯하다. 그러므로 우리는 이제 신화화가 완성된 고전적 희생양 이야기를 바탕으로 한 지라르의 설명과 헤어져야 한다.

1980년 5월 18일, 우리 역사는 광주에서 비극적인 희생양을 낳는다. 광주의 희생제의에 관한 부가적인 설명은 굳이 필요 없을 것이다. 단지 우리 공동체가 '만장일치적인 증오'를 통해 광주학살을 자행했다는 사실만을 상기시키기로 한다. 문제는 그 병이 나은 이후다. 우리 공동체는 그 병이 나았음에도 불구하고 그 병을 낫게 해준 자에 대한 '만장일치적인 찬양'을 하지 않는다. 우리 현대사의 심각한 정신분열이 존재하는 것이다. 말을 바꾸면, 병든 공동체가 폭력적으로 만들어낸 희생양과 치유된 공동체가 관념적으로 상상해낸 순교자 사이의 심각한 분열 현상이다.

희생양은 가해자(박해자)의 시선을 담고 있다. 그 가해자의 폭력이 은유화·신화화되더라도 달라지는 건 없다. 반면 순교자는 피해자(희생자)의 시선을 담고 있다. 그들의 폭력적 희생이 공동체를 위한 순교라는 성스러움으로 바뀌어 인식되는 것이다. 언젠가 현대사의 '만장일치적인 증오'가 '만장일치적인 찬양'으로 반전되는 날, 우리는 그들을 굳이 희생양과 순교자로 구별해서 인식할 필요가 없을 것이다. 하지만 문제는 과도기를 건너고 있는 지금이다. 우리는 초점을 맞출 수 없는 분열적 혼란상 앞에 서 있다. 한편으론 폭력적으로 희생당한 희생양을 보고, 다른 한편으론 관념으로만 그 희생을 딛고 일어선 성스러운 순교자를 보는 것이다.

우리 현대사가 광주의 희생제의에서 '만장일치적인 증오'가 반전된 '만장일치적인 찬양'이라는 신화를 만들어내는 대신 '희생양/순교자'가 극단적으로 대립하는 지속적인 정신분열을 만들어내고 있다면 그 이데올로기적 외관은 어떤 모습을 띨까? 우리는 '구원 능력을 인정받지 못한 희생양' 이데올로기를 보게 될 것이다. 이 형용모순의 희생양은 한편에선 여전히 폭력과 저주의 대상일 뿐인 소외된 '세속 광주'로, 그리고 다른 한편에선 오직 관념적인 구원과 축복의 대상일 뿐인 상상된 '신성 광주'로 분열된다. 이것은 역사로서 볼 때나 현실을 살아가는 광주의 입장에서 볼 때나 생각보다 고통스런 정신분열이다.

2015년 봄에도 어김없이 그렇게, 아니 오히려 심화된 정신분열의 모습을 띠고 5·18이 찾아왔다. 지금까지 5·18이 걸어온 길은 험난했다. 처음엔 그 정체가 무엇인지, 그래서 그 이름을 뭐라 할 것인지, 피해자는 왜 배상이 아닌 보상을 받아야 하는지, 책임자는 왜 처벌받지 않는지, 교과서에는 뭐라고 기술해야 하는지, 그것은 왜 나라의 기념일이 되지 못하는지, 대통령은 왜 이 기념식을 홀대하는지, 그리고 최근에는 광주의 정신을 담은 〈임을 위한 행진곡〉을 왜 참석자 모두가 제창하지 못하는지가 이슈가 되었다.

〈임을 위한 행진곡〉은 이명박 정부 첫해인 2008년까지 기념식에서 모두 함께 제창했지만 이듬해부터 무대의 합창단만 합창하는 형식으로 바뀌었다. 그런데 이 노래가 합창되느냐 제창되느냐가 그렇게 중요한가? 중요하다. 이 문제는 우리 사회가 직면한 5·18의 이데올로기적 분열상을 반영하고 또 풀어나가는 최전선의 당면과제이기 때문이다.

생각해보면 아주 이상한 분열이다. 원론적으로 말한다면 〈임을 위한 행진곡〉을 부르고 싶지 않은 사람은 이 행사에 참석하지 않으면 된다. 하지만 그럴 수는 없다. 이 행사는 정부기념일로 돼 있기 때문이다. 그래서 이념적으로 동조하진 않지만 직업상 참석할 수밖에 없는 사람들이 생긴다. 곤혹스런 처지에 놓인 그들은 광주정신을 담은 그 노래를 부를 수는 없고 지켜만 보겠다는 것이다. 반면 광주정신을 제대로 기리고 싶어 하는 측은 이 억지 춘향들을 반길 수가 없는 것이다. 이 정신적 분열상은 우리들 공동체의 분열상을 민낯 그대로 드러내며 정체성을 위협할 수밖에 없다.

2015년, 대한민국 보훈처는 이 정신분열적 상황을 적나라하게, 그리고 알기 쉽게 정리해 드러내줬다. 보훈처는 〈임을 위한 행진곡〉이 "1991년 황석영, 리춘구(북한 작가)가 공동 집필해 제작한 북한의 5·18 영화 〈님을 위한 교향시〉 배경음악으로 사용됨으로 인해 노래 제목과 가사 내용인 '임과 새날'의 의미에 대해 논란이 야기됐다"고 지적하며, "특히 작사자 등의 행적으로 대한민국 자유민주주의 체계와 양립할 수 없다는 의견이 있어 제창시 또 다른 논란 발생으로 국민 통합에 저해될 가능성이 있다"고 주장했다.[7]

'임을 위한 행진곡' 제창 문제 싸고 올해도…

5·18' 34주년 반쪽 기념식
DJ-盧 정부땐 참석자 모두 제창
2009년부터 합창단 노래로 대체
새정치聯도 정부행사 참석 않기로

올해로 34주년을 맞는 5·18민주화운동 기념식이 결국 파행을 빚게 됐다. 국가보훈처와 5월 단체가 '임을 위한 행진곡' 제창 문제를 놓고 서로의 주장을 굽히지 않고 있어서다. 5월 단체가 5·18 기념식 불참을 선언하면서까지 '임을 위한 행진곡' 제창을 요구하는 이유는 이 노래가 5·18을 대표하는 곡이기 때문이다.

'임을 위한 행진곡'은 1980년 5·18 당시 시민군 대변인으로 활동하다 5월 27일 전남도

김종률 씨가 1982년 작곡한 '임을 위한 행진곡' 원본 악보. 김 씨는 "5·18민주화운동기록관(아카이브)이 문을 열면 원본 악보를 기증하겠다"고 말했다. 광주=정승호 기자 shjung@donga.com

그러나 2009년부터 합창으로 바뀌었다. 지난해 6월 국회에서 '임을 위한…'의 공식 기념곡 지정을 촉구하는 결의안이 통과됐지만 국가보훈처는 '검토하겠다'는 입장만 되풀이하다 최근 "기념곡으로 지정하기 어렵다"는 입장을 밝혔다. 국가보훈처 관계자는 "국가 기념식 행사에서 기념일과 동일한 제목이 아닌 노래는 제창이 아닌 합창을 하도록 규정하고 있다"고 설명했다. 이에 따라 5·18 유족회, 부상자회, 구속자회 등 5·18 관련 단체들은 정부 주관 기념식 '보이콧'을 결정했다.

'임을 위한…'의 작곡가 김종률 씨는 16일 동아일보와의 통화에서 "이 노래는 그동안 5·18을 상징하는 곡이었다. 군부 정권의 탄압에도 끈질기게 불려왔던 노래를 정부는 무엇이 두려워 막으려 하는지 이해할 수 없다"고 비판했다.

'합창하면 국민통합, 제창하면 국론분열?' 이 노래를 두고 수년째 반복되고 있는 국가보훈처의 황당하고도 집요한 공세는 단순히 정권에 대한 과잉충성이라기보다 여전히 5·18을 인정하고 싶지 않은 가해자들의 입장을 반영한 것으로 볼 수 있다.(동아일보, 2014.05.17)

보훈처의 입장은 물론 현 박근혜 정부의 입장을 담고 있는 것이다. 그리고 현 정부가 그런 입장을 보이는 것은 단순한 자기 확신이 아니라 우리 사회에 내재된 그런 입장을 반영하는 것이다. 보훈처가 "국민 통합에 저해"라는 표현을 했을 때 그것은 자다가 봉창 뚫은 것이라기보다는 가해자의 시각에서 희생양을 바라보는 노골적인 언설이라고 봄이 타당하다. 그 시선은 아직 진행중인 희생제의를 바라보고 있으며, 그 마음은 여전히 '만장일치적인 증오'를 희구하는 중이다.

하지만 그 '만장일치적인 증오'를 희구하는 가해자의 시선이 강렬해질수록 '만장일치적인 찬양'을 원하는 피해자의 시선도 강렬해진다. 2015년 5·18 기념식은 〈임을 위한 행진곡〉 제창을 둘러싼 찬반

때문에 정부와 시민사회 양쪽으로 갈려 열리고 말았다. 보훈처가 주최한 기념식은 국립 5·18민주묘지에서 열렸고, 5·18 유가족 및 피해 당사자들은 동구 금남로 옛 전남도청 앞 광장에서 열린 별도의 기념식에 참석했다. 이런 분열은 5·18이 정부기념일로 지정된 1997년 이후 처음이다.

나는 희망한다. 아니 확신한다. 언젠가는 르네 지라르의 희생양 테제를 5·18을 포함한 우리 현대사에도 곧이곧대로 적용할 수 있는 날이 올 것이다. 하지만 문제는 우리는 지금 긴 과도기를 살고 있고, 불가피하게 그것을 통과하기 위해 애를 써야 한다는 사실이다. 우리 공동체는 과연 이 정신분열의 시대를 제대로 통과할 수 있을까? 무슨 수로, 어떻게?!

2

호남 희생양을 재생산하는 영남패권주의 이데올로기

그 유명한 '나는 공산당이 싫어요'라는 신화가 있었다. 이 신화가 만들어진 배경은 이렇다.

1968년 12월, 울진 삼척에서 무장공비가 침투해 강원도 평창군에 살던 9살 국민학생 이승복과 어머니, 남동생, 여동생을 살해한다. 이 참사에서 이승복의 형인 당시 15세였던 이학관만 생존한다. 『조선일보』는 현장의 유일한 목격자인 이학관의 주장을 인용해 「"공산당이 싫어요" 어린 항거 입 찢어」라는 제목으로 크게 보도한다. 이후 이 사건은 도덕 교과서에 실리고, 수없이 많은 초등학교에 이승복의 동상이 세워진다.

그런데 1992년 자유기고가 김종배는 이학관과 인터뷰를 한 뒤 그가 『조선일보』 기자를 만난 적이 없다는 기사를 썼다. 1998년 언론개혁시민연대는 대한민국 오보50선을 선정하며 『조선일보』의 이승복

보도를 오보로 분류했다. 이에『조선일보』가 언론연대 사무총장 김주언과 김종배 등에게 소송을 제기하며 오보논쟁이 본격화됐다. 쟁점은『조선일보』기자가 직접 현장에서 취재를 했는지 여부였다.

2009년 최종적으로 대법원은『조선일보』기자 강인원이 사건 현장에서 직접 취재했다고 판단하고『조선일보』의 이승복 보도는 사실이라고 판결했다. 동시에『조선일보』의 오보를 주장했던 김종배에게도 무죄를 선고했는데, "의혹보도 역시 충분한 구체성을 가지고 있다면 언론의 자유에서 용인할 수 있다"며 위법성 조각사유를 인정했다. 이승복 오보 논란은 이렇게 끝났다.

하지만 후일담이 있다. 이와 관련 1968년 당시『중앙일보』기자였던 김진규는 2007년『미디어오늘』과의 인터뷰에서 "1968년 당시 법조팀에서 사회부 데스크를 보던『조선일보』최아무개 기자가 후배기자의 전화송고를 받아쓰면서 기사에다가 '공산당이 싫어요'라는 말을 덧붙여 가필했다"고 주장했다. 그는 "최 기자가 기사가 실린 날 오후 법원에 나와서 나는 공산당이 싫어요라는 말을 가필했더니 사회면에 크게 실렸다고 떠벌리고 다녔다. 내 양심을 걸고 하는 말"이라고 증언했다.[8]

진실이 무엇이든 이 사건은 남북분단과 반공시대의 역사적 에피소드로 남을 것이다. 한데 나에겐 지금 당장의 의문이 있다. 이승복의 직접적인 외침이든, 최아무개의 가필이든 '나는 공산당이 싫어요'라는 반공명제가 증오의 대상으로 적시해준 대상은 '공산주의'도 아니고, '북한'도 아니고 그렇다고 '북한사람'도 아니다. 그 대상은 '공산당'이다. 그렇다면 이승복, 혹은 『조선일보』 최아무개, 아니면 반공명제는 왜 '나는 북한사람이 싫어요'가 아닌 '나는 공산당이 싫어요'라고 했던 것일까?

이승복의 반공명제 '나는 공산당이 싫어요'는 북한주민과 그들의 대표인 공산당의 분리를 전제한다. 악의 축은 공산당이지 북한주민이 아니다. 이승복의 반공명제는 북한주민은 공산당의 지배 하에서 억압받고 있는 해방의 객체라는 것을 담고 있다. 다시 말해 공산당은 북한주민의 대표가 아닐뿐더러 설령 대표라 하더라도 갈아치워야 할 나쁜 대표인 것이다.

어떤 집단이 다른 집단을 패권적으로 지배하려 들 때는 우선 그 피지배 집단과 집단의 대표가 분리되는 것이 좋다. 설령 전략적 통솔의 필요에 따라 완전한 분리를 강요하지 않더라도 적당히 대표하고 적당히 나쁜 대표이기를 원한다. 제국이 식민지를 지배하는 경우든, 내부적인 패권을 통해 지역을 지배하는 경우든, 자본이 노동자를 지배하는 경우든, 피지배적 집단과 그 대표가 한 몸처럼 서로를 신뢰·의존하는 것은 패권적 지배집단의 입장에서는 결코 환영할 수 없는 일이다. 한마디로 패권적 지배집단은 피지배집단(혹은 적대집단)의 대표를 '악' 혹은 '적당한 악'으로 매도(규정)함으로써 피지배집단 그 자체와 분리하는 것이 전략적으로 가장 유리하고 또 필요하다.

하지만 우리가 그 대표성을 의심하는 특정 집단의 대표가 사실상 우리의 기대(평가)와는 달리 자신의 집단으로부터 통상적인 지지를 받는다고 인정해야 할 경우도 많다. 심지어 스탈린의 소비에트체제도 최소한의 혁명적 계기가 있었으며,[9] 히틀러의 파시즘체제도 실재하는 위기의식의 반영이라고 주장[10]하는 상식적인(?) 관점도 있다. 나는 북한체제도 '나쁜 공산당/무고한 북한주민'으로 설명할 수 없는 '북한주민의 최소한의 동의를 대변하는 북한 공산당'의 측면이 분명히 있다고 본다. 물론 체제의 대표와 주민의 동의가 어긋나는 시대적 불일치가 존재할 것이다. 하지만 그렇더라도 그건 '동의의 역사적 어긋남'의 문제일 뿐이지 과학적 분석의 일반적인 기초로 삼을 조건은 아니다.

우리나라가 영남패권주의적인 정치상황이라면 영남지배집단은 우선 호남의 정치적 대표를 호남인들과 분리시키는 것이 급선무일 것이다. 영남패권의 위기 시, 즉 호남의 희생양이 필요했던 시기에는 가장 노골적인 형태의 분리작업이 자행됐다. 호남과 김대중의 분리가 그 경우에 해당한다. 하지만 그들은 '나쁜 김대중과 해방시켜야 할 호남주민'으로 분리하는 데 실패했다. '김대중 = 빨갱이'로 대표되는 온갖 종류의 악선전에도 불구하고 호남과 김대중은 분리되지 않았다. 분리되기는커녕 '김대중 = 빨갱이'로 생각하는 호남인은 거의 없었으며, 오히려 희생양 = 순교자의 이미지만 강화됐다.

이제 현실 정치인으로서의 김대중은 없다. 단지 '동교동계'가 그 어두운 그림자를 희미하게 뒤집어쓰고 있을 뿐이다. 어쨌든 지금은 통상적인 의미에서 희생양을 구해야만 하는 위기 상황은 아니다. 하지만 영남패권주의적 지배는 계속되어야 하고, 평시를 위한 일상적인 영구 이데올로기가 필요하다. 물론 그것도 일상화된 희생양 이데올로기라고 볼 수도 있겠지만 상황이 조금 다르다. 위기 시엔 단기적이고 자극적인 희생양 그 자체가 필요하지만, 평시엔 지속적인 패권을 가능케 하는 희생양 이데올로기가 필요한 것이다.

여기서 영남패권주의라는 이데올로기를 정리하고 넘어가는 게 좋겠다. 나는 현대적 의미의 영남패권주의를 "영남인들이 폭압적인 정치권력을 통해 호남인들을 차별·배제하는 전략으로 전국적 규모의 경제적 지배관계를 확대재생산하고 이러한 지역적 지배관계에 대해 사회·문화적인 차원에서 은밀하게 이데올로기적 동의를 얻어내는 극우 헤게모니"[11]라고 정의한 바 있다. 하지만 이 정의에서 "폭압적인 정치권력"과 "이데올로기적 동의"는 대체적이다. 위기 시엔 폭압적인 정치권력이 압도적이겠지만 평시엔 이데올로기적 동의가 지배적일 것이다. 말하자면 여기에도 '강제의 갑옷을 입은 헤게모니'라는 정식을 적용할 수 있겠다.

나는 1987년 6월항쟁 이후로 영남패권주의가 '폭압적인 정치권력'에서 '이데올로기적 동의'로 점차 이행해왔다고 본다. 위에서 말한 호남과 호남의 정치적 대표를 분리하는 하위 이데올로기도 이제 거의 안정적으로 이데올로기적 동의의 모습을 띠고 있는 것으로 보인다. 그것은 영남패권주의가 그 본산인 새누리당에 의해서만 공격적으로 선전되는 것이 아니라 피지배집단 스스로의 논리로도 적극적으로 받아들여지고 있다는 것을 의미한다. 여기서 말하는 피지배집단은 호남을 필두로 하는 여타 지역과 계층, 그리고 이들을 대표하는 이른바 개혁·진보진영까지를 망라한다.

호남과 호남의 정치적 대표를 분리하는 이데올로기적 공세의 주요 모습은 '지역주의 부패세력'이라는 선전·선동이다. 우리 사회에서 당연히 제기될 수밖에 없는 이 프레임을 새누리당은 '동일화'의 방식으로 극복하고 활용한다.

우선 지역주의와 관련해 '영남패권주의'라는 용어는 미디어에서 거의 밀려나 있다. 대신 지역감정, 혹은 지역주의라는 용어로 대체된다. 그나마 근래엔 지역감정보다는 지역주의라는 용어가 더 많이 보이는 듯하다. 이 용어는 '패권/종속' 혹은 '지배/피지배' 관계를 은폐시킨다. 오직 동일한 악인 '영남지역주의＝호남지역주의'만이 존재하는 것이다. 이 '동일화'는 노동자패권주의, 여성패권주의라는 개념만큼이나 어처구니없게도 심지어는 '영남패권주의＝호남패권주의'라는 선전·선동으로까지 발전된다.

다음으로 부패세력과 관련해 새누리당은 별 할 말이 없을 것으로 보이지만 얼마든지 극복된다. 구조적으로 반복될 수밖에 없는 자신들의 엄청난 부패는 새정치민주연합의 상대적으로 작은 부패와 물타기 되며 희석된다. 그렇다고 이 도덕적 프레임을 벗어날 수도 없다. 시도 때도 없이 터지는 구조적 부패에 눈 감고 정책 얘기만을 할 수도 없는 것 아닌가?

더 치명적인 문제는 '동일화'가 단지 소극적으로 극복되는 것이 아니라 적극적으로 활용된다는 사실에 있다. 패권적 지역주의와 반패권적(저항적) 지역주의를 같은 지역주의로, 양적으로 다른 부패를 질적으로 같은 부패로 치환하는 순간, 반패권주의와 반부패는 공격하는 쪽에서 더 큰 타격을 받을 것은 자명하다. 자신의 눈을 찌르는 부메랑이 되는 것이다. 이에 편승해 진보 측은 새정치민주연합의 지지를 자신들에게 돌리려는 의도에서 '모든 보수는 같다'고 공격한다. 이런 상황 속에서 새정치민주연합은 기세를 잃고, 이 당에 한데 모여 있는 호남의 대표들은 힘을 잃는다. 그리고 그들 힘없는 대표들에게 전적으로 의지하는 호남은 대표 없는 파편적 주민으로 전락한다.

더욱 결정적인 문제는 호남 정치인을 호남과 분리시키는 '분리 이데올로기'가 노무현 이데올로기로 변주되어 새정치민주연합을 지배하고 있다는 사실이다. 노무현 이데올로기란, '허구적 지역주의' 현실 속에서 새정치민주연합이 대통령선거에 승리하기 위해서는 영남에서 득표력이 있는 영남후보를 내세워 호남몰표로 뒷받침해야 하고, 그렇게 당선된 영남 대통령은 '민주성지' 호남의 정신적 양해 속에서 세속적인 영남을 물질적으로 유혹해 지역주의를 구조적으로 타파해야 한다는 '은폐된 투항적 영남패권주의'에 입각한 위선적 정치공학이다. 이런 이데올로기에 지배받는 사람이 바로 친노다. 예컨대 이런 노무현 이데올로기를 지고지선으로 알고 있는 이화여대 교수 조기숙은 "DJ시대로 돌아가자는 건 호남이 영원히 소수가 되는 지역주의 정당으로 돌아가자는 주장"[12]이라고 공공연히 호남을 겁박한다. 이런 식의 겁박에 주눅 든 호남은 기약 없이 파괴되고 있다.

결과적으로 '동일화'를 전략으로 삼는 새누리당의 영남패권주의 이데올로기와 '지역타파'를 내세운 노무현 이데올로기는 쌍생아다. 그것은 호남의 대표를 호남으로부터 분리시키고, 호남의 대표가 성장하는 것을 가로막는 근원적 토대가 된다. 호남의 정치적 대표들은 친노세력으로부터 '지역주의 부패세력'이라는 이데올로기적 공세에 특히 취약하게 노출된다. 구체적으로는 박상천·정균환이 희생양으로 선택됐던 열린우리당 사태가 대표적인 사례다. 이렇게 영남패권주의 이데올로기는 노무현 이데올로기와 만나 화려한 내일을 도모하고 있다. 영남패권주의는 이제 단지 영남지배세력의 억지 주장이 아니라 개혁·진보진영의 사고까지 지배함으로써 명실공히 대한민국 전체를 지배하는 이데올로기의 자격을 얻은 것이다.

노무현 이데올로기는 다양한 형태로 변주된다. 가장 대표적인 변주는 호남 정치인을 호남으로부터 분리시켜 제거하는 '지역구 이동' 논리다. 오직 영남패권주의 대한민국에만 존재하는 다선의원 지역구 이동 이데올로기는 호남의 대표 중진들을 제거하는 결정적 수단이다. 이것은 새정치민주연합이 위기 시에 행하는 전통적인 희생양 메커니즘의 하나이기도 하다.

2015년 4월 재보선에서 패배한 새정치민주연합은 위기에 처한다. 다시 희생양이 필요하다. 서울대 조국은 "식견과 경륜을 갖춘 존경하는 중진 의원 여러분께서 자발적으로 '적지'에 몸을 던져주시기만 해도 민생과 민주를 위한 정권교체는 한 걸음 성큼 다가올 것"[13]이라고 발언한다. 이에 대해 진중권은 "쓰레기들이 기득권 포기 못해서 벌어진 사태인데, 사태를 수습하기 위해 기득권부터 내려놓으라 하니"[14]라며 트위터로 신발도 못 신고 뛰쳐나가 말리는 시누이 역할을 하고 나선다. 희생제의의 철이 왔음을 알리는 너무나 익숙한 서곡이다.

복수정당체제 하에서는 부적격 정치인들은 일반적으로 선거를 통해 자연스럽게 도태된다. 하지만 일당독재체제 하에서는 도리 없이 숙청('적지' 출마)이라는 전前근대적 방식으로 문제를 해결해야만 한다. 사족이지만 이런 식의 숙청은 주로 호남 정치인이 목표가 된다. 그 이유는 다선의원이 호남에서만 나오는 것은 아니지만 복수정당제에 의해 실질적으로 경쟁하고 있는 수도권 다선의원은 지역구를 옮길 이유가 거의 없기 때문이다. 참고로 영남 역시 일당독재 상황이지만 박근혜는 대구 달성에서만 4선을 한 뒤 비례대표를 지내고 대통령에 당선됐으며, 김영삼은 거제에서 첫 당선된 뒤 부산에서만 7선, 비례대표 1선을 하고 대통령에 당선됐다. 현재 다음 대선후보로 유력하게 거론되고 있는 김무성 또한 부산에서만 무려 5선을 했다. 반면 김대중의 경우는 강원도 인제 보궐선거에서 첫 당선되고 목포에서 2선된 이후에는 비례대표만으로 3선을 하고 대통령에 당선된다. 정동영의 경우는 전주에서 2선을 했는데 대통령 낙선 후 다시 고향출마를 한다는 이유로 이데올로기적 총공세를 당하기도 했다. 다선의원 고향제거는 새누리당에서도 종종 있는 일이지만 호남의 그것과는 성격이 판이하게 다르다. 새누리당의 그것은 수뇌부의 영남패권주의를 위한 지역관리의 차원이지만 호남에서의 그것은 오히려 '분리 제거'라는 이데올로기의 성격을 띤다.

1960대부터 박정희가 구축해놓은 영남재벌 경제체제는 영남패권주의 이데올로기를 바탕으로 정권을 재창출해가며 안정적으로 작동하고 있다. 지역적 패권주의가 존재하지 않는다면 정권장악은 단지

용퇴대상 多選 14명… 野 '조국發 內戰' 오나

<4선 이상>

'호남 40% 물갈이' 등 주장
曺 혁신위원 선임에 '촉각'

4선엔 김한길·이종걸 있어
일각 "혁신위를 혁신해야"

새정치민주연합 다선 의원

4선 이상 의원 (14명)	6선(1명): 이해찬(세종)
	5선(4명): 문희상(경기의정부갑), 이미경(서울은평갑), 이석현(경기안양동안갑), 정세균(서울종로)
	4선(9명): 김성곤(전남여수갑), 김영환(경기안산상록을), 김한길(서울광진갑), 박병석(대전서구갑), 신계륜(서울성북을), 신기남(서울강서갑), 원혜영(경기부천오정), 이종걸(경기안양만안), 추미애(서울광진을)
호남 3선 (9명)	강기정(광주북구갑), 김동철(광주광산갑), 김춘진(전북고창부안), 박주선(광주동구), 박지원(전남목포), 우윤근(전남광양구례), 주승용(전남여수을), 최규성(전북김제완주)

■ '4선 이상 용퇴, 호남 현역 40% 이상 물갈이' 등 공천혁신을 주장해온 조국 서울대 법학전문대학원 교수가 새정치민주연합 혁신위원으로 선임되면서 새정치연합의 총선 물갈이에 관심이 쏠리고 있다.

특히 11일 출범한 김상곤 위원장의 혁신위 성과를 평가하는 데 있어 인적 쇄신이 주요한 판단 기준으로 작용할 가능성이 높아 조 교수의 제안은 일종의 가이드라인'이 될 공산이 크다.

새정치연합에 따르면 소속 의원 중 4선 이상 다선 의원은 6선 1명, 5선 4명, 4선 9명 등 모두 14명이다. 이들은 계파의 수장을 맡고 있거나 핵심적인 역할을 하는 의원들이다.

이해찬 의원(6선)은 친노(친노무현)

계의 대표 인사이고, 문희상 의원(5선)은 비상대책위원장을 두 차례 맡았을 뿐이 아니라 친노 원로 중 한 사람으로 꼽힌다. 정세균 의원(5선)과 김한길 의원(4선)은 각각 범주류와 비주류의 대표 인물이다. 특히 5선 이상 5명은 평균 나이가 66.4세로 고령이고, 상대적으로 야권이 강세 지역인 수도권(4명)과 충청권(1명)에 지역구를 두고 있어 용퇴의 칼날을 피하기 어려울 것이라는 전망이 적지 않다.

호남 현역 의원은 모두 28명으로, 이중 3선 이상은 9명이다. 호남 지역은 17대 총선 공천 당시 현역 17명 중 10명(58.8%)이 탈락했고, 18대는 45%가량, 19대에는 50%가량이 불갈이됐다. 이

런 전례를 따져봐도 호남 현역 40% 이상 물갈이는 불가피할 것이라는 관측이 나온다.

한편 혁신위가 진보적 색채가 강하거나 운동권 출신인 인사들로 채워지면서 당이 강경 노선으로 전환될 수 있다는 분석이 나오고 있다. 김 위원장이 혁신의 주요 목표로 당의 정체성 재확립, 투쟁성 회복을 밝힌 바 있어 혁신의 방향이 중도 노선 포기로 흐를 수 있다는 우려가 비노(비노무현)계를 중심으로 제기되고 있다. 한 수도권 재선 의원은 "위원들의 면면을 보면 진보와 보수라는 이분법 잣대를 들이대면서 혁신하겠다고 나설 수도 있다"며 "혁신위를 혁신하는 상황이 올지도 모르겠다"고 비판했다. 윤정아 기자 jayoon@

김영삼, 박근혜, 김무성 등 영남의 주요 정치인들은 고향에서의 다선 경력을 바탕으로 대권을 쥐었거나 대권에 도전하고 있다. 그런데 왜 호남 정치인들은 고향에서 재선, 3선만 해도 용퇴·적진출마 압박에 시달려야 할까?(문화일보, 2014.06.11)

계급적 정책의 문제로서만 제기될 것이다. 하지만 영남패권주의 대한민국에서 정권은 피지배지역민을 파편화하고 패권적으로 지배하는 결정적 도구로 작동한다. 당연히 이런 식의 정치와 재벌의 패권적 결탁을 깨고 균형을 찾는 방법은 정권교체밖에 없다. 『한겨레』의 성한용은 이 사태를 이렇게 잘 정리하고 있다.

그(김대중에 의한 정권교체-필자 주) 뒤 무슨 일이 일어났을까요? '만년 여당'으로 흥청대던 사람들 가운데 상당수가 거리로 쫓겨났습니다. 정권을 잡은 쪽이 차지할 수 있는 자리가 수천 개, 아니 수만 개에 이르던 시절입니다. 정권교체는 정부와 공기업체는 물론이고 학계, 재계, 언

론계 등 민간 영역까지 광범위한 영향을 미쳤습니다. '만년 야당' 사람들이 대기업에 줄줄이 취직을 했습니다. 정권에 줄을 대려면 로비 창구가 필요했던 것입니다. 그 전에 자리를 차지하고 앉아있던 '만년 여당' 사람들은 쫓겨났습니다.[15]

수십 년 묵은 패권적 이익독점의 적폐는 상시적인 정권교체의 가능성에 의해서만 합리적으로 치유될 수 있다. 한데 호남은 일당독재의 중층적 폐해 속에서 신음하고 있다. 즉 국민으로서 호남인들은 영남패권주의 이데올로기로 무장한 새누리당의 (사실상의) 일당독재치하에서 소외되는 한편, 야당 지지자로서의 호남인들은 영남패권주의 이데올로기의 쌍생아인 노무현 이데올로기로 무장한 새정치민주연합의 호남 일당독재치하에서 하릴없이 정치적 에너지를 낭비하고 있다. 이것이 현실이다.

3

호남 순교자를 재생산하는
신성 이데올로기

2015년 어버이날에도 으레 우리들의 가슴을 먹먹하게 만드는 '미담' 기사 「치매증세 103살 시어머니 50년 모신 70대 며느리」,[16]가 보인다.

부산시에 사는 며느리 이○○(75)는 1965년 결혼 직후부터 시집살이를 시작해 50년간 시어머니를 극진히 모시고 있다. 103살의 시어머니 김□□는 6·25 전쟁 때 남편과 헤어져 홀로 아들 2명을 키웠다. 그녀는 장남과 결혼한 이 씨에게 하루에 연탄 2장 이상 사용하지 못하게 할 정도로 혹독하게 시집살이를 시켰다고 한다.

가톨릭 신자인 이○○는 "시어머니가 날 미워하는 것은 아니다"고 생각하며 잘 모셨다. 시어머니는 5년 전부터 치매 증세까지 보이고 있다. 그녀는 올해 초 장남이 심장마비로 갑자기 세상을 떠나면서 거동을 할 수 없을 정도로 기력을 잃었다. 며느리 이○○는 치매 증세가 심해지는 시어머니의 구박에도 불구하고 산책, 식사, 목욕 등을 직접 수발했다.

이웃들은 이씨를 '진정한 효부'라고 칭찬을 아끼지 않았다. 이○○는 "시어머니가 이대로 돌아가[시]면 후회될까 싶어서 그냥 잘 보살피고 건강하게 지내게 해달라고 기도하고 있다"고 말했다. 이○○는 이 같은 공로를 인정받아 제43회 어버이날에 국민훈장 '목련장'을 받았다.

나는 이 미담의 주인공들을 폄훼할 생각이 전혀 없다. 오히려 며느리에게 존경을 표한다. 다만 아들도 아닌 며느리가 이런 '효'를 행하는 건 보통 사람들로선 매우 힘든 일일 뿐만 아니라 더군다나 강요할 수는 없다는 전제하에 얘기를 한다.

기사 본문엔 "시어머니가 이대로 돌아가[시]면 후회될까 싶어서 그냥 잘 보살피고 건강하게 지내게 해달라고 기도하고 있다"는 며느리의 얘기가 나온다. 그런데 이 기사의 서두는 "시어머니 건강이 더 안 나빠지고 제가 계속 모시는 게 작은 소망입니다"로 표현되고 있다. 이 서두의 따옴표대로 이 말을 며느리에게서 직접 따온 것일까? 어쨌든 며느리의 "후회"와 "기도"는 서두에서는 "작은 소망"으로 업그레이드되고, 이웃은 그녀에게 "칭찬을 아끼지 않았다."

일반적으로 말한다면, 친자식이라 할지라도 50년 이상을, 그것도 몸이 불편한 환자를 돌보는 행위는 의무라고 할 수는 있어도 '욕망'이라고 하기는 힘들다. 이런 의무는 벗어나고픈 게 보통 인간의 본능이다. 그런데 며느리 이○○는 벗어나지 못하고 있다. 이 상황을 이웃은 "칭찬"하고 나라는 "훈장"으로 격려한다. 물론 이 자체가 잘못된 건 아니다. 하지만 아마도 며느리 이○○는 주위의 이런 시선을 큰 부담으로 느낄 수도 있다. 이제는 이 부담 때문이라도 지금까지 해온 '효'를 더욱 헌신적으로 행할 가능성도 있다.

그렇다면 이 며느리의 '잃어버린 욕망'은 무엇으로 보상받을 수 있을까? 어쩌면 '효'에서 벗어날 수 없는 그녀는 '효'가 '욕망'이라고 스스로를 달랠 수밖에 없을지도 모른다. 하지만 효가 욕망이 될 수는 없다. 만약 누군가 효를 욕망이라고 느낀다면 그는 신성화된 의무감으로 채워진 거세된 욕망을 느끼고 있는지도 모른다.

나는 광주에서 위의 며느리를 본다. 민주화는 대한민국의 욕망이었다. 물론 광주의 욕망도 그 안에 있었다. 하지만 광주학살 이후 상황이 달라졌다. 전두환과 그 일당에 무감각해진 채, 그들이 만든 정당을 지지하며 이제 대한민국이 민주화됐다고 믿는 사람들과 광주는 화해할 수 없었다. 그들이 자신들의 욕망을 원 없이 실현해가고 있을 때, 광주는 한마음으로 자신들의 욕망을 거두고 그들과 수십 년간을 정치적으로 척지며 살 수밖에 없었다. 광주는 그것이 아직 오지 않은 진짜 민주주의를 실현하는 것이라고 믿었다. 그렇게 광주는 고립되었고, 욕망은 거세되었다.

다행히 지지해주는 편도 있었다. 호남의 김대중이 이끌던 새정치민주연합(계열) 외에도 개혁·진보적인 사람들이 한편이 돼주었다. 말하자면 그들은 이념적인 '칭찬'과 정신적인 '훈장'을 달아주었다. 이는 어느덧 '광주정신'으로 불리며 '광주의 욕망'을 대체하기 시작했

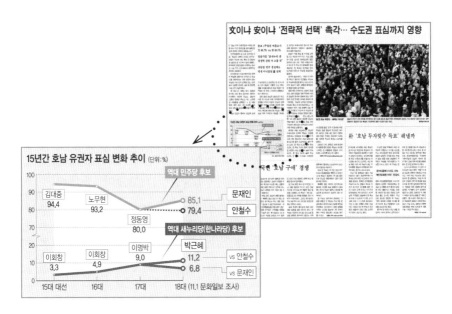

일자리, 개발, 집값, 세금… 전국민이 각자의 욕망에 투표해온 가운데 호남만은 그 평범하고도 당연한 '욕망할 권리'를 선거에서 행사하지 못했다. 광주학살 이후 수십 년간 호남에 강제된 이 의무감이야말로 최초의 수평적 정권교체와 정권재창출을 이끈 원동력이었다. 그러나 2003년 민주당 분당 사태로 입은 상처와 연이은 대선 패배는 호남인들에게 당당하게 고난을 이어가지도, 그렇다고 다른 지역민들처럼 욕망을 드러내놓고 표현하지도 못하는 딜레마를 안겼다.(문화일보, 2012.11.06)

다. 시간은 자꾸 흘러가고 '광주정신'이 더욱 신성화될수록 '광주의 욕망'은 점점 현실에서 멀어졌다.

광주학살 이후 광주(호남)는 언제나 이 신성 이데올로기에 지배받으며 살았다. 최소한 의식하지 않을 수 없었다. 예컨대 김대중에게 몰표를 던지면서도 단순한 지역적 욕망 때문이 아니라 김영삼이나 이회창 등에 비해 김대중이 더 훌륭하기 때문에 그런다는 것을 강조하고 싶어 했다. 누가 굳이 물어보지 않는데도 그렇게 말하고 싶어 했다. 노무현에게 몰표를 던져 대통령까지 만들었을 때도 자신들은 단순한 지역적 욕망이 아닌 이 땅의 민주주의를 위한다는 명분을 찾았다. 그래서 그 유명한 노무현의 발언 "호남 사람들이 나를 위해서 찍었나요. 이회창이 보기 싫어 이회창 안 찍으려고 나를 찍은 거지"[17]라는 말은 그만큼 큰 상처가 됐다.

이후 정동영에게 몰표를 줄 때 이명박이 당선되고, 문재인에게 몰표를 주었을 때 박근혜가 대통령이 되는 모습을 지켜보았다. 자신들의 투표행위가 단순한 욕망이 아닌 어떤 가치를 지향한다고 믿었는데 세상은 자신들의 뜻과는 아무 상관없이 흘러갈 때의 고립감은 어떨까? 두 가지 집단심리를 예상할 수 있다. 하나는 '자신들의 행위를 타지에서는 어떻게 생각할까?'라는 불안감이다. 호남은 가장 현실적이어야 할 투표행위에서까지 거리낌 없이 자신의 욕망을 실현하는 대신 어떤 의무감 속에서 타인의 시선을 의식하는 것이다. 다른 하나는 자신의 내면을 향한 불안감이다. 그것은 '언제까지 내 욕망을 포기해야 하느냐'는 불안감이다. 하지만 이 불안감은 아직은 감출 수밖에 없다. 이는 '신성 이데올로기'가 지배하는 광주에서 아직은 대놓고 공유할 수 없는 느낌이기 때문이다.

2012년 12월의 대선이 끝난 뒤, 『오마이뉴스』의 이주빈은 참회처럼 이런 기사를 썼다.

난 이번 대선에서도 '욕망'이 승패를 갈랐다고 본다. 안정된 일자리를 갖고 편하게 먹고살고 싶다는 욕망, 보다 큰 집에서 안온하게 살고 싶다는 욕망, 이러저런 잔걱정 없이 속편하게 살고 싶은 욕망… (…) 1980

년 오월 이후 광주는 욕망의 도시가 되어선 안 되는 암묵적 강제를 받아왔다. '민주성지' '평화인권 도시' 따위의 슬로건은 광주의 저항이 '파괴된 일상'과 '억압받은 욕망'에 대한 분노였다는 것을 간과하게 만들었다. (…) '광주의 전략적 선택'이란 용어엔 이미 욕망 배제, 가치 우선의 선택이 강제되어 있다. 거칠게 얘기해서 자신들은 줄곧 욕망의 선택을 해왔으면서 광주에게는 늘 가치 우선의 선택을 강요해온 것이다. 그리고 나 같은 언론인을 비롯한 지식인들은 그 강제에 부역했다. 광주가 욕망을 거세당한 죽은 도시가 되는 데 부역한 것이다. 부끄럽고, 죄스럽다.[18]

이주빈이 '욕망을 거세당한 광주'를 관찰한 것은 이보다 더 날카로울 수 없는 통찰이다. 하지만 어떻게 욕망을 다시 찾을 것인가? 온 나라가, 아니 유사 이래 인류가 욕망에 의한 정치행위를 하지 않은 때가 거의 없었음에도 불구하고, 광주는, 호남은 왜 이 순교자적 정치행위를 계속 해야만 하는가? 아니 강요당해야만 하는가? 언제까지? 무엇을 위해? 누구를 위해? 이주빈은 이렇게 말한다.

'전략적 선택'이라는 용어를 해체시키지 않고서는 광주는, 순정한 '몰빵'을 하고도 두려움과 슬픔에 온몸이 우는 서러움이 반복될 수밖에 없다. '전략적 선택'이라는 용어를 해체시키다보면 그 용어와 함께 기득권을 누려온 세력과 그 부역자들도 진솔한 자기해체를 요구받을 것이다. (…) 광주에겐 거세당한 욕망의 부활과 생성이 절실하다. 이는 광주의 욕망을 거세시킴으로써 이득을 보아왔던 세력과의 결별을 의미한다. (…) 그리고 새로운 정치적 욕망을 생성하는 것도 필요하다. 세력 중심이 아닌 자유로운 개인의 연대를 중심으로 정치적 욕망을 확장시켜야 한다. 누구로부터 '전략적 선택'을 강제 받지 않는 광주 스스로의 정치적 욕망을 키울 때다.[19]

이보다 더 관념적이고, 이보다 더 추상적일 수가 없다. 마치 일부러 암호문처럼 작성한 것 같다. 이 암호문을 나름대로 풀어 독해해보자. 광주(호남)는 '전략적 선택'이라는 명분으로 새정치민주연합(민주당)에게 몰표를 주었는데 이제 그만둬야 한다. 그러면 기득권을 누려온 영남도 지역적 투표를 그만둘 것이다. 그런 다음 각 개인들은 자신들의 계급적 욕망에 기초해 계급적 투표를 해야 한다. 그러면 새롭게 커진 계급 정치적 욕망을 담아내는 진보정당도 커질 것이다. 대충 이런 의미(라고 짐작된)다.

우선 호남이 스스로를 해체하면 영남도 "자기해체를 요구받을 것"이라는 주장은 노무현의 순진하고 참혹한 실패를 그대로 반복하자는 주장에 불과하다. 굳이 예를 들자면, 우리가 먼저 무장을 해체하면 북한도 무장을 해체할 것이라는 주장이나 매한가지다. 더군다나 욕망에 기초한 정치를 논하자는 자리에서 이런 반욕망적 주장은 싱겁기 짝이 없다. 그렇다면 영남패권주의 질서 속에서 호남이 선택할 수 있는 방안은 무엇일까? 아주 난감한 질문이다. 이 책의 결말 부분에서 논하겠지만, 우선 이 해결책을 모색하는 것이 얼마나 난해한 것인가를 잘 보여주는 에피소드가 있다.

18대 대선 뒤인 2013년 1월, 전남도지사 박준영은 광주 MBC라디오 〈시선집중 광주〉에 출연해 "호남 고립이 우려된다, 호남인들 스스로 멘붕상태라고 표현하고 있는데, 어떻게 생각하고 치유해야 하느냐"는 앵커의 질문에 "시·도민들이 스스로 선택한 결과다. 무거워져야 한다고 생각한다. 그때그때 감정에 휩쓸리거나 어떤 충동적인 생각 때문에 투표하는 행태를 보이면 전국하고 다른 판단을 하게 된다"며 "지역발전 측면에서 좋은 투표행태는 아니다고 많은 사람들이 지적한 것에 공감하지 않을 수 없다"고 발언했다.[20]

이 발안의 파장은 생각보다 컸다. 전남도의회에서는 통합진보당 의원 안주용이 도정 보고를 하던 박준영에게 물까지 끼얹었고, 특히 지역 내에서 많은 비판을 받아야만 했다. 이중 민주통합당 광주시당 및 전남·북도당의 "누가 봐도 호남인들은 역사적으로 대의와 명분을 늘 중요하게 여겨 온 게 주지의 사실이다. 그랬음에도 이리 터무니 없이 곡해 받는 것 같아 너무나 정치적 현실이 서글플 따름이다"[21]는 논평이 눈길을 끈다. '지역발전'을 운운한 박준영에 '대의와 명분'으로 답한 셈이다.

광주는 '세속 광주'와 '신성 광주' 사이에서 고통과 자긍심을 동시에 느끼고 있다. 광주가 흔들릴수록 양측의 공세는 더욱 거세질 수밖에 없다. 17대 총선 때 광주에 출마해 낙선하고, 18대 비례대표를 지낸 뒤, 19대 총선 때 다시 광주에 출마해 낙선한 새누리당 의원 이정현이 있다. 제1회 지방선거 광주시의원 낙선까지 포함하면 광주에서만 3번을 낙선한 사람이다. 그는 지난 2014년 7월 재보궐선거에서 새누리당 후보로 전남 순천·곡성에서 기적적으로(?) 당선된다. 그는 2015년 4월 재보궐선거를 앞둔 특강에서 이런 발언을 한다.

> 억울했다. 18대 국회의원(비례)을 하는 동안 광주·전남·전북 구석구석에 그 많은 일을 하고도 쓰레기 취급을 당했다. 그런데 왜 지금 일해 달라고 찾아오는지 알 수 없다. 쓰레기 취급할 때는 언제고. 이제는 달라져야 한다. 광주 사람들도 사람 보는 눈을 가져야 한다.[22]

여기서 잠깐! 우리는 이정현에 대해 짚고 넘어갈 일이 있다. 우리가, 아니 특별히 친노세력이 노무현과는 달리 이정현에게 열광하지 않는 이유가 뭘까? 노무현이 서울에서 출마한 것을 제외하고, 그가 부산에서 출마한 것만 따지면 국회의원 1번 당선과 2번 낙선, 그리고 부산시장 1번 낙선이 있다. 부산에서의 낙선은 총 3번이다. 이정현과 사실상 같다. 그런데 노무현은 바로 이 사실 때문에 반지역주의 신념의 화신처럼 추앙된다. 하지만 만약 새누리당을 영남패권주의 정당으로 규정하지 않고 가치맹목적으로 판단한다면 노무현과 이정현의 행동은 아무런 차이도 없다. 노무현을 평가하려면 바로 그 점을 강조해야 하고, 노무현을 비판하려면 바로 그 실패(영남패권주의 이데올로기에 투항한 사실)를 적시해야 한다.

어쨌든 이정현은 "그 많은 일"을 강조한다. 광주, 전남·북도 살아가야 하고, "일해 달라고 찾아"가야만 했다. 그 점이 억울했을 것이다. 광주에서 새누리당 당원이란, 일제강점기 시절 조선에 살고 있는 일본인 정도로 생각하면 될 것이다. 그러니 '쓰레기' 발언도 이해는 간다. 이정현은 '세속 광주'의 아픈 곳을 비정치적인 거친 발언으로 찌른 셈이다.

하지만 그 맞은편에서 광주가 '신성 광주'로 남아주기를 기대하는 격려도 만만치 않다. 홍세화는 2015년 5월을 맞이해 「다시 5월에, 빛고을의 새로운 도전에 부쳐」라는 의미심장한 제목의 칼럼을 통해 이런 주장을 한다.

> 사회변화의 주체와 동력 형성과 그것의 구체적 실현에 대한 평소 관심에 5월 광주에 대한 부채의식이 결합되었다는 점을 부인하지 않겠다. (…) 항쟁정신이 물리력을 가진 국가권력의 불의와 폭압에 맞선 민중의 투쟁정신을 말한다면, 대동정신은 오늘 자본에 의해 부추겨진 우리 내면의 욕망을 성찰하고 자본권력에 맞설 수 있도록 공동의 가치와 관계를 확장하여 더불어 인간답게 살겠다는 정신이라고 하겠다. 이 정신에 비추어 광주는 지금까지 다른 지역에 비해 다른 모습을 보여주었다고 말할 수 있을까?[23]

난 홍세화라는 이름을 보지 못했다면 웬 '지역주의자'가 쓴 글이라고 생각했을 것이다. 왜 홍세화는 광주가 "다른 지역에 비해 다른 모습을 보여주"어야 한다고 생각하는 걸까? 왜 그는 특별히 광주가 "자본에 의해 부추겨진 우리 내면의 욕망을 성찰하고 자본권력에 맞설 수 있"기를 바라는 것일까? 광주는 공장도시가 아니다. 그럼에도 불구하고 왜 그는 영남파시즘의 발호에 맞선 광주라는 지역단위로 계급문제를 풀 수 있다고 믿는 것일까? 1980년 5월 광주가 경험했던 '대동정신'이 있으므로? 만약 다른 지역과 달리 특별히 광주에서만 그런 게 가능하다고 믿는다면 그게 바로 '신성 광주'를 상상하는 것이다.

　광주는 흔들리고 있다. 욕망을 거세당한 채 '신성 광주'를 믿고 살아가야 하는가, 아니면 잃어버린 욕망을 찾아 '세속 광주'를 회복해야 하는가? 예수나 부처가 아닌 인간들이 살아가는 도시인 광주는, 호남은 유사 이래 존재했던 다른 모든 세속 도시들처럼 욕망을 표출하며 살아갈 권리가 없는 것인가? 그렇게 똑같이 살면 다른 지역민들은 죄를 짓는 것이 아니지만 호남만은 죄를 짓는 것인가?

2장

거세당한 호남의 욕망, 그 근원:

1980년 5·18

1

'세속 광주'의 죽음과
'신성 광주'의 탄생

2005년에 MBC에서 방영된 〈내 이름은 김삼순〉이라는 역대급 드라마가 있었다. 내 맘대로 줄거리를 간추리자면 주인공 김삼순이 마음에 들지 않는 자신의 이름을 개명하고자 투쟁하는 이야기다. 그녀에게 이름은 아주 중요한 문제였다. 때때로 이유 없이 이름 때문에 놀림 받고, 연애든 인생이든 뭔가 꼬이는 이유가 이름 때문이라고 생각하면 당연히 개명은 소망이 될 수밖에 없다. 이 드라마(12회)에서 주인공 김삼순과 남주인공 현진헌이 이런 대화를 나눈다.

진헌: 뭐? 개명신청 했다구?

삼순: 응, 김희진으루.

진헌: 누구 맘대로?

삼순: 내 맘대로. 엄마 허락도 받았고.

진헌: 당장 취소해! 난 삼순이가 좋단 말이야.

삼순: 양다리 청산하기 전까진 꿈도 꾸지 마!

진헌: 내가 좋아하는 건 김희진이 아니라 김삼순이라구.

삼순: 이름 바뀐다고 사람도 달라지니?

진헌: 아, 그렇담 뭐 하러 바꿔. 그냥 김삼순으로 가.

삼순: 싫어! 개명은 내 인생의 첫 번째 목표였어.

　삼순은 스스로 혼란에 빠져 있다. 이름 바뀐다고 사람이 달라질 리 없건만 무엇 때문에 개명이 인생의 목표까지 됐을까? 하지만 생각해 보면 이름이라도 바꿔 현실의 삶을 조금이라도 미화할 수 있다면 굳이 이름을 바꾸지 않을 이유도 없을 듯하다. 그런 생각으로 많은 직업의 이름이 바뀌기도 했다. 하지만 바로 그런 이유 때문에 작명을 통한 과장된 미화는 또 얼마나 많은가?

　1980년 5월 18일부터 27일까지, 광주 일원에서 일어난 역사적 사건에 이름을 붙이는 것도 쉬운 일이 아니다. 우리는 이미 그 사건에 붙여진 '광주민주화운동'과 '5·18민주화운동'이라는 법적 이름을 알고 있다. 하지만 웬일인지 나는 '광주민주화운동', 그리고 '5·18민주화운동'이라는 이름이 무척 낯설다. 심지어 사건 당시(그리고 그 이후로도 오랫동안) 반란군들이 붙여준 '광주사태'라는 객관적(?) 이름이 더 익숙하기조차 하다. 분명히 '삼순'보다는 '희진'이, 그리고 '광주사태'보다는 '광주민주화운동'이라는 이름이 훨씬 더 아름답긴 하다. 그런데 왜 더 아름다운 그 이름을 사랑할 수 없을까?

사실 우리가 격을 차려 부르는 '광주민주화운동'이라는 이름은 전두환의 민정당을 승계한 민자당에서 붙여준 이름이다. 1990년, 평민당은 '5·18광주의거 희생자의 명예회복과 배상 등에 관한 법률안'을, 그리고 민자당은 '광주민주화운동 관련자 보상 등에 관한 법률안'을 제출했다. 차이는 '광주의거/광주민주화운동', 그리고 '배상/보상'이다. 배상은 당시 군부의 위법을 인정하라는 것이고, 보상은 인정 못 하겠다는 것이다. 이미 '3당 합당'을 끝낸 거대 민자당은 자신들이 낸 법률안을 당연히(?) '날치기' 통과시켰다.

그런데 뒤늦게 큰 소동을 벌인 끝에 전두환·노태우를 처벌하기 위해 1995년 제정된 '5·18민주화운동 등에 관한 특별법'엔 "광주민주화운동 관련자 보상 등에 관한 법률의 규정에 의한 보상은 배상으로 본다"는 규정이 들어갔다. 아마도 보상과 구별되는 배상을 따로 청구할 수도 있다는 걸 깨달은 뒤늦은 법리적 꼼수가 아니었나 싶다. 그리고 다시 상기시키자면 이 특별법에서 '광주민주화운동'이 '5·18민주화운동'으로 이름이 바뀌었다. 이 이름은 2006년에 제정된 '5·18민주화운동 관련자 보상 등에 관한 법률'에서도 사용된다.

이쯤에서 정리해보자. 왜 민자당은 '민주화운동'이란 이름을 원했을까? '운동'이란 명칭에선 민주화를 가로막는 세력과 민주화를 원하는 세력의 대립은커녕 대립 그 자체의 불가피성을 느끼기도 힘들다. 전두환이 "나는 평화주의자, 민주주의자다"[1]라고 했던 어처구니없는 발언을 상기하면 심지어 전두환이 자신도 민주화운동을 했다고 주장할까봐 겁이 날 정도다. 당시 광주의 5·18 관련단체 대표들이 '광주민주화운동 관련자 보상 등에 관한 법률' 제정 당시 성안작업을 주도한 민자당의 강신옥을 추궁하자 그는 "광주사태를 양비론과 양시론의 양면에서 보고 있다"[2] 고 밝힌 바도 있다. 그들은 5·18을 무슨 새마을운동처럼 생각했는지 모르겠지만 민주화운동은 적대적 대립을 필연적으로 내포하는 개념도 아니고, 광주에서 벌어진 학살의 그림자도 찾을 수가 없다.

반면 당시 평민당을 이끌던 김대중은 '의거'라는 용어를 선호했던 듯하다. 국립국어원의 표준국어대사전[3]은 의거를 "정의를 위하여 개인이나 집단이 의로운 일을 도모함"이라고 풀이한다. 정의라는 개념이 눈에 띄지만 맞서 싸운다는 느낌은 적다. 5·18 관련단체가 많이 사용하는 '항쟁'은 "맞서 싸움"으로 풀이된다. 그나마 '민중항쟁' 혹은 '민주항쟁'이라면 5·18의 실체에 조금 다가선 느낌은 든다.

그리고 한 가지 더 이보다 결코 덜하지 않은 문제가 명칭과 관련해 숨어 있다. 왜 1990년 법에선 '광주민주화운동'이라고 지칭했다가 1995년 법에선 '5·18민주화운동'으로 바꼈을까? 『무등일보』는 이에 대해 "5·18이 특정지역의 민주화운동이 아닌 전국민적 차원이었다는 역사적 평가와 정당성을 인정받으며 '5·18민주화운동'으로 확정됐다"[4]고 보도했다. 정말 그럴까? '그랬으면 좋겠다'는 염원의 표현이 아니고?

이를 확인하기 위해서는 1980년 5월 18일 광주에서 무슨 일이 일어났는지, 그리고 그 이후 광주(호남)를 철저히 고립시킨 대한민국에서 5·18을 어떻게 보고 있었는지를 알아야 한다. 다만 여기서 나의 목표는 그때 그 광주의 '실상'을 반복적으로 다시 소개하려는 게 아니다. 내가 지금 여기서 하려는 일은 5·18의 핵심을 명확히 정리하려는 것이다. 이를 통해 광주가 지금 어떤 상태에 놓여 있는지를 살피고자 한다. 사실 나는 광주가 때 이른 신화화의 길로 부자연스럽게 인도되고 있다는 의심을 갖고 있다.

1980년 5월 18일~27일에 광주 일원에서 벌어진 사건은 크게 네 단계로 나눌 수 있다. 1단계는 5월 18일부터 21일 발포 전까지 자행된 학살단계다. 2단계는 21일 반란군의 발포 이후 시민군이 반란군을 몰아내고 도청을 함락한 하루 동안의 무장 항쟁단계다. 3단계는 22일~26일까지 광주의 완전봉쇄 속에서 피어난 '절대공동체'단계다. 4단계는 27일 도청을 사수하고 최후의 결전을 벌인 순교단계다.

나는 지금까지 5·18에 관한 글을 쓸 기회가 있을 때마다 늘 이 1단계를 강조해왔다. 나는 의도적으로 이 1단계에서 '발포에 의한 학살'을 뺐다. 두 가지 점에서 이 1단계가 왜곡되어 있다고 생각했기 때문이다.

한 가지는 김대중의 평민당이 1988년의 광주청문회에서 발포책임자에 초점을 맞춤으로써 많은 사람들에게 5·18의 특수성이 마치 발포에 의한 학살에 있는 것 같은 착각을 불러일으켰기 때문이다. 단언컨대 5·18의 특수성은 발포가 아닌 발포 전의 잔혹한 학살에 있다. 5월 19일 광주에 들어가 전세계에 기적적으로 광주의 진실을 알렸던 독일 공영방송(NDR·ARD TV) 도쿄특파원 카메라기자 위르겐 힌츠페터Jürgen Hinzpeter는 "내 생애에서 한번도, 심지어 베트남전쟁에서 종군기자로 활동할 때도 이렇듯 비참한 광경은 본 적이 없었다. 가슴이 너무 꽉 막혀서 사진 찍는 것을 잠시 중단할 수밖에 없었다"[5]고 증언했다. 누구라도 이 1단계를 이해하지 못하면 왜 5·18이 특수한 역사적 사건인지를 이해할 수 없다.

다른 한 가지는 발포 전의 학살에 대해 여전히 표피적인 것 이상의 진상을 규명하지 못하고 있기 때문이다. 나는 발포 이전의 학살이 진압과정에서 벌어진 우연한 잔혹행위가 아니라 반란을 일으킨 영남패권군부에 의한 의도적인 호남양민 학살이 아닌가 하는 의심을 지금껏 하고 있다. 말이 의심이지 의심이랄 것도 없다. 있었던 사실*만을 놓고 말하자. 전두환, 정호용 등 반란을 일으킨 영남패권군부가 호남양민 학살을 통해 권력을 훔친 것은 누구도 부인할 수 없는 객관적 사실이다. 당시 공수부대 장교가 "전라도 새끼들 40만은 전부 없애버려도 끄떡없다"[6]는 대화를 아무렇지도 않게 지껄일 정도면 당시 광주에서 무슨 일이 벌어진 건지 알고도 남는 일 아닌가? 그럼에도 불구하고 우리는 있는 그대로의 사실을 차마 사실이라고 말하기가 두려워 적당히 딴소리를 하고 있는 것뿐이다.

---

* 1997년 4월 17일, 대법원은 12·12 및 5·18을 일으킨 반란군들에 대한 형을 최종 확정했다.(대법원 1997. 4. 17. 선고 96도3376 판결.) 이들 반란군들의 명단(괄호 안은 출신지역)은 다음과 같다. 수괴 전두환(경남 합천), 노태우(대구), 황영시(경북 영주), 허화평(경북 포항), 이학봉(부산), 정호용(대구), 이희성(경남 고성), 주영복(경남 함안), 허삼수(부산), 유학성(경북 예천), 최세창(대구), 차규헌(경기도 평택), 장세동(전남 고흥), 신윤희(미상), 박종규(경남 창원). 이중 차규헌과 장세동을 제외하고는 모두 영남출신이다. 이들 신반란군세력의 핵심 동력은 박정희가 키운 군부 사조직인 '하나회'였다. 이 "'하나회'는 전두환·노태우·김복동 등이 초급장교 시절에 조직한 '5성회'가 그 뿌리인데, 비밀규약 가운데 '회원 다수는 영남 출신이 점한다'는 항목을 두고 있었"다.(정운현, 「[역사 에세이 49] 대 이은 박정희 권력…'화무십일홍'은 옛말」, 『오마이뉴스』, 2012년 11월 7일.)

2단계로 분류한 발포와 무장 항쟁은 아마도 반란을 꿈꾸는 미래의 반란군들에게 큰 경종이 될 것이다. 이제 쿠데타를 꿈꾸는 모든 반란 군들은 박정희의 무혈 쿠데타는 기대하지 말아야 할 것이다. 만약 광주의 시민들이 학살을 당하는 것으로 끝났다면 전두환세력은 1987년 6월항쟁을 그런 식으로 마무리하지 않았을 것이라고 생각한다. 나는 광주의 무장 항쟁이 1987년의 6월항쟁을 무혈 승리하게 만든 가장 큰 원동력이었다고 생각한다. 민주주의를 위한 항쟁의 역사에서 유일하게 정부를 전복시키는 데 성공한 4·19의 영향력이야 당연히 높이 평가해야겠지만, 무장 항쟁을 통해 도청을 함락시킨 5·18의 위력은 또 다른 의미에서 반란군들에게 잊지 못할 역사적 교훈이 됐을 것이다.

3단계는 아마 전세계의 역사를 통틀어서도 보기 힘든 사건이다. 그것은 최정운이 이렇게 말했던 '절대공동체'다.

절대공동체는 자연스럽게 삶과 죽음을 개인을 넘어 공동체 단위로 정의했다. '살아 남기 위해 싸운다', '우리 고장은 우리 손으로 지킨다' 라는 말들은 분명히 개인의 목숨과 공동체의 삶이 일치되었음을 보여준다. 그리고 이 생명의 나눔은 헌혈을 통해 피를 나눔으로써 구체화되었다. 이곳에는 사유재산도 없고, 생명도 내 것 네 것이 따로 없었다. 물론 이곳에는 계급도 없었다. 이제는 웃을 일도 심심치 않게 생겼다.[7]

이 경이로운 신세계에 놀란 미국 웬트워스공대 교수 조지 카치아

피카스George Katsiaficas는 "1980년 광주 5·18이 파리코뮨보다 세계 민주주의에 미친 영향이 더 크다"[8]고 강조할 정도다. 나는 광주 시민이라면, 호남인이라면, 아니 대한민국의 정상적인 국민이라면, 나아가 전세계의 상식적인 인간이라면 누구나 자랑스러움을 느낄 이 '경이로운 신세계'에 대해 다시 얘기할 것이다. 다만 여기서 확인하고 넘어갈 일은 이 '절대공동체'에 관한 한때의 기억이 광주를 신화화하는데, 즉 '세속 광주'를 '신성 광주'로 묶어두는 데 결정적 동력이 되고있다는 사실이다. 그리고 기억 속의 '신성 광주'에 대한 그런 찬양이야말로 '세속 광주'의 삶을 살아가야 하는 현실의 호남인들에게는 보이지 않는 압박으로 작용할 것이란 점도 자명하다. 물론 그 압박감을 이용하려는 정치세력에겐 '신성 광주'야말로 더 없이 훌륭한 세속적 욕망의 온상이 될 것이다.

끝으로 4단계인 5·18의 최후는 죽은 자에게는 순교의 순간이었고, 살아남은 자에게는 죄의식의 근원이 되었다. 27일 자정을 넘긴 어두운 밤, 광주시민들은 자신들을 애타게 찾는 목소리를 외면하고 집안에서 공포에 떨어야 했다. 그 절대공동체의 식구들이 죽어가는데 나갈 수가 없었다. 도청의 순교자들은 그렇게 어항 밖에 내던져진 금붕어처럼 팔딱거리며 죽어갔고, 시민들은 그 희생양들에게 씻을 수 없는 죄의식을 느끼며 살아가야 할 운명이 됐다. 하지만 그들 순교자들로 인해 광주는 부활할 수 있었다. 그 부활로 인해 광주는 역사 속에서 영원히 자긍심을 느낄 수 있게 된 것이다.

2

5·18의 신화화: 투항적 영남패권주의의 은밀한 유혹

이제 사태를 정리했으니 다시 돌이켜보자. 5·18의 '현실'은 1단계에 은폐돼 있으며, 그 '꿈'은 3단계를 지향하고 있다. 1단계는 극히 현실적인 광주의 삶을 반영한다. 광주는 다른 대한민국과 다를 바 없이 민주화를 원했다. 하지만 그때의 민주주의는 극히 추상적인 민주주의다. 현실의 구체적 민주주의는 박정희의 영남패권주의를 무너뜨려야 하는 민주주의였다. 광주는 다른 대한민국과 똑같이 민주주의를 요구했지만 다른 어떤 지역보다 더 '김대중의 석방'을 요구하는 민주주의였다.

하지만 광주에서 5·18 기간 동안 외쳐졌던 '김대중 석방하라'는 구호는 가능하면 뒤에 감춰져야 할 불편한 구호다. 김대중이 강조될수록 5·18은 지역적 한계에 갇히기 때문이다. 대한민국에서 이상적인 민주주의를 염원하는 사람들은 부마항쟁이 김영삼의 국회의원 제명과 관련 있다는 사실이나, 광주항쟁이 김대중의 탄압(호남차별)과 관련 있다는 사실[9]은 가능하면 잊을 것을 주문한다. 물론 영남파시즘의 행동대원들인 반란군들이 김대중을 구속하고 그 반발을 사전적으로 겁박하기 위해 호남양민을 의도적으로 학살했을 가능성 따위는 추호라도 입 밖에 내서는 안 될 금기다.

대한민국의 이데올로기는 광주항쟁에 관한 것이든, 부마항쟁에 관한 것이든, 영남파시스트 반란군에 관한 것이든, 민주주의의 진보과정을 살필 땐 지역모순이라는 정치적 현실을 빼버리고 전국적인 차원에서만 추상적으로 논할 것을 강요한다. 하지만 영남패권주의라는 분석 틀을 떠나서라도 민주화 의지를 구체화된 지역단위로 관찰하지 않고 추상화된 전국동일체 개념으로만 이해하려는 습관은 비과학적이다.

여기서 잠깐, 우리나라 정치적 모순을 구체화된 지역단위로 관찰할 경우에도 상당한 의견 차이가 있을 수 있음을 간단히 언급하고 넘어가야겠다. 나는 지금 우리 정치의 주요 모순을 '영남패권주의(수도권을 지배하는 영남패권계층＋영남) vs 반영남패권주의(수도권의 호남출신 등 소외계층＋호남 등 소외지역)'로 보고 있다. 그런데 강준만은 그것을 '서울/영남이 수혜를 받으면서 분할지배 되는 지방 내부식민지'[10]로 이해하고 있다. 그의 논리에 의하면 모든 지방이 연대해 서울과 반反 내부식민지 독립투쟁을 할 수 있다는 의미인데, 나로선 아주 의심스럽다.

서울지역의 내부패권을 장악한 영남패권세력은 서울지역을 객관화·추상화·전국화 하는 이데올로기를 만들어야 한다. 이런 서울 중심의 전국동일체 논리는 민주화 역사를 설명하는 관점에도 침투하는데, 이런 논리는 영남패권주의적 지역대립의 모순을 순화시키고 하찮게 만드는 데 큰 도움을 준다. 쉽게 말해 서울이 아닌 광주(호남)에서만 주도돼 이뤄진 대한민국 민주화 역사는 뭔가 어색하다. 결정적 민주화 역사에 서울은 반드시 포함돼야 하고, 그래야만 전국화고, 그래야만 정상적인 대한민국의 민주화인 것이다. 생각해보라. 5·18이 호남의 영남패권주의에 대한 전면적 항쟁이 아니고, 서울, 즉 전국적인 민주화 항쟁의 일부분으로 규정되면 그 긴장감이 얼마나 많이 순화되는가? 우리는 5·18은 호남지역 중심으로 이뤄진 반영남패권주의 투쟁이었으며, 이후로도 오랫동안 호남의 5·18은 수도권지역(비호남인)을 비롯해 대한민국의 여타 모든 지역으로부터 고립되고 외면받았으며, 지금도 최소한 영남패권세력으로부터는 사과는커녕 조롱까지 받고 있다고 있는 그대로의 역사를 기술할 수가 없는 것이다.

이렇게 대한민국의 지배 이데올로기는 광주 5·18이 영남패권주의(지역모순)와 무관하게 추상화되고 전국적 의미를 획득해야 한다고 요구한다. 모두가 그런 추상적인 전국화를 원하므로, 또 모두가 당위적으로 '그렇게 되어야' 한다고 생각하므로 실제로 '그렇다'고 말하기 시작하는 것이다. 예컨대 최장집은 이렇게 말한다.

광주민주항쟁은 보편적인 민주화를 지향하는 모든 사회 세력과 시민 사회의 민주화운동을 상징하고 대변함으로써 민주 대 반민주라는 대립

축을 설정케 했던 역사적 계기였다.[11]

5·18을 계기로 대한민국이 '민주/반민주'가 되었단다. 최장집의 머릿속에서만 그랬다. 만약 실제로 그렇게 되었다면 우리 현대사가 무엇 때문에 이렇게 신음하고 있겠는가? 하지만 현실은 35년 동안 아픈 기억만 도지게 만들고 있다. 5·18을 계기로 호남은 영남패권주의에 더욱 철저하게 항쟁하고, 영남패권세력은 호남을 더욱 철저하게 고립시켰다. 호남은 몰표를 던져 새정치민주연합(계열)이 두 차례 정권을 잡는 데 기여하기도 했으나 영남패권주의를 정상으로 되돌려놓지는 못했다. 노무현 정권 때는 예상치 못한 악전고투까지 해야 했다. 이것이 머릿속 관념이 아닌 눈에 실제로 보이는 현실이다.

그렇다면 이제 대놓고 5·18에 벌어졌던 학살의 지역적 의미를 얘기하자는 것인가? 그거야말로 소스라치게 놀랄 금기 중의 금기일 것이다. 그런 노골적인 얘기 없이도 영남패권세력을 상대하기 벅찬데 그런 되지도 않은 이데올로기적 선전포고를 할 수는 없을 것이다.

그래서 이렇게 후퇴한다. 전남대 5·18연구소 연구교수 오승용은 "5·18이 과연 우리 국민들 사이에서 민주화운동의 디딤돌로 인식되고 있는가에 대한 의문이 있다"면서 "5·18이 광주 지역만의 문제로 그치지 않게 하려면 5·18 관련 단체들이 광주만의 독자성만을 강조할 게 아니라 다른 지역 민주화 운동 단체들과 연대해 한국민주화 운동이라는 보편적 흐름 안에 5·18을 자리매김할 필요가 있다"고 주장한다.[12] 심지어 "일각에선 내년 36주년 기념행사부턴 특정 이데올로

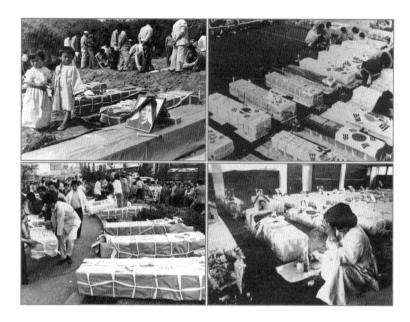

5·18의 전국화·세계화를 말하는 이들은 5·18이 '영남파시즘 군부의 호남양민 학살'이라는 사태의 핵심을 외면하곤 한다. 5·18에 담긴 지역적 의미에 눈 감은 전국화·세계화는 가해자들의 이데올로기인 영남패권주의에 굴복하는 것과 다를 바 없다.

기에 치우친 기존의 방식에서 벗어나 탈脫정치·탈脫이념적인 행사로 추진해 전국화·세계화를 앞당기고 5월 정신을 광주발전의 동력으로 삼자는 목소리가 높다"[13]는 보도까지 나온다.

　말하자면 5·18의 전국화·세계화를 위해 이렇게 하자는 것이다. 우선 5·18이 영남파시즘으로 무장한 영남패권군부가 호남양민을 의도적으로 학살했다는 상상 따위는 절대 해서는 안 된다. 5·18은 그저 대한민국의 민주화과정 중에 우연히 광주라는 땅에서 과잉진압을 하다 발생한 것이며, 그것은 대구, 대전, 춘천, 서귀포, 동두천, 말죽거리 등 대한민국 어디에서라도 일어날 수 있었던 우연적 사건일 뿐이다. 그리고 그 5·18 정신은 '절대공동체' 정신이므로 모두가, 전국적으로, 세계적으로 그 정신을 이어받아야 한다. 가능하면 전국화·세계화를 위해 탈정치·탈이데올로기적 방안도 생각해볼 일이다. 말하자면 영남패권주의 대한민국이 볼 때 어떤 거부감도 없어야 한다! 5·18은 영남패권주의 이데올로기에 녹아들어야 한다!!

그래서 5·18은 불가피하게 현실에서 벗어나 신화화의 길을 걷는 것이다. 정치적인 이유 때문에 정치를 버려야 하고, 이념적인 이유 때문에 이념을 버려야 하는 것이다. 5·18이 전국화된다는 것은 '민주주의 대한민국의 모든 국민/한 줌도 안 되는 반민주주의 전두환 일당'이라는 대립구도가 성립해야 한다는 것을 의미한다. 하지만 대한민국을 지배하는 영남패권세력은, 그리고 그들의 이데올로기에 지배받는 대한민국은 영남파시즘세력이 호남양민을 집단학살한 5·18이 껄끄러워 그것을 4·19처럼 무심하게 받아들일 수가 없는 것이다. 무슨 대단히 신비한 이유가 있는 게 아니다. 그뿐이다. 그러니 일해공원을 만들어 인생을 즐기려는 그들을 상대로 어떻게 5·18을 전국화시키겠는가? 그렇다면 방법은 하나다. 그들을 이길 수 없다면 그들에게 투항하면 된다. 영남패권주의에 투항하는 것으로 5·18을 전국화시키면 된다. 그것이 5·18의 신화화다. 이론 없이도 세상의 장삼이사가 모두 느끼는 사태를 덮기 위해 이른바 학자들이 목적을 앞세워 이론으로 5·18을 신화화하는 것이다.

현실이 장벽에 부딪히면 비현실적인 상상력이 인간을 지배한다. 특수한 인간형 스타하노프의 에피소드에서 공산사회의 승리를 확신하는 것이나 5·18이라는 특수한 상황하에서 겪은 '절대공동체' 경험에서 대동세상의 승리를 확신하는 것은 크게 다르지 않다. 그것은 이상일 수는 있을지언정, 그리고 그 이상을 지향해갈 수는 있을지언정 그것이 지금 당장의 현실이라고 우길 수는 없다. 더군다나 다른 곳은 몰라도 '광주'만은 반드시 그렇게 살아야 한다고 요구하는 것은 이데올로기적 착취다. 자신들은 온갖 욕망에 충실하면서 오직 광주에 대해서만 '신성'을 강요(!)하는 것은 거의 '범죄'에 가깝다. 극히 세속적인 나는 '신성 광주'만(!)을 강요하는 자들이 얻고자 하는 세속적 이익이 무엇인지가 궁금하다. 나는 그것을 가차 없이 검증할 것이다.

광주의 5·18을 되새기는 작업은 무한한 고통이다. 심지어는 소설로 재현하려는 것조차 고통이다. 한강의 소설 『소년이 온다』의 에필로그에는 "새벽 두시였다. 벌떡 일어나 앉아 손으로 명치를 짚었다. 오분 가까이 숨을 제대로 쉴 수 없었다"[14]는 문장이 나온다. 그녀의 소설엔 살아 있는 우리의 폐부를 찌르는 이런 문장도 있다.

묵묵히 쌀알을 씹으며 그녀는 생각했다. 치욕스러운 데가 있다, 먹는다는 것엔. 익숙한 치욕 속에서 그녀는 죽은 사람들을 생각했다. 그 사람들은 언제까지나 배가 고프지 않을 것이다, 삶이 없으니까. 그러나 그녀에게는 삶이 있었고 배가 고팠다. 지난 오년 동안 끈질기게 그녀를 괴롭혀 온 것이 바로 그것이었다. 허기를 느끼며 음식 앞에서 입맛이 도는 것.[15]

자의건 타의건 5·18은 광주가 욕망을 거세당한 근원이다. 나는 욕망을 거세당한 광주가 그 욕망을 다시 찾기를 바란다. "허기를 느끼며 음식 앞에서 입맛이 도는 것"에 더 이상 치욕이나 죄의식을 느끼지 않았으면 한다. 나는 광주가 욕망만으로 살기를 원하는 건 아니지만 욕망 없이 살기를 원하지도 않는다. 호남은 할 만큼 했다. 죽은 사람들만큼은 아니라도 산 사람들로서는 할 만큼 했다.

　문제는 어떻게 잃어버린 욕망의 정치를 복원하는가이다. 5·18의 전국화를 구걸하기 위해 영남패권주의에 굴복하는 것? 그래서 누군가 전두환에게 세배하고 일해공원에서 산책을 즐기다 탈정치화된 5·18 기념식에 참석해주면 감지덕지 하는 것? 새정치민주연합에 몰표를 던지며 일편단심 하는 것? 표 받은 후엔 전국정당을 위해 호남이라는 지역관념은 사라져야 한다고 주장해도 너그럽게 이해해주는 것? 진보세력의 '신성 광주'에 혹하는 것? 죄의식을 건드리며 호남'만'은 대동세상의 기대를 저버려선 안 된다고 부추기는 착한 현혹에 뿌듯해하는 것? 모두 아니다! 절대 아니다!!

　호남이 욕망의 정치를 시작하기 위해서는 우선 정당(정치인들)에게 끌려다니는 것부터 청산해야 한다. 욕망의 정치는 정당(정치인)을 추동하는 데서부터 시작된다. 모든 정당(정치인)이 지역적·계급적으로 호남 유권자의 한 표 한 표를 얻기 위해 애걸복걸하게 만들어야 한다. 그들이 표를 받기 전이든 후든, 호남의 욕망을 배신할 경우 철저하고 가혹하게 응징해야만 한다. 그것으로부터 호남의 욕망의 정치가 시작될 것이다. 두말 할 것 없이 이것이 민주정치다.

민주정치? 그래 좋다! 다 좋은데, 그럼 이제 '신성 광주'를 위해서
가 아니라 '세속 광주'를 위해서 새누리당도 찍으면서 살라고? '세속
광주'를 위해서 새정치민주연합만 바라보며 '표 찍는 인질'로 살지
말고 야당 분열을 환영하며 살라고? 그렇게 '세속 광주'로 살기 위해
호남이 분열하면 새누리당의 영남패권주의가 지양돼 살기 좋은 대한
민국이 된다고? 그것이 대안이라고?

물론 영남패권주의 대한민국에서 '세속 광주(호남)'의 시민으로 사
는 것조차 결코 쉬운 일은 아니다. 하지만 분명히 알아둘 일이 있다.
내가 보기에 지금 호남표는 어차피 모두 죽은 표다. 국회의원이든 대
통령이든 새정치민주연합에 90% 몰표를 던져봐야 '세속 광주'를 위
해서는 아무 가치도 없는 죽은 표다. 기껏 가치가 있다고 해봐야 몇
십 명 호남정치인들 일자리 구해준 정도일 것이다. 그러니 어떻게든
그 죽은 표를 살리기 위해 뭐라도 해봐야 할 것 아닌가? 그리고 정치
행위를 반드시 현 정치제도를 전제로 해서만 생각할 필요는 없지 않
은가? 제도투쟁도 함께 모색할 수 있는 것 아닌가? 유사 이래 치킨게
임을 두려워한 인간은 영원히 치킨으로 살 수밖에 없었다. 이것이 지
금 내가 하고 있는 이야기다.

3장

호남의 욕망은
어떻게 거세되는가

1

무능한 겁박:
'분열하면 진다'

〰️ 2015년 5월, 흥미로운 여론조사 결과가 발표됐다. 동아시아 연구원(EAI)과 일본 시민단체 '언론 NPO'가 2015년 4~5월 실시한 한일 공동 여론조사 결과다. 한일 상대국의 사회·정치체제의 성격을 어떻게 보는지에 대해 3가지를 택할 수 있도록 한 조사였는데, 한국 응답자 56.9%가 일본에 대해 '군국주의'를 꼽았고, 34.3%는 '패권주의'를 택했다. '민주주의'라는 응답은 22.2%에 그쳤다. 한편 한국에 대해서는 일본 응답자 중 55.7%가 '민족주의', 38.6%는 '국가주의'를 꼽았고, '민주주의'를 택한 사람은 14%에 불과했다.[1]

역사경험상 일본의 군국주의와 패권주의를 같은 맥락으로 보면 한국 응답자의 91.2%가 일본을 패권주의적 군국주의 국가로 본 셈이다. 그리고 한국의 국가주의와 민족주의를 같은 맥락으로 보면 일본 응답자의 94.3%가 한국을 민족주의적 국가주의 국가로 봤다는 얘기다. 그런데 한국 응답자가 일본을 패권주의·군국주의 국가로 봤다는 것이 일본을 민족주의와 무관한 나라로 생각한다는 의미는 아닐 것이다. 한편 일본 응답자가 한국을 국가주의·민족주의로 봤다는 것은 한국을 패권 추구보다는 저항적 민족주의 나라로 생각한다는 의미일 것이다. 이를 내 편의대로 다시 정리하면 한국은 일본을 여전히 패권적 민족주의 국가라고 생각하고 있으며, 일본은 한국을 저항적 민족주의 국가로 생각하는 것으로 볼 수 있다.

어떤 두 지역에서 각각 90%가 넘는 사람들이 상대 지역의 정체성을 자신들과 다르다고 생각하고 있다면 그들이 서로 딴 나라 사람들인 것이 당연하다. 그래서 두말할 것도 없이 한국과 일본은 서로 딴 나라다. 그렇다면 한 국가 내에서 어떤 지역의 90%(혹은 절대 다수)가 넘는 사람들이 특정 지역의 정체성을 자신들과 다르다고 생각한다면 그들을 한 나라 국민이라고 할 수 있을까? 단지 문화적인 차이라든가, 인간적인 기질 차이가 아니라 정치적 패권주의라든가, 심지어 민주주의적 가치를 둘러싼 생각 차이 때문에 이런 일이 벌어지고 있다면 그들을 과연 한 나라 국민이라고 할 수 있을까? 형식적으로는 한 나라라고 할 수 있을지 모르겠지만 실질적으로는 한 나라라고 하기 힘들다. 실제로 (종교적인 이유가 대표적이지만) 그런 이유 때문에 같은 민족임에도 아예 형식적으로 분열하는 나라도 있고, 분열하진 않았지만 실질적으로 거의 딴 나라처럼 적대하며 살아가는 경우도 있다. 우리는 심각하게 질문해야 한다. 형식적으로 한 나라인 대한민국은 실질적으로도 한 나라인가?

나는 대한민국이 실질적으로 한 나라가 아닐 수도 있다고 본다. 예컨대 나는 어느 한 지역에서는 히틀러가 만든 정당을 지금도 절대적으로 지지하며, 히틀러 공원을 세우고, 새해가 되면 히틀러의 영정에 세배를 하는데, 다른 한 지역에서는 히틀러의 정당을 인정하지 않고, 히틀러 공원에 경악하며, 히틀러를 숭배하는 것에 역겨움을 느끼고 있는 한 나라 독일을 상상할 수 없다. 하지만 우리는 이런 한 나라 속에서 살고 있다. 더 난감한 일은 우리는 한 나라가 두 나라가 되는 일을 막기 위해 그런 극도의 이질감을 대충 뭉개고 타협하며 한 나라를 만들자는 궁리를 할 수밖에 없다는 것이다.

문제의 핵심을 정확히 이해해야 한다. 우리나라에서 지금 이런 일이 벌어지는 단위가 계급단위가 아니라 지역단위라는 사실이 중요하다. 전통적으로 자본주의 국가에서 자본가와 노동자는 가치와 신념이 적대적으로 다를 수도 있다. 위에서 말한 만큼 극단적으로 다를 수도 있다. 그래서 그런 식의 계급적 신념이 극단적으로 대립할 경우 노동자만의 나라를 세울 수도 있다. 실제로 세워보기도 했지만 실패했다. 한데 지역단위는 상대적으로 더 쉽게, 더 지속적으로, 더 집요하게 분열될 수 있다는 점을 상기해야 한다. 지금도 이런 시도가 세계 곳곳에서 진행 중이다. 역사 속에서 확립된 연방제는 이런 분열을 극복하기 위한 일종의 타협책이다.

우리는 있는 그대로의 현실을 직시해야만 한다. 지금까지 지속되고 있는 우리나라의 정치적 분열 현상은 궁극적으로 대한민국 국민들 사이에 벌어지고 있는 두 나라 현상 때문이라는 사실을 직시해야 한다. 즉 정치인은 기본적으로 국민의 의지를 대변할 뿐이니 분열의 일차적 근원은 국민 스스로에게서 찾아야 한다는 얘기다. 물론 통상적인 차원에서 말하자면 분열은 정치의 근원이다. 계급적이든 지역적이든, 분열 즉 대립이 없으면 정치도 없을 것이다. 분열은 정치적 관점에서 볼 땐 아주 자연스런 현상이긴 하다.

하지만 여기서 내가 우려하는 분열이란 한 나라의 존립근거로 합의된 공동의 가치를 파괴하는 분열을 말한다. 대표적인 게 전두환의 광주학살에도 불구하고 그 정당에 대해 절대적 지지를 보내는 영남과 그런 현상에 대해 역겨움을 느끼는 호남 간의 대립이다. 이런 문제를 '지역감정'이니 '지역주의'니 하는 단어로 적당히 포장하는 것은 스스로 우리들 자신을 속이는 위선일 뿐이다. 이런 문제를 해결할 능력은 없고, 뭉개며 나아가려 하기 때문에 우리나라 정치가 극단적으로 적대적이고, 격렬할 수밖에 없는 것이다.

우리나라의 정치적 분열은 정당으로는 새누리당(계열), 새정치민주연합(계열), 그리고 진보정당 계열이 있다. 우리나라에서 진보정당 세력이 왜소한 것은 북한과의 대립을 핑계 삼은 탄압의 영향도 있을 것이고, 무능력 때문일 수도 있을 것이고, 제도적 이유 때문일 수도 있을 것이다. 하지만 나는 계층·계급적 이익이 패권주의적 지역체제에 흡수된 것이 그 가장 큰 이유라고 본다. 말하자면 유권자가 자기 계급의 이익도 모르는 바보여서 진보정당이 설 땅이 없는 게 아니라 패권적 지역체제의 영향력을 실질적으로 더 크게 느끼고 지역구도에 흡수되기 때문에 진보정당이 성장하지 못하는 것이라고 본다.

모두 잘 알고 있듯이 새누리당과 새정치민주연합 분열의 가장 큰 이유는 지역대립이다. '영남패권주의 보수＋극우 추종세력 vs 반영남패권주의 호남＋투항적 영남패권주의 보수＋개혁 추종세력'으로 대립하고 있는 관계라고 보면 된다. 그런데 많은 사람들은 이 기본 대립구도보다는 새정치민주연합 내의 연대·분열구도를 더 이해하기 힘들어한다. 사실 이 구도만 제대로 이해할 수 있으면 대한민국 정치 대부분을 이해했다고 해도 과언은 아니라고 본다. 민주화 과정 속에서 발현된 것만을 따져도 그 역사는 결코 짧지 않다. 김대중과 김영삼의 연대·분열은 가장 유명하다. 3당합당 이후에도 계속된 김대중과 (3당합당을 거부한 1990년, 새정치국민회의를 거부한 1995년) 꼬마민주당의 연대·분열, 노무현의 집권 이후 벌어진 민주당과 열린우리당의 연대·분열, 그리고 최근 새정치민주연합 내에서 벌어지고 있는 비노와 친노의 연대·분열, 이 현상은 결코 우연한 내분이 아니다. 이는 수십 년간의 뿌리 깊은 족보를 가지고 있는 대한민국 정치사의 숙명적 연대·분열이다.

우선 이 분열의 근원은 진보/보수가 아니다. 따라서 '진보는 분열 때문에 망한다'는 상투적인 말도 이 현상과는 아무 상관이 없다. 이 분열의 외피가 때론 진보(개혁)/보수(기득)의 탈을 쓰고 진행되기도 한다. 하지만 그것이 결코 근원은 아니다. 실례로 김대중이 김영삼 혹은 이기택보다 훨씬 더 개혁적이긴 했지만 그것이 분열의 이유는 아니었다. 나중에 입증됐듯이 열린우리당이 민주당과 분열해 나간 것도 개혁성 때문이라고 우기는 건 대단히 쑥스러운 일이다. 심지어 노무현은 민자당·한나라당 출신 경남지사 김혁규를 국무총리로 만들기 위해 무진 애를 썼고, 유시민은 5공 인물 정동윤을 경북 영천의 국회의원에 당선시키기 위해 역시 갖은 노력을 다한 적도 있다. 현재 진행 중인 친노/비노 분열 마찬가지다. 천정배·정동영을 문재인보다 더 개혁적이라고 말할 수는 있겠지만, 그 분열을 진보/보수 프레임으로 설명하는 건 무리다.

다만 이런 점은 있다. 현재 영남 친노세력은 영남권 지지를 토대로 극우 이데올로기에 편승하는 새누리당을 거부한 정치인들이다. 반면 호남세력은 극우까지는 아니어도 성향상 상당히 보수적인 정치인들부터 개혁적인 정치인들까지를 모두 망라한다. 따라서 그 이미지가 영남 친노세력보다는 다소 보수적인 느낌을 줄 수는 있다. 하지만 단지 이런 느낌을 가지고 친노/비노의 분열을 무슨 진보/보수의 분열처럼 포장하는 건 의도를 가진 대중적 이미지 조작에 가깝다.

만약 현 새정치민주연합의 분열상이 진보/보수의 문제가 아니라면 그 실체가 뭔가? 간단하다. 기본적으로 '호남/새누리당에 참여하지 않은 영남세력'의 분열이다. 이런 사태를 조롱하는 진중권의 트위터 발언에도 일말의 진실은 있다. 그는 "천정배 의원이 보낸 홍보 메일을 읽어 보니, '호남이 응당하게 자기 몫을 가지려 하면 진보와 보수가 모두 비난한다'고 비판하는 대목이 있다"며 "결국 이 말이 뼈저리게 이해되는 사람들과 이 말이 도저히 이해 안 되는 사람들의 갈등인데, 그 말을 이해한다는 것이 논리나 이성과는 전혀 상관없는 일"이라고 주장한다. 그러므로 "전자 눈엔 후자들 역시 결국은 새누리당

이른바 민주진영 내부의 분열을 가장 투명하게 바라볼 수 있는 렌즈는 '보수/진보'가 아니라 '호남/새누리당 계열에 참여하지 않는 영남' 구도다. 왼쪽 위부터 시계방향으로 새정치국민회의—민주당 분열(동아일보, 1994.12.31), 새천년민주당—열린우리당 분열(중앙일보, 2003.07.04), 새정치민주연합의 내분.(문화일보, 2015.09.25)

지지자들과 똑같은 영남패권주의자들일 테고, 후자 눈엔 전자가 호남 민심 팔아 제 밥그릇 채우는 지역주의 쓰레기들"이라면서 "서로 열심히 싸워봐야 영남패권주의자와 호남 지역주의자들 사이의 이전투구가 될 수밖에 (없다)"고 나름 정리한다. 결론적으로 그는 "문재인 대표는 광주에서 욕먹고, 박지원·김한길 의원은 봉하에서 욕먹고, 더 험한 꼴 보기 전에 서로 깔끔하게 헤어지는 게 나을 듯"이라는 조

〈1987년 이후 주요 정당 계보도〉

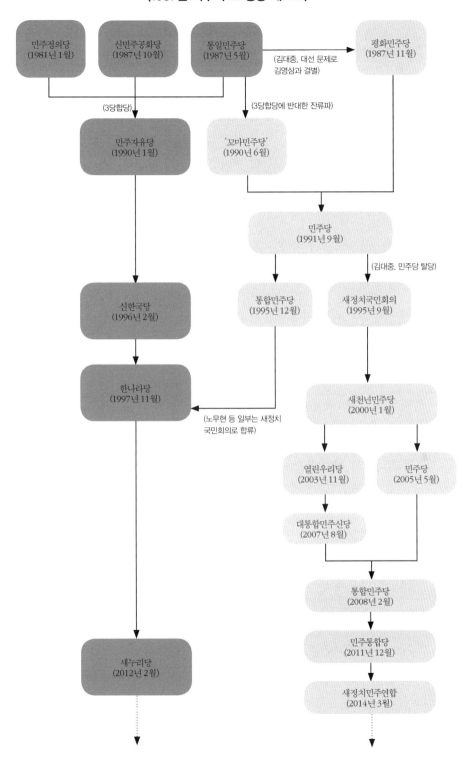

언을 한다.[2]

나는 "그 말을 이해한다는 것이 논리나 이성과는 전혀 상관없는 일"이라는 진중권의 주장에 절대 동의할 수 없다. 나는 (그 '이해'의 주체에 진중권 자신도 포함되는 것으로 읽히는데) 그 비논리적·비이성적 장애는 상상력 부족의 지적 무능일 뿐이고, 논리나 이성과 아주 밀접한 관계가 있다고 본다. 그는 '영남패권주의자들'과 '지역주의 쓰레기들'을 구분한다. 그러면서도 이것이 논리나 이성의 문제가 아니라고 한다면, 그건 그 구분의 실체를 인정하지 못하겠다는 말이거나 아니면 히틀러나 히로히토의 제국주의적 파시즘과 피침략국가의 반제국주의적 저항을 논리나 이성의 문제로 판단할 수 없다는 주장일 것이다. 이는 상식에 부합되지 않는 소리다. 다만 나는 이 영남패권주의 문제가 보통 사람들에게는 이데올로기적인 이유로 다소 이해하기 힘든 측면이 있다는 데는 동의한다. 정치학자 황태연의 다음 주장이 그런 어려움을 예증한다.

우리나라의 선거제도 하에서는 야권 혹은 여권 분열이 선거에 결정적 영향을 미친다는 데 거의 모두 동의한다. 말하자면 야권과 여권은 어느 정도 자신들의 몫을 확보하고 있고, 문제는 분열이라는 논리다. 그래서 예컨대 1987년 선거는 김대중·김영삼의 야권이 분열돼 노태우를 당선케 했고, 1997년 선거에서는 이회창·이인제의 여권이 분열돼 김대중이 당선됐다는 식의 관점이 상식이다.

그런데 황태연은 이를 아마추어들의 관점이라고 주장한다. 그는 1987년 대선은 "김영삼 후보가 영남에서 노태우 후보의 표를 15대 대선에서의 이인제보다 훨씬 많이 잠식한 선거로서 김대중 후보는 매우 유리한 선거구도에서 싸웠"지만 참패했다고 주장한다. 1992년 선거에서도 "정주영, 박찬종 후보가 도합 23% 이상을 획득"했는데 "이 득표율은 늘 여당이 우세한 영남과 강원도 지역에서 올린 것으로 여당에게 불리하고 김대중 후보에게 유리한 것"이었고, "이 수치는 15대 대선에서 이인제가 얻은 19%보다 4%나 많은 것"인데도 김대중 후보는 다시 석패했다는 것이다. 그런데 1997년 선거에서 "이인제 후보는 이전의 제3, 4후보의 득표율을 합한 것보다 적게 득표"함으로써, "역대 제3, 4후보에 비하여 김대중 후보에게 가장 적은 이득을 갖다 주었"다는 것이고, 따라서 김대중 후보는 1997년 선거에 임해 "가장 어려운 구도에서 싸워 이긴 것"이라는 주장을 편다. 그의 결론은 김대중의 승리는 '여권 분열' 때문이 아니라 '국민회의와 자민련의 정당연합으로 구현된 DJP 지역연합의 효과'라는 것이다. [3]

세상은 보는 관점에 따라 많이 다르다. 영남패권주의라는 개념 없이 세상을 보는 것과 그것을 인식하며 세상을 보는 것엔 엄청난 차이가 있다. 그건 식민지라는 인식 없이 일제강점기를 이해하는 것과 그렇지 않은 것과의 차이에 버금갈 것이다. 물론 한국인과 일본인이 그 시대 현상을 보는 눈은 다를 것이다. 하지만 그 시각의 차이를 이유로 '제국주의/반제국주의'는 논리나 이성을 초월하는 문제라고 주장하는 것은 무책임하다. 그런 태도는 모두에게 의도적으로 가치맹목적인 세상을 안내하는 것이거나, 결과적으로 영남패권주의적 기득권에 복무하는 것일 수밖에 없다.

정리해보자. 나는 현 상황에서 '새정치민주연합을 지지하는 세력이 분열하면 새누리당에 진다'는 주장에 동의한다. 하지만 나는 이 주장을 다음과 같은 특정한 조건 하에서만 겁박이 아닌 전략으로 받아들일 수 있다.

우선 이 주장은 '실질적으로' 호남이라는 지역 전체와 영남의 민주세력 등이 함께 힘을 합하고 분열하지 말아야 한다는 것을 상정한다. 그렇다면 이런 주장을 하는 새정치민주연합과 그 이데올로그들이 반드시 설명해줘야 할 사항이 있다. 영남 등의 민주세력을 계층적으로 상정하는 것은 좋다. 그런데 왜 호남이라는 지역단위 전체가 분열하지 않아야 하는가? 왜 지역이라는 개념 자체를 무슨 몹쓸 역병 취급하면서 선거 때는 지역단위 전체가 분열하지 말아야 한다고 주장하는가? 그 위선의 근거는 무엇인가?

다음으로 이 반反분열 논리는 현 정치상황과 제도를 전제하는 주장이다. 즉 현 선거제도를 전제로 할 때 분열하면 진다는 것이다. 그렇다면 새정치민주연합은 이 현 선거제도를 계층적 선거가 가능하도록 바꿀 의향은 있는가? 아, 물론 있다고 주장할 것이다. 그런 싱거운 대답을 피하기 위해 질문을 조금 바꾸겠다. 새정치민주연합은 그럴 능력이 있는가? 만약 새정치민주연합이 그럴 능력이 없어, 즉 선거에 승리할 능력이 없어 영구패배를 계속한다면 호남은 영원히 분열할 수 없다는 말인가?

만약 새정치민주연합이 영구패배를 반복할 수밖에 없는 정당이라면 호남은 살 길을 찾아야 한다. 어차피 새정치민주연합은 호남이 분열하든 단결하든 지게 돼 있다면 무엇 때문에 새정치민주연합의 승리 가능성에 희망고문을 당하며 아등바등해야 하는가? '분열하면 진다'는 겁박이 통하려면 최소한 '분열하지 않으면 이긴다'는 가능성이 있어야 한다. 그리고 그 승리를 통해 분열하지 않은 세속적 대가를 얻을 수 있어야만 한다. 위선 떨지 않고 말한다면, 호남이라는 지역 단위로 투표했으므로 호남도 (영남이 수십 년을 악착같이 그랬던 것처럼) 지역(출신)단위의 대가를 얻을 수 있어야만 한다. 새정치민주연합은 그것을 보장하겠다는 정치 이데올로기적 신념을 가지고 있는가?

그것이 아니라면(!) '분열하면 진다'는 주장은 문자 그대로 한낱 부질없고, 비겁하고, 위선적인 겁박일 뿐이다. 그리고 그것이 아니라면(!), 즉 '분열하면 진다'는 주장이 '호남은 세속적 이익과 무관하게 지역단위 전체가 새누리당이라는 절대악에 맞서야 할 의무로만 새정치민주연합에 투표해야 한다'는 뜻이라면 그 주장은 호남의 욕망을 거세하는 부도덕한 정치적 선전구호일 뿐이다.

2

반민주주의:
'영남후보가 나서야만 당선된다'

1961년 박정희의 쿠데타 이후 2015년까지 대한민국 집권자는 박정희, 전두환, 노태우, 김영삼, 김대중, 노무현, 이명박, 박근혜다. 이 중 김대중을 제외하고는 모두 영남출신이다. 김대중의 집권기간 5년을 빼면 최근 54년의 역사에서 49년 동안 영남출신이 집권했다. 대한민국 현대사 전체를 놓고 보더라도 쿠데타건 선거건, 영남출신이 73%의 기간 동안 집권했다. 이런 현상은 앞으로 달라질 수 있을까? 크게 달라질 것 같지 않다. 2017년 대선후보 여론조사 대상자로 오르내리는 주요 인물은 반기문, 박원순, 김무성, 문재인, 안철수, 오세훈, 유승민, 김문수, 이재명 등이다. 이 많은 인물들 중 충청출신 반기문과 서울출신 오세훈을 제외하고는 모두 영남출신이다. 설령 영남출신 후보가 다음 대통령에 당선되지 못하더라도 눈앞의 이런 현상 자체가 이미 괴이한 일 아닌가?

이쯤 되면 바보가 아닌 한 한 가지 질문이 우선적으로 머릿속에 떠올라야 한다. 영남인들은 인류 역사에서 보기 드문 정치천재들인가? 그런 확증은커녕 엉터리 추론조차 아직 인류학계에 보고된 적이 없다. 그게 아니라면 후속 질문은 한 가지밖에 없다. 대한민국은 민주주의 국가가 맞는가? 물론 무작위로 특정 기준을 하나 골라 현상을 분류하자면 한도 끝도 없을 수 있다. 예컨대 경제적 능력이라든가, 남성/여성이라든가, 하다못해 축구를 좋아하는 정도에 따라 인물을 분류하고 문제를 제기할 수도 있다. 이 중 경제적 능력과 관련 있는 진보/보수문제는 공식적인 제도 속에서도 논쟁이 가능하고, 남성/여성과 관련된 문제제기는 그래도 많이 이뤄진 편이다.

그런데 우리나라에서 역대 대통령, 그리고 미래 대선후보의 출신지역을 따지는 것은 다른 기준에 의한 논쟁과는 근본적으로 다른 측면이 있다. 그것은 문제제기 자체를 봉쇄하는 강력한 이데올로기를 먼저 뚫어야 한다는 점이다. 이 믿기 힘든 터부 이데올로기는 사실상 이런저런 기준으로 문제제기를 하고 그에 대한 응답의 진실성을 과학적으로 검증하는 것보다 더 가혹한 전근대적 어려움을 안긴다.

우선 출신지역으로 정치인을 분류하는 '사회과학적' 시도를 막는 대표적 봉쇄논리는 "능력만 있으면 되지 출신지역이 무슨 상관이냐?"는 것이다. 이론이 있을 수 없는 훌륭한 논리인가? 이 논리 앞에 주춤하면 이 터부 이데올로기는 더욱 공세적으로 변한다. "(지금 내가 이러는 것처럼) 정치인의 출신지역을 따지면 지역주의만 더 악화된다"는 것이다. 어떤가? 이제야말로 두 손 들 수밖에 없는가? 물론 그런 봉쇄논리도 나름 일리는 있다. 하지만 그건 눈앞의 괴이한 현상이 우연이라고 생각될 때까지, 딱 그때까지만이다. 그 현상이 우연이 아니라 패권 때문이라고 의심되면 문제의 차원이 달라진다. 이 경우 고통스럽지만 문제를 하나하나 따져가며 악착같이 대책을 세울 수밖에 없다.

2015년 4·29 보궐선거에서 무소속 천정배가 당선돼 '호남정치'가 이슈가 되자 이해찬이 나섰다. 그는 "정치를 하려면 퍼블릭 마인드 Public Mind가 중요하다"며 "지역구 의원이 지구당을 챙기는 것은 당연하지만 그런 걸 가지고 정치권에 신당을 만드는 것은 되지도 않고 되어서도 안 된다"고 강조했다.[4] 원로 친노그룹에 속한 그답게 지역주의와 거리가 먼 훌륭한 말을 한 셈인가?

이해찬은 1988년부터 서울 관악을 선거구에서 무려 5선을 했다.(참고로 현재는 자신의 고향인 충청의 세종시에 내려가 6선째 국회의원을 하고 있다.) 관악을은 어떤 지역인가? "군사정부 시절부터 이 지역 저 지역에서 밀려난 도시 빈민층들이 달동네 판자촌을 이루고 살아온 지역"이고, "호남출신 유권자가 40%를 차지한다"고 알려져 있다. 그래서 "야권의 텃밭. 새누리당의 무덤. 수도권의 호남"이라는 관용어로 수식되는 지역이다.[5]

이런 지역의 유권자가 뽑아준 5선 국회의원 이해찬은 호남몰표로 당선된 영남출신 노무현 정부에서 국무총리를 할 당시인 2005년 1월 광주를 방문해 이런 소릴 한다. 그가 보기에 경부고속철은 "수요예측을 잘못했거나 고의로 부풀렸거나 한 것으로 생각되는데, 이 때문에 공사비도 당초 5조원이던 것이 18조원으로 늘어났다"는 것이다. 이런 상황에서 "호남고속철도도 15조 정도 들여서 하게 되면 역시 수천억원씩 적자날 것이 뻔한데 섣불리 할 수 있겠느냐"고 반문한다. 그는 결국 "호남고속철 건설은 장기적으로 보고 결정해야 할 문제"라고 부정적 입장을 밝힌다.[6]

경부고속철 입안은 노태우 정부에서 시작했다. 그런데 노무현 정부의 이해찬이 노태우 정부의 경부고속철 계산착오를 핑계로 호남고속철을 가로막고 나선 것이다. 대한민국 국민으로서 난 한 가지 생각밖에 나질 않는다. 노태우 정부는 그 정도 산수도 못하는, 아니면 고의로 수요를 부풀리는 거짓말도 못 잡아내는 바보들만 모여 있었을까? 왜 영남은 계산착오 혹은 거짓말로 인한 온갖 혜택을 끊임없이 받고 사는데, '모든 정권!'에서 유독 호남과 관련된 산수는 갑자기 왜 그렇게 모두 잘 하고, 모든 거짓말을 족집게처럼 잡아낼 정도로 왜 그렇게 모두 똑똑해지는가?

나는 자신의 머릿속엔 지역이 존재하지 않고 오직 퍼블릭 마인드만 존재한다는 우리나라 정치인의 가증스러운 언설을 절대 믿지 않는다. 기껏해야 '자신의 선거를 위해선 20년 동안이나 호남몰표의 혜택을 누릴 대로 누렸으면서, 당선 후엔 경부고속철은 몰라도 호남고속철만은 거짓말 없이 계산을 잘 해야 한다'는 식으로 표변하는 노무현 정부의 국무총리 이해찬 같은 위선적 지역주의자만 있을 뿐이다. 그에 비하면 전국민이 지켜보는 가운데서도 노골적으로 '형님예산'을 챙겼던 이상득은 얼마나 이해하기 쉽고 솔직담백한 영남패권주의

자인가? 그러므로 호남이 표리부동한 노무현 이데올로기가 아니라 표리일체의 새누리당과 싸우는 일은 얼마나 쉬운가!

　나는 이런 복마전 속에서 정치에 지역을 따져서는 안 된다는 위선적 주장에 눈곱만큼도 귀 기울일 생각이 없다. 나는 정치인의 지역연고와 그 행태를 따지는 것은 아주 중요한 사회과학이라고 생각한다. 그런 차원에서 묻는다. 우리나라에서 '호남출신 후보가 나서면 안 된다' 혹은 거의 같은 말이지만 '영남출신 후보가 나서야 한다'는 이데올로기는 언제부터 기승을 부리기 시작했는가? 최소한 박정희 때부터다. 당연하지만 이는 영남패권주의의 악랄한 부산물이다. 1975년, 김영삼은 박정희와 말 많은 만남을 가졌는데, 다음은 그때 들었다는 박정희의 발언이다.

　　그 때 박 대통령은 나와 회담하면서 헌법을 고친 뒤에 선거하면 김 총재가 당선되겠지요. 공화당에서 김 총재를 이길 만한 사람이 없어요. 김 총재도 대통령이 되어 보면 알겠지만 (…) 이런 이야기를 했다.[7]

　김영삼은 이 말을 "유신 1기의 6년 임기를 끝낼 때쯤 개헌하겠다는 뜻"[8]으로 받아들이고 감읍했는지 모르겠지만, 내겐 박정희의 그런 거짓말보다는 동향 영남의 김영삼에게 던진 '농담'이 더 인상적이다. 박정희는 "김 총재도 대통령이 되어 보면 알겠지만", 이런 농담을 호남의 김대중에게는 꿈에서라도 할 수 없었을 것이다. 김대중은 그런 농담을 들어보기는커녕 박정희 정권 시절 두 번의 죽을 고비를 넘기면서 죽지 않고 살아난 것만도 요행이었다.

박정희 사후, 실제 정권교체 국면이 되자 영남패권주의 세력은 정권을 놓고 호남의 김대중을 향한 반공개적인 살벌한 테러협박을 자행한다. 『월간 말』은 1987년 당시 '오프 더 레코드'를 가장하며 육군참모총장, 육군본부 보안부대장, 보안사령관이 앞장서 표출한 군부의 노골적인 김대중 협박을 1992년에 공식적으로 보도한 바 있다. 그들 중 특히 경북 경산출신 육군본부 보안부대장 최경조가 호남 신안출신 대선출마 희망자 김대중을 향해 저지른 반역적 테러협박이 충격적이다.

> 최경조 준장: (김대중씨가 대통령으로 당선될 경우―필자 주) 군이 어떻게 할지 나로서는 예상할 수 없다. 군에서도 표출되지는 않겠지만 개인적으로 그를 지지하는 사람도 있을 것으로 본다. 나 개인으로서는 현재 그를 만나 담판해서 당신은 대통령으로 출마해서는 안 된다고 말하고 싶은 심정이다. 그가 대통령이 된다면 나는 수류탄을 들고 뛰어들고 싶다.[9]

문제는 그 다음이다. 김영삼은 1987년 9월 29일 단일화 회동에서 "비토그룹에서도 어느 정도 지지가 있는 사람이 후보가 되어야 한다"고 거의 겁박한다. 그러자 김대중은 "군 일부의 비토문제를 갖고 후보문제를 논의하는 것은 부끄러운 일이다. 군이 반대하는 사람이 후보가 될 때 군정이 종식될 수 있다"고 굴하지 않는다. 결국 김대중은 독자출마를 결행하면서 "야당 일각에서 비토그룹 운운하면서 이를 후보 선정의 기본조건으로 주장하는 태도를 개탄한다. 이것이 내가 신당을 창당하지 않을 수 없게 만든 직접적이고도 가장 큰 동기다"라고 주장했다.[10]

나는 지금 김대중이 말한 대로 정말 그 이유가 "가장 큰 동기"였다고 확인하려는 게 아니다. 여기서 내 관심은 군은 왜 김대중을 거부했는가이다. 잘 알다시피 핑계는 '김대중은 빨갱이'라는 구호다. 하지만 이 구호를 믿(고 싶어 하)는 사람은 영남패권주의에 지배당하는 사람들이었고, 호남사람들은 거의 아무도 믿지 않았다. 그렇다면 이는 사실상 '김대중은 전라도'라는 암구호에 불과했다고 봐야 한다. 돌이켜보면 이때까지만 해도 '호남출신 후보가 나서면 안 된다' 혹은 '영남출신 후보가 나서야 한다'는 영남패권주의는 아주 단순하고 폭압적인 형태를 띠고 있었을 뿐이다.

그런데 이런 단순하고 폭압적인 형태의 영남패권주의가 노무현 이후에는 시대적 변화에 발맞춰 이데올로기적 형태로 바뀌기 시작한다. 호남의 '전략적 투표'라는 말은 노무현 당선 이후에 등장했다. 그 뜻은 호남이 인구 열세를 극복하기 위해 전략적으로 영남 정치인을 후보로 내세워 몰표로 지지한다는 의미다. 정치공학적 관점으로만 관찰할 경우 호남의 전략적 투표는 최소한 노무현의 당선까지는 성공한 셈이다. 하지만 그 성공은 최악의 전략적 인과응보를 낳는다.

민주당 대선 경선을 앞둔 2002년, 노무현은 "민주당을 호남당으로 규정하고 호남당에 반대하는 지역주의에 근거한 반민주당세력이 한

나라당입니다. 이걸 해체하고 새로운 판을 짜야 합니다. 90년 3당합당이 우리 정계를 망쳐버린 야합입니다. 이것을 파괴해야 합니다"라고 주장하면서 "떨어지고 구박받고 찬밥이 되도 나는 영남사람으로 여러분과 함께 정치했다. 지금 여러분들이 호남, 충청 연대해서 노무현 차버리면 그게 무슨 나라가 되겠는가"라고 호남민심에 간절히 호소했다.[11] 그리고 광주의 기적을 일으키며 대통령에 당선된다.

하지만 그는 대통령 당선 뒤엔 민주당의 '법통'을 끊는 분당을 해 열린우리당을 만들고, 심지어 "호남 사람들이 나를 위해서 찍었나요. 이회창이 보기 싫어 이회창 안 찍으려고 나를 찍은 거지"[12]라는 폄훼 발언을 하며 제 갈 길을 간다. 그리고 말년엔 "정치가 제대로 된다면 (지역주의 부패정당이라며 민주당과의 법통을 끊고 새로 창당한 열린우리당과 자신이 정의롭다는 명분으로 삼던 투쟁대상 한나라당의－필자 주[13]) 양대산맥 이 계속 유지돼 가야 한다"[14]고까지 주장한다. 이는 가히 노무현 이데 올로기의 참담한 최종 단계라고 할 수 있다.

노무현의 이런 화려한 변신은 여러 가지 생각할 거리를 제공한다. 호남 사람들이 이회창을 안 찍으려고'만' 했다면 왜 꼭 노무현이었을까? 이인제도 있었다. 한데 왜 노무현은 자신이 그토록 강조한 정치적 신념과 포부에 호남이 설득당해서가 아니라 단순히 반한나라당을 위해 자신을 정치공학적으로 이용했다고만 생각했을까? 노무현은 나중에 지역주의 부활 가능성을 경고하면서 "호남 정치인들 다 보태도 이인제 씨가 나오지 못하면 못 이기거든요. 97년에 이기니까 호남 충청 손잡아 이겼다는 이런 공식을 가지고 있는데 (…) 이인제 씨가

동쪽에서 5백만 표를 깨주지 않았으면 죽었다 깨어나도 이기지 못하는 거 아닙니까?"[15]라고 주장했다. 노무현이 이런 생각을 갖고 있었다는 것을 참고한다면 그가 고건이나 정동영의 대선가도를 왜 그렇게 방해했는지 충분히 이해할 수 있을 것이다.

2002년 대선기간 때, 영남사람 노무현이 보기에 "호남-충청-강원지역이 연대해서 영남지역을 포위하면 이길 수 있다는 지역 분열 구도"(충청의 이인제 후보에 대한 호남의 권노갑 지원)는 "민주당의 자기정체성을 부정하는" 악이었다.[16] 그리고 2007년엔 호남 정치인이 출마해서는 "죽었다 깨어나도 이기지 못" 한다고 강변한다. 그의 정동영에 대한 태도를 보면 심지어는 호남정치인이 출마해 동서대결 자체가 되는 것조차 싫어한 것으로 보인다. 따라서 그가 보기에 대한민국 정치는 당연히 (친)영남후보가 나설 수밖에 없는 한나라당과 역시 영남후보가 나서야만 하는 열린우리당의 양대산맥이 되어야 하는 것이었다. 이것이 바로 노무현 식 선진적 지역주의 해결책이었다.

기가 막힐 일은 심지어 경험적 실패조차 인정할 줄 모르는 노무현의 이런 아집이 이제 친노세력에게 교과서가 되었다는 사실이다. 새정치민주연합의 한 고위관계자는 "새정치연합에서 호남 인재가 대권 주자로 떠오르는 데 한계가 있다. 호남 표만으로는 대통령으로 당선되는 데 한계가 있다. 호남과 영남의 표가 합쳐져야 가능하다. 그러기 위해선 새정치연합에서 영남 주자를 내세우는 게 전략적으로 좋다. 이는 한동안 계속될 것이다"[17]고 당연한 듯 설치고 다닌다. 더 아이러니한 것은 호남인들 스스로 이런 이데올로기에 빠져 있다는

성한용 칼럼

선임기자

호남 후보 불가론은 허구다

'지지율이 올라가지 않는 이유가 뭐냐'고 물었다. "호남 후보로는 안 된다는 정서가 퍼져 있다"고 했다. 김현미 의원은 그러면서 한숨을 쉬었다. 그는 정동영 경선후보의 대변인이었다. 아차! 정동영 후보가 호남 사람이었던가? 하긴, 천정배 후보도 호남 출신이라 고전한다고 했다.

1997년에 비슷한 논쟁이 있었다. 독일에서 공부하던 유시민 후보가 '97 대선 개입의 법칙'이라는 책을 썼다. 요약하면 "비호남 유권자들의 '반김대중 정서' 때문에 김대중 총재는 당선이 어려우니, '제3후보'를 내야 한다"는 것이었다. 일리가 있어 보였다. 그런데 결과적으로 틀렸다.

10년이 지났는데도 그런 수준의 토론에 머물고 있다. 정치적으로 별로 발전하지 못한 탓이리라. 2007년 대선에서 지역주의는 얼마나 위력을 발휘할까?

한나라당을 살펴보자. 대구는 한나라당의 '본토'다. 이명박 후보는 대구에서 대패했다. 박근혜 전 대표가 68%인 5072표를 얻었는데, 그는 31%인 2305표에 그쳤다. 그런데도 후보가 됐다. 최대의 표밭인 서울에서 1만6190표(58%)를 얻어, 1만1113표

(40%)에 머문 박 전 대표를 따돌린 덕분이다. '서울'이 '대구'를 이긴 것이다. 대구에서 진 사람이 최종 승자가 된 것은 한나라당에서 처음이라고 한다. 이명박 후보는 호남에서도 가장 높은 지지를 받고 있다.

지역주의는 사라지고 있는 것일까? 그렇게 볼 수도 있겠다. 하지만 아닐 수도 있다. 경선 이후 지지율 50%가 넘는 이명박 후보의 질주는 영남 유권자들의 결집 때문에 가능한 일이다. 호남의 이명박 후보 지지는 범어권의 지리멸렬과 관련이 있다.

지금 영남은 뭉쳤고, 호남은 흩어져 있다. '3대 마파아'라는 호남향우회의 위력도 예전만 못하다. 호남은 왜 그렇게 됐을까? 첫째, 김대중 대통령 당선으로 '한'은 풀었다. 둘째, 열린우리당 창당으로 호남 민심이 쪼개졌다. 셋째, 전폭 지지했던 노무현 대통령한테 실망했다.

호남 사람들도 다른 지역과 마찬가지로 이익을 추구한다. 이해타산에 밝다. 하지만 '명분'을 손에 쥐어주지 않으면 좀처럼 움직이지 않는다. 명분을 중시하는 김대중 전 대통령 때문에 생긴 습성이라. 그런데 범어권 후보들은 이명박 후보의 경제 답론을 넘어서지 못한다.

이런 상황에서, 호남 후보 불가론은 당위론과 현실론 두 측면에서 모두 틀렸다.

당위론은 길게 설명할 필요가 없을 것이다. 호남 출신은 죄인이 아니다. 차별하면 안 된다. '호남 출신은 안 된다'는 얘기는 '호남이나까 무조건 밀어주자'는 것과 마찬가지로 잘못된 것이다.

현실론을 따져 보자. 호남 후보 불가론을 뒤집으면, 비호남 후보 승산론이다. 호남이 똘똘 뭉쳐 비호남 후보를 밀어주면 대선에서 이길 수도 있다는 얘기다. 그러나 호남은 뭉치지 않고 있다. 2002년과 많이 다르다. 전제가 잘못된 것이다. 내부 결속이 안 되는 판에 외연 확대를 하자는 주장은 공허하다. 기초체력이 안 되는 씨름선수가 기술을 함부로 쓰면 뼈가 부러진다. 어려울수록 기본으로 돌아가야 한다. 범어권 후보들은 정책과 비전, 이념과 노선으로 겨뤄야 한다. 그래야 민심을 얻을 수 있다.

송영길 의원은 손학규 후보 지지를 선언하며 "같은 당 안에서 누구는 안 된다는 편가르기식 구태정치를 반복해서는 안 된다. 그렇게 하려면 처음부터 당을 같이 하지 말았어야 한다"고 했다. 정확한 지적이다.

마찬가지 이치로 호남 후보 불가론은 부도덕하다. 그리고 옳지도 않다. 선거는 게임이 아니다. 설득이다. shy99@hani.co.kr

영남후보론 혹은 호남후보불가론은 전략적으로도 윤리적으로도 실패한 정치공학이지만 새정치민주연합 내부에서는 이를 여전히 대선 승리의 열쇠인 양 받들고 있다.(한겨레, 2007.09.04)

사실이다. '호남표만으로는 안 되는데 다른 도리가 없지 않느냐'는 것이 그들의 체념어린 대답이다.

호남은 이인제를 밀어 호남·충청 연대를 통해 영남패권주의를 깨고 싶어 했었다. 한데 노무현은 호남·충청 연대로는 고질적인 영·호남 지역주의를 깰 수 없으니 자신 같은 영남후보로 정의롭게 지역주의를 깨야 한다고 호남을 설득했다. 그래서 호남은 노무현을 선택해 그 정의가 실현되기를 기대했었다. 하지만 알고 보니 그의 정의는 '한나라당과 양대산맥'을 이루자는 정의였다. 심지어 그는 '대선에서 호남 정치인은 전략적으로 안 된다'는 호남 정치인 영구배제론의 선

구자로까지 나섰다. 호남의 전략적 선택은 노무현 이데올로기에 반격당해 결국 제 발등만 찍은 셈이다.

그럼 이 괴기스러운 대한민국의 정치상황은 장차 어떻게 되는 걸까? 뻔하지 않는가? 새누리당이 출마시킬 당연한 (친)영남후보, 지역구도를 깨기 위해서는 영남후보여야 한다고 하늘에서 강변하는 노무현, 친노세력과 연대해야 하니 친노세력이 제일 좋아하는 영남후보 외에 달리 도리가 없지 않느냐며 체념하는 호남, 이것이 현재 우리가 직면하고 있는 현실이다. 이렇게 대한민국 한편에는 자신들의 욕망을 원 없이 실현하고 있는 정치 천재들의 땅 영남이 있고, 다른 한편에는 헌법상 기본권인 피선거권조차 써먹을 일 없이 반민주적으로 욕망을 거세당한 정치 바보들의 땅 호남이 있다.

3

희생강요:
'전국당을 위해
호남색을 지워야한다'

이 세상을 언제나 강자의 시선으로 보는 사람들이 있다. 그들에겐 그 강자가 선이든 악이든, 세상의 진리는 언제나 그 강자의 시선과 행위 속에 있다. 언제나 '정의는 강자의 이익'인 것이다. 하지만 트라시마코스가 소크라테스에 반박해 유명해진 이 명제도 그 자체의 표현만으로는 사실 약간의 혼란을 불러일으킨다. 우리는 그의 명제를 '정의를 판단하는 기준은 있지만 현실적으로 정의는 강자의 이익이다'는 주장으로 이해해야 하는지, 아니면 '정의를 판단하는 기준은 없고 강자의 행위가 곧 정의다'는 주장으로 받아들여야 하는지 모호한 측면이 있다. 조금만 더 확인해보자.

소크라테스는 트리시마코스에게 다음과 같이 묻는다. "선생은 올바르지 못한 나라가 있어서, 이 나라가 다른 나라들을 부당하게 굴복하게 하여 예속화하려 시도하고, 실제로 그렇게 해서 많은 나라를 휘

하에 속국화해서 갖고 있다고도 보오?" 트라시마코스가 대답한다. "물론입니다. 뿐만 아니라, 그거야말로 최선의 나라가, 즉 가장 완벽하게 올바르지 못한 나라가 특히 하게 될 일이죠."[18] 비아냥거림이 섞이긴 했지만 그의 '최선의 나라＝올바르지 못한 나라'라는 표현 속에는 '강자의 행위와 무관하게 정의/부정의의 판단기준은 이미 있다'는 전제가 깔려 있다고 봐야 한다. 따라서 트라시마코스는 '강자＝정의'라고 주장한 것이 아니라, 강자가 부정의를 행하면서도 그것을 정의라고 주장하는 현실 때문에 정의는 강자의 이익이다'라고 주장한 것으로 봐야 할 듯싶다.

이렇게 그 유명한 트라시마코스조차 '강자가 했거나 할 일은 언제나 무조건 정의고, 바로 그것을 정의라고 해야 한다'고 주장하진 못했다. 그런데 대한민국엔 그런 시도를 하는 사람들이 시도 때도 없이 나타난다. 가히 정의론의 복마전이라 할 만하다. 진보 정론지를 자처하는 『한겨레』라고 예외가 아니다. 『한겨레』는 2015년 4·29 재보궐선거가 끝난 뒤 디지털부문 기자 김의겸의 칼럼을 실었다. 취지를 왜곡하지 않기 위해 지면이 아깝지만 조금 길게 인용한다.

　　나도 호남이다. 하지만 호남 민심이 뭔지 모르겠다. (…) 김한길까지 호남을 입에 올리는 걸 보면서 정말 문제가 심각하구나 싶다. 그는 "호남이 거부하는 야권주자는 있어본 적도 없고 있을 수도 없고, 있다고 해도 승리할 수 없을 것입니다"라는 글을 올렸다. 문재인을 베는 데 호남이라는 칼날이 잘 들기 때문에 거론했을 것이다. 하지만 그 칼을 휘두르는 순간 당의 몸통도 반으로 잘린다. 당내 한 축을 이루는 친노 지지자들이 당을 외면할 것이다. 호남을 제외한 다른 지역의 민심도 "새정치민주연합은 역시 호남당이야"라고 혀를 차지 않겠는가. 김한길은 '거물'로 성장했다. 군소 계파의 수장 정도가 아니라 당내 모든 비주류 연합군의 총사령관이다. 그만큼 책임도 따르는 위치다. 호남 없이는 이길 수 없지만 호남만으로도 안 된다는 건 입증된 역사다. 권력투쟁도 좋고 계파싸움도 좋다. 하지만 정적을 제압하기 위해 호남 민심을 동원하는 건 내년 봄 농사지을 볍씨로 밥 지어 먹는 격이다. 사나흘 뒤면 5·18이다. 광주의 시민들이 '폭도'로 내몰려 처참하게 살해된 건 호남이 고립되었기 때문이다. 그 고립이 아직도 풀리지 않고 있다. 호남을 위하는 척 걸핏하면 호남 민심을 들먹이지만 호남을 더 외롭게 할 뿐이다. 광주 영령이 통곡하고 있다.[19]

김의겸의 거의 모든 주장이 역겹지만 가장 역겨운 건 "광주의 시민들이 '폭도'로 내몰려 처참하게 살해된 건 호남이 고립되었기 때문이다"는 발언이다. 이해가 되는가? 이 문장은 영남패권주의에 포섭된 핵심 주장이므로 그 취지를 왜곡하지 않고 정확히 이해하는 것은 아주 중요하다. 아, 참고로 김의겸은 2011년 『한겨레』 동일지면에 「서글픈 내 고향 왜관」이란 칼럼[20]을 실은 바 있다. 왜관은 박정희의 고향인 경북 구미에서 그리 멀지 않은 곳에 있다. 그는 (자기 기사에 본인이 단 [것으로 추정되는] 댓글에 의하면) "8살에 군산으로 이사와 초중고를 나왔"[21]다고 한다. 그래서 왜관은 "내 고향"이라고 자신 있게 말하면서 호남에 대해선 "나도 호남"이라고 두루뭉술하게 표현한 듯싶다.

그건 그렇고, 김의겸은 "호남 민심이 뭔지 모르겠다"고 했으므로 그의 칼럼 취지는 추론컨대 다음 둘 중 하나일 것이다. ①호남민심은 친노와 다르지 않다. 그러니 다르다고 들먹여 호남을 고립시키지 마라. 그러면 호남은 다시 살육당할 위험에 빠진다. ②호남민심은 친노와 다르다. 그렇더라도 그 차이를 벌리면 친노가 돌아서 호남이 고립된다. 그러면 호남은 다시 살육당할 위험에 빠지니 호남을 생각해서, 아니 호남 스스로 그러지 마라.

인간이 이렇게 타락한 충고를 하기도 힘들다. 김의겸에 따르면 어쨌든 호남의 목숨은 전적으로 친노에 달렸다! 그런 줄도 모르고 김한길은 친노의 심기를 불편하게 했으니 "광주 영령이 통곡"할 만하다!! 혹 호남민심이 친노와 다르지 않은데 김한길이 선동한 것이라면 그나마 다행이다. 한데 실제로 호남민심이 친노와 다르다면 이건 김한길 개인을 탓하는 것으로 끝날 문제가 아니다. 어찌해야 하는가? 만약 정말 그렇다면 호남은 고립을 면하기 위해, 그리고 그 고립 때문에 다시 발생할지도 모를 학살을 면하기 위해, 자신들의 욕망을 거두고 문재인의 바짓가랑이라도 붙잡고 애원해야 한다. 그것이 김의겸의 충고다. 정말 기가 차서 입이 다물어지지 않는 '강자=영남파시스트'의 시선이다.

좋다. 갈 데까지 가보자. 혹 김의겸은 호남이 박정희 때부터 고립당할 짓을 해서 '그 때문에!' 그런 학살을 당했다고 주장하고 싶었던 것일까? 나로선 달리 읽을 방법이 없고, 이렇게 묻지 않을 도리가 없다. 박정희 때부터의 고립이 호남 잘못이란 말인가? 그 고립을 피하기 위해 1970년대부터 호남은 영남의 독재자 박정희를, 아니면 야당인물 중 영남의 김영삼만을 일편단심 지지했어야 했다는 말인가? 그것만이 "광주 영령이 통곡"하지 않게 할 방법이었는가? 결국 학살은 김대중을 지지한 호남이 스스로 고립을 자초해 벌어진 일이란 말인가? 이것이 『한겨레』 김의겸의 정의인가? 그렇다면 그는 트라시마코스를 거뜬히 뛰어 넘었다.

김의겸 칼럼에 할 말은 아주 많지만 조금만 더 하자. 김의겸은 친노가 지지하지 않는 새정치민주연합에 대해 "호남을 제외한 다른 지역의 민심도 '새정치민주연합은 역시 호남당이야'라고 혀를 차지 않겠는가"라고 걱정한다. 그 혀를 찬 사람들이 "새누리당은 역시 영남당이 아니야"라면서 그 당을 지지하고 있는가? 그리고 언제 친노가 있어서 '호남당' 소리 안 듣고 '전국당' 소리 듣고 살았는가? 김대중의 야당 시절만 하더라도, 이기택의 꼬마민주당에 온갖 지분 다 내주고 몸부림쳤지만 '호남당' 소리 안 들었던 적 있는가? 심지어 '지역주의 부패정당' 민주당과의 법통을 끊는다고 주장하며 노무현이 열린우리당을 창당했을 때조차 호남은 '호남당' 소리 안 들어보려고 그당을 지지했지만 문재인의 '부산 정권' 소리 말고 돌아온 게 무엇인가?

현재 호남은 친노세력은 물론이고, 정치에 참여하기를 원하는 시민단체 활동가, 심지어 '지역관념은 없어져야 한다'고 주장하며 개혁·진보를 표방하는 지식인·명망가들에게까지 '지역적' 인질로 잡혀 있다. 호남은 자신들이 지지하는 '호남당'이 오매불망 전국당으로 불리기만을 염원하고 있다. 그러니 그들에게 '호남당'의 모든 정치적 지분과 욕망을 빼앗긴다 한들 새누리당을 찍을 수 없는 자신들의 표를 어디에 던지겠는가? 호남의 정치적 지분이나 욕망을 얘기했다가 '지역주의 부패세력'이라고 욕이나 안 먹으면 그나마 다행이다. 호남은 이른바 '전국당'을 위해 '호남 없는 호남당'에 만족하며 살아야 하는 것이다. 한마디로 호남의 욕망을 거세하는 데 '전국당'이라는 허상만큼이나 유혹적인 이데올로기는 없다.

그런데 호남이 4·29 재보궐선거를 계기로 상당히 흔들렸다. 그러자 『한겨레』는 즉시 '고향이 경북 왜관인 호남 김의겸'을 동원해 '5·18 같은 학살을 안 당하려면 분열하지 말고 새정치민주연합의 문재인을 지지하라'고 거의 노골적인 협박조로 호남을 막아선 것이다. 『조선일보』도 이런 식으로까지 막 나가지는 않는다. 김의겸의 역대급 칼럼에 충격 받은 (아마도 이런 소개를 싫어할 것 같지만) 선배 언론인 고종석은 트위터에 이런 말을 남겼다.

> 김의겸이 영남인이라면, 그는 영패에 쩔은 집단이기주의자다. 김의겸이 호남인이라면, 그는 유대적 자기혐오에 젖어 주류를 추종하는 사익추구자다. 그가 이중정체성을 지녔다 하더라도 그의 글은 여전히 경멸스럽다.[22]

화제를 조금 돌려 식상한 수수께끼를 하나 내겠다. 신선한 답변을 기대한다. 호남의 김대중이 대통령에 당선될 수 있었던 이유가 뭘까? DJP연합? IMF구제금융 사태? 이회창 아들의 병역비리? 이인제의 출마? 손으로 일일이 꼽다보면 아마도 한 백여 가지도 넘게 이유를 댈 수 있을지 모른다. 하지만 '그 이유가 아무리 많아도 이게 아니었으면 절대로 김대중은 당선될 수 없었다'고 장담할 수 있는 한 가지 결정적 이유가 있다. 내가 생각하는 그 이유는 대한민국 국민 모두가 다 알고 있다. 하지만 대놓고 논해지지는 않는다. 과연 그게 뭘까?

　단언컨대 그것은 호남몰표다. 시답잖은 싱거운 소린가? 하지만 내가 하고 싶은 말의 맥락엔 약간의 부연설명이 필요하다. 호남은 김대중에게 어느 한때 잠시 몰표를 던진 것이 아니다. 호남은 그가 출마한 1987년 대선 이후, 대통령에 당선되는 1997년 대선까지 3번의 대선과 3번의 총선에서 상상을 초월하는 몰표를 던졌다. 이 몰표에 대한민국은 기가 질렸다. 1980년 광주학살 이후 1997년 대선 승리 때까지, 영남패권주의 대한민국에서 호남을 대변하는 김대중이 받은 정계은퇴 압박은 상상을 초월한 것이었다. 이런 상황 속에서도 호남은 물러서지 않았다.

　이것은 무엇을 의미하는가? 영남의 비非새누리당세력, 개혁·진보세력, 여타 잡다한 모든 정치세력들이 호남을 대변하려는 정치적 욕망을 포기할 수밖에 없었다는 것을 의미한다. 이는 비새누리당 정치활동은 오직 김대중의 호남몰표라는 기반 위에서만 가능하다는 현실을 모두에게 인정케 했다는 의미이기도 하다. 국민통합추진회의 노무현이 '양비론(3김청산론)'*을 앞세워 김대중을 제거하는 전략을 포기하고 '김대중당'에 참여하는 굴복을 한 것이 그 단적인 예다. 한마디로 김대중을 제거하려는 세력에 대해 호남은 '우리는 김대중이 죽을 때까지 김대중을 목표로 지지할 테니까 당신들이 우리와 함께 하든지 말든지 선택하라'고 요구한 셈이었다. 유사 이래 최초의 반영남 패권주의 정권교체는 그렇게 이뤄졌다.

하지만 지금은 사정이 완전히 뒤바뀌었다. 영남 핵심의 비새누리당 친노세력이 호남을 겁박하는 구도다. 즉 '우리는 죽을 때까지 친노(영남)지도자만을 내세워 지지할 테니까 호남 당신들이 우리와 함께 하든지 말든지 선택하라'는 것이다. 공평하게 말한다면, 과거 김대중 때는 우리 친노세력이 당신들 호남의 인질이었지만 이제는 당신들 호남이 우리들의 인질이라는 것이다. 즉 갈 데 있으면 가보라는 것이다. 학살 원흉의 정당 새누리당을 찍을 수 없는 호남은 우리들 친노와 갈라서는 순간 호남당이고, 그렇게 고립되면 5·18 같은 학살을 다시 당할 것이라는 협박이다. 물론 반새누리당 호남몰표라는 역

---

* 사실 노무현이 속해 있던 국민통합추진회의는 '양비론'보다 더 가치맹목적인 역사관을 가지고 있었다. 그들은 창립선언문에서 "망국적 지역할거정치를 극복"("민주 비주류 「통추」 출범」, 「동아일보」, 1996년 11월 10일)한다는 목표를 제시한다. '망국적 지역할거정치'는 곧 '3김청산과 지역주의 타파'("통추 "3김청산" 힘찬 기지개 17일부터 순회 시국토론회」, 「동아일보」, 1997년 1월 6일)를 의미한다. 양비론은 1990년 3당합당을 한 김영삼과 1987년 대선 독자출마, 1995년 정계복귀를 한 김대중의 정치적 행동이 모두 잘못이라는 주장이다. 그런데 국민통합추진회의의 '지역할거정치'론은 아예 김종필의 이력까지를 가치맹목적인 '3김정치'로 한데 묶어 청산을 주장하는 것이다. 심지어 노무현은 대통령에 당선된 이후에도 '3김청산'이라는 용어를 구사("노 "검찰, 대통령이라 더 가혹하게 수사"」, 『프레시안」, 2004년 3월 3일)하는 데 익숙했다. 반영남패권주의 투쟁을 '지역할거정치 극복(지역주의 타파)=3김청산'으로 공격하는 것은 은폐된 투항적 영남패권주의 이데올로기의 전형적인 자기기만 모습이다.

사경험적 사실을 상기할 때 호남이 고립을 두려워하는 것은 결코 아니다. 하지만 부분적으로는 양비론 혹은 영남패권주의의 하위 이데올로기에 세뇌돼 있다. 이것이 총체적으로 호남이 친노에게 인질로 잡혀 있는 이유다. 그리고 이것이 무슨 '질소과자'처럼 친노세력이 터무니없이 과장된 정치적 지분을 행사할 수 있는 이유이기도 하다.

여기서 호남당을 탈피해 전국당을 만들어야 한다는 이데올로기를 조금 자세히 들여다보자. 우선 이 이데올로기 자체가 영남패권주의의 부산물이다. 언제나 그런 것은 아니지만 지역당이라는 말은 거의 새누리당(계열)이 아니라 (조롱조로 과거 자민련을 상기시키며) 새정치민주연합(계열)을 겨냥해 사용된다. 하지만 새정치민주연합(혹은 자민련)이 지역당이면 논리필연적으로 새누리당도 지역당이 될 수밖에 없다. 예컨대 새정치민주연합(계열)이 호남의 절대적 지지를 받아 지역당으로 규정되면 다른 정당이 호남을 제외한 대한민국 전체를 석권해도 그 당 역시 지역당이 될 수밖에 없다. 즉 호남이 절대적으로 외면하는 정당이 다수당일 수는 있어도 전국당이 될 수는 없다. 그럼에도 불구하고 (예컨대 위 『한겨레』 김의겸처럼) 호남이 절대적으로 지지하는 정당만을 지역당으로 부름으로써 호남의 지지를 못 받는 다수당(새누리당)을 은근슬쩍 전국당으로 치환시키는 것이다. 단언컨대 현 대한민국에 다수당/소수당은 있어도 지역당 아닌 당은 없다.

그런데 호남의 절대적 지지를 받는 당만을 지역당이라고 부르는 지역당 이데올로기는 새누리당보다는 오히려 새정치민주연합의 친노세력이 더 효과적으로 이용한다. 호남의 정치적 자주성을 봉쇄하는 (영남패권주의의 하위 이데올로기로서의) 반지역당(전국당) 이데올로기는 새정치민주연합에서는 이른바 호남 지역구 다선의원 숙청 이데올로기로 발현된다.

총선 때마다 주기적으로 돌아오는 행사지만, 정동영의 사례는 자못 상징적이다. 정동영은 1996년(15대)과 2000년(16대)에 전주 덕진구에서 재선된다. 그는 2004년(17대) 총선 때는 전주 지역구에 출마하지 못하고 비례대표 후보가 되지만 이른바 '노인폄훼' 발언으로 사퇴한다. 2007년 대통합민주신당의 대통령 후보였던 정동영은 민주당 출범 뒤인 2008년에 전주가 아닌 서울 동작을에 출마할 수밖에 없었고, 낙선한다. 2009년 4월 재보궐선거 때는 전주에 출마하려 하지만 불출마 압박을 받는다. 그는 탈당해 전주 덕진구에 무소속으로 출마해 당선되지만 2010년 2월에서야 겨우 복당을 허락받는다. 그는 2012년(19대)에 역시 호남 지역구에서 축출돼 강남을에 출마했지만 낙선한다. 한마디로 그는 세계 정치사에 유래를 찾기 힘든 '호남 출신 중진의원은 호남지역에 출마하면 안 된다'는 반민주적 이데올로기의 흔하디흔한 희생양 중 한 명이었다.

한데 2015년 새정치민주연합 혁신위원회는 '호남중진 숙청' 전략에 약간의 변주를 시도한다. 혁신위는 "계파주의와 기득권을 타파하기 위해서는 책임 있는 분들의 백의종군, 선당후사가 필요하다"고 주문했다. 기자는 혁신위에 "호남 의원 물갈이는 발표문에 빠져 있는" 것에 대한 질문을 한다. 특별히 '호남' 물갈이에 대한 질문을 하는 것이 참 특이하지 않은가? 대변인 정채웅은 논의과정에 "호남 의원 부분은 없었다"고 답한다.[23] 그럼에도 불구하고 전북 전주완산갑 의원 김윤덕은 "수도권의 경우 당에서 자르고 싶어도 출마할 사람이 없는 경우가 많다"면서 "이런 현실을 고려해볼 때 호남에 칼을 들이밀려는 것 아니냐 하는 두려움이 있다"고 고백했다.[24]

총체적으로 요지경이다. 계파수장을 정리하는 것이 계파를 없애는 것이라는 발상부터 놀랍다. 지금까진 주로 호남의원 수도권 차출·숙청이 문제였지만 변주된 기준도 이중적이다. 혁신위원 조국은 트위터에 "문재인, 불출마를 철회하고 부산에 출마해 '동남풍'을 일으켜라"[25]고 주문한다. 호남 중진의원의 백의종군·선당후사는 호남에서 축출하는 것이지만 부산 문재인의 그것은 이해찬이 그랬듯이 고향 출마다. 고향의 지지를 받아 당선되면 문재인은 지금보다 더 힘 있는 대선후보로 올라설 것이다. 하지만 호남출신 중진의원은 타지에서 당선돼도 국회의원이나 한두 번 더하고 조용히 사라질 것이다.

새정치민주연합은 호남당이 아닌 전국당이라고 내세우고 싶어 한다. 그럼 호남몰표를 인질로 잡지 말고, 전국적으로 고른 득표력을 입증하면 된다. 하지만 이 허울 좋은 전국당은 웬일인지 오직 호남을 향해서만 '고립된다'며 겁박하여 호남몰표가 나오는 것을 당연시한다. 그러면서도 우린 소중한 전국당이니까 호남의 '지역이익'은커녕 호남이라는 지역관념조차 꿈도 꾸지 말라고 강변한다. 그리고는 때만 되면 호남의 중진 정치인들을 '지역토호 부패세력'의 이미지를 뒤집어씌워 요란하게 싹둑싹둑 자르는 주례행사를 치른다.

기본적으로 지역구에 출마하려는 후보는 그 지역을 대표할 수 있는 지역성을 지녀야 정상적이다. 중진이든 아니든 이곳저곳 지역구를 기웃거려도 좋다는 발상은 놀랍다. 원 지역구에서 축출 당한 엉뚱한 후보를 받아들여야 하는 다른 지역구 주민은 또 웬 날벼락인가? 호남은 이런 이데올로기를 전파하는 근원과 주체가 누구인지 따질 엄두조차 못 낸다. 호남은 그저 전국당을 꿈꾸며 정치적 천형 같은 호남색을 지우는 데 앞장서 협력한다. 호남은 그렇게 허깨비 같은 전국당 새정치민주연합을 바라보며, 친애하는 이 당이 오직 '호남 자민련'으로 불리지 않기만을 애타게 기도할 뿐이다. 호남의 욕망은 그렇게 '호남 없는 호남당'을 통해 손쉽게 거세된다. 이보다 더 쉬울 수가 없다!

4

'착한 호남' 콤플렉스: '호남만은 개혁적이어야 한다'

'광주정신!'

대한민국 도시 중 유일하게 광주만이 정신이라는 추상명사와 결합해 어떤 특별한 의미를 갖는다. 광주정신이 뭘까? 5·18정신이다. 한데 그 의미를 한마디로 규정하는 건 쉬운 일은 아니다. 내 보기엔 온갖 '좋은' 정신은 모두 포함되는 것 같다. 비아냥거림이 아니다. 모든 정치세력이 각자 자신들의 입맛에 맞는 가치를 특별히 강조해 광주정신에 부여한다는 사정 설명일 뿐이다. 심지어는 광주학살을 자행한 정치세력의 계승자들(새누리당 세력)까지 광주정신을 기려야 하니 오죽 현란한 언어의 마술이 동원되겠는가?

그래서 나는 '광주정신'을 추상적으로 개념 규정하는 것보단 그것을 누가 어떤 식으로 사용하는지를 정치적 현실과의 맥락 속에서 살피는 것이 더 유용하다고 본다. 2015년 5·18을 맞아 국회의장 정의화는 기념식에 참석, 기자들과 만나 〈임을 위한 행진곡〉의 "그 '님'의 광주정신을 우리 국민을 대통합해내는 통합의 정신, 상생의 정신으로 이제는 발전해 가도록 해야 한다"고 말했다.[26] 그런데 보훈처는 그 며칠 전 "노래 제목과 가사 내용인 '임과 새날'의 의미에 대해 논란이 야기됐다"고 지적하며, "제창시 또 다른 논란 발생으로 국민 통합에 저해될 가능성이 있다"고 입장을 밝혔었다.[27] 새누리당 출신 국회의장 정의화와 새누리당 정부 보훈처가 생각하는 광주정신을 종합하면 '광주정신＝임'은 '국민통합에 저해된다'는 의미가 된다.

그럼 새정치민주연합의 문재인이 생각하는 광주정신은 뭘까? 문재인은 "박근혜정부는 5·18의 위대한 역사를 지우려고 한다"며 "임을 위한 행진곡을 북한과 관련시켜서 5·18을 이념적으로 가두고 지역적으로 고립시키려고 한다"고 주장했다. 그러고는 "5·18의 위대한 역사를 지키는 것이 민주주의를 지키는 길이라고 생각한다"며 "저와 우리 당은 광주정신으로 더 통합하고 더 혁신해서 이 땅의 민주주의를 반드시 지켜내겠다"고 말했다.[28] 이는 박근혜가 호남을 고립시키려 하는데, 고립을 피하려면 새정치민주연합 대표인 자신을 중심으로 통합해야 하고 그것이 '광주정신＝민주주의'를 지키는 길이라는 뜻으로 들린다.

한편 진보는 광주정신을 어떻게 생각할까? 서울시 교육감 조희연은 이렇게 말한다. 그가 광주에 기대하는 바가 크므로 조금 길게 인용한다.

이 광주의 좌절과 대안적 희망이 다른 지역, 다양한 계층, 다양한 소수자들, 비루한 일상을 사는 수많은 작은 시민들의 절망과 대안적 희망과 만날 때, 바로 그때 광주는 한국민주주의를 '전진'시키는 거대한 동력으로 비상했다. '광주 5·18의 전국화'라고 하는 것이 바로 이런 것이었다고 나는 생각한다. 나는 지금도 이 만남이 현재적인 것이 되기 위해서는, 광주가 광주 이외의 무수한 좌절들과 희망들의 표상이 되어야 한다고 생각한다. 예컨대 광주가 토호들의 이해에 사로잡힌 많은 지자체들을 부끄럽게 할 때, 광주가 기득권정치에 식상한 국민들의 대안적 정치의 산실이 될 때, 오로지 사익 일변도의 경제를 넘어 공유의 가치가 살아있는 공동체적 지역경제의 실험들이 진행될 때, 또한 광주가 광주 이외의 무수한 아픔을 자기 문제로 끌어안고 함께 아파하는 따스한 친구로 느껴질 때, 광주는 다양한 주체들의 절망들과 희망들이 투사되는 기표(旗標)가 될 수 있을 것이다. 광주정신이 있다면 바로 그러한 것이 아닐까.[29]

물론 좋은 얘기다. 그런데 이런 생각을 한 번 해보자. 왜 (앞의 홍세화가 그런 것처럼) 조희연도 여지없이 광주라는 지역단위에 통째로 그런 진보적·계급적 실천을 요구하는 걸까? 나는 진보가 생각하는 그런 광주정신을 광주가 얼마나 훌륭하게 실천할 능력이 있는지는 잘 모르겠다. 하지만 그런 상상을 하게 만드는 것 자체가 바로 문제 아닌가? 웬 지역주의자가 광주라는 지역단위에서 이상적 공동체를 꿈꾼다면 충분히 이해할 수 있다. 하지만 우리나라 진보는 지역단위 투쟁을 무슨 역사의 반동 취급하는 사람들 아닌가? 도대체 어쩌라는 건가? 왜 광주라는 지역은 대한민국이, 특별히 진보가 원하는 대로(!) '지역투쟁'을 포기하고 타 지역과 '똑같은 비율로' 세속적 욕망을 실현하면 안 되는가? 광주가 타 지역보다 특별히 더 실망스럽게 살고 있는 것도 아닌데 왜 광주라는 지역단위에 광주정신을 상기시키며 죄책감을 불러일으키는가? 심지어 광주 공동체는 왜 또 그렇게 해야 한다고 강박적으로 느끼는 걸까? 광주정신은 광주와 호남에 축복일까, 멍에일까?

2015년 5월 17일과 18일, 광주트라우마센터는 옛 도청과 국립 5·18민주묘지에서 오월심리치유이동센터 운영을 통해 광주시민을 대상으로 설문조사를 실시했다. 5·18을 직·간접적으로 경험한 시민 158명의 심리상태에 대한 개인상담과 간이검사 실시였다. 그 결과 '5·18민주화운동을 생각하면 분노를 느낀다'에 응답자의 87.4%가, '5·18과 관련해 광주만 고립되어 있는 것 같다'에는 71.9%가 '그렇다' 이상으로 답변했다.[30]

이 결과를 어떻게 해석해야 할까? 진보는, 아니 우리는 지금 이 순간에도 '분노와 고립'을 느끼는 광주를 향해 '광주 이외의 무수한 좌절들과 희망들의 표상'이 "되어야" 한다고 요구하고 있는 셈이다. 너무나 가혹하지 않은가? 광주에서 태어나고 살아가는 게 도대체 무슨 업보이기에 '분노와 고립'감을 마음속 깊이 억눌러가며 '타인들의 진보적 표상'이 되려고 노력해야 하는 걸까? 대한민국의 다른 지역민과 똑같이 인간 본연의 세속적 욕망을 죄의식 없이 실현하며 사는 건 죄를 짓는 것일까?

분명히 강조해두지만, 만약 광주가 정말 특별한 사람들이 사는 도시여서 그들이 자발적으로, 기쁜 마음으로 인류 역사상 다른 지역에서 관찰하기 힘든 '절대공동체'를 만들어가고 있는 것이라면 굳이 내가 이런 세속적 질문과 편협한 감정을 드러낼 이유가 전혀 없다. 하지만 광주가 '보편적 인간'이라는 기준으로 볼 때 다른 지역 주민들과 별반 다를 것 없는 사람들이 사는 지역이라면 내 질문은 유효하다. 보편적 인간에 가해지는 특수한 요구는 심리적 압박일 수 있다. 난 지금 자기모순적인 정략 속에서 역사경험적인 시공을 초월한 개념으로 규정된 진보적인 '광주정신'이 광주라는 지리적 공간에서 일상의 세속적 시간을 살고 있는 평범한 인간들에게 가하고 있는 정신적인 고문을 말하고 있는 중이다.

감히 말하건대, 위와 같은 상황 속에서 나는 광주가 '착한아이 콤플렉스'의 덫에 빠져 있다고 생각한다. 좋든 싫든, 나는 광주의 공적인 삶에서 느껴지는 구호와 행위들에서 '착한 호남 콤플렉스'를 강하게 느낀다. 이 상황을 이해하기 위해 남서울대학교 김은실이 설명하고 있는 '착한아이 콤플렉스'의 심리기제를 참고해보는 것도 도움이 될 것이다.

칭찬은 아이의 행동을 긍정적으로 변화시키는 힘이 있다. 하지만 (…) 과도하고 지나친 칭찬은 아이에게 자신의 부정적인 모습을 감추고 숨기도록 만들어 불안을 가져온다. 그런 칭찬을 받은 아이는 부모가 원하는 모습만 보여 주려고 애를 쓰며, 그 모습이 자신이라고 믿고 살아간다. 일명 '착한 아이 콤플렉스'나 '모범생 콤플렉스'를 경험한다.[31]

분명히 광주를 둘러싸고 논해지는 수많은 진보적 담론들은 '광주정신'에 대한 신성한 가치와 무한한 기대를 담고 있다. 이런 상황이라면 평범한 시민들도 심리적 영향을 받지 않을 수 없을 것이다. 신화화된 광주정신에 대한 감당하기 힘든 상찬, 마음속의 분노와 고립감, 민주화의 성지에 사는 시민으로서의 막연한 의무감, 세속적 욕망에 대한 죄의식, 그것을 한껏 이용하는 노련한 정치공세, 이 모든 것들이 평범한 인간들의 마음을 얼마나 짓누를지 그 무게를 한번 가늠해보라.

신성한 광주정신의 '어두운 그늘'이 언뜻 이해가 가지 않는다면 다른 역사적 사례와 비교해보는 것도 좋을 것이다. 예컨대 필라델피아 시민들은 미국 독립의 거점이자 독립선언과 필라델피아선언의 고향임을 스스로 기리며, 또 상찬을 받으며 '필라델피아정신'에 큰 자긍심을 느낄 수 있다. 하지만 이는 광주시민들이 '광주정신'에 자긍심을 느끼는 것과는 매우 다르다. 난 (과문한 탓인지) 지금까지 필라델피아 시민들이 '분노와 고립감'을 억눌러 가며 '필라델피아정신'을 전국화·세계화시키기 위해 눈물겹게 애쓴다는 얘긴 들어본 적이 없다. 지금 광주가 처한 역사적 상황이 조금 이해가 되는가?

광주정신은 반독재 민주주의 정신이고, 반독재 민주주의는 반패권주의 정신이다. 그 패권은 부르주아계급이, 혹은 특정 지역이, 아니면 종교권력이 행사할 수도 있고, 북한처럼 전근대적으로 한 가계의 혈통이 행사할 수도 있다. 우리나라의 경우 '영남부르주아'가 핵심적인 패권을 행사하고 있다. 그럼에도 불구하고 자신들이 진보라고 주장하는 정치세력조차 '영남부르주아' 패권을 '부르주아 일반'의 패권으로 의식적 또는 무의식적으로 환치시킨다. 마찬가지로 영남파시즘을 대한민국 일반의 파시즘으로 환치시킨다. 그 결과는 호남이라는 지역단위와의 계급(진보)적 연대를 거부하고 호남의 반영남패권주의 (저항적 지역주의)를 영남패권주의와 등치시켜 공격하는 것으로 나타난다. 당연히 우리나라의 영남패권주의는 이보다 더 좋을 수 없는 정치적 환경 속에서 발호한다.

결국 어쩔 수 없이 광주시민들은 극복하기 힘든 영남패권주의 대한민국 속에 살아가면서 '분노와 고립감'을 느낀다. 그러니 이 정신과 현실의 심연 같은 괴리, 즉 광주정신과 영남패권주의 현실의 심연 같은 괴리를 어찌해야 하는가? 중앙대 김성훈은 이런 상황이 어제 오늘의 일이 아닌 유구한 역사적 사연을 갖고 있다고 주장하며, 2012년 대선이 끝난 뒤 획기적인(?) 아이디어를 낸다. 대강의 요지를 발췌하면 이런 주장이다.

외세와 거대자본의 뒷받침을 받는 신라 원형의 정치세력은 예나 지금이나 정(情)의 문화와 의리(義理)에 기초한 전라도의 민생 민주 민권운동을 태생적으로 억압할 수밖에 없다. 그 때문에 정치에서 잃은 것을 정치투쟁으로 풀기가 어렵게 고착화된 사회구조하에선 민초들의 순수성만으로 그 한을 풀 수 없다. 이 점이 호남이 깨달아야 할 임계 지점이다. (…) 근본적으로 전라도가 겪고 있는 정신적 붕괴의 해법은 '저항적 에너지를 창조적 에너지로 만들어내는 것'이다. (…) 이는 호남이 갖고 있는 천혜의 인적 자연적 자원을 창조적 문화 예술로 융합해 내야 한다는 뜻이다. (…) 호남은 정치에서 잃은 것을 문화·예술에서 찾아야 한다.[32]

영남패권과 정치적으로 투쟁해서 이길 수 없다는 것이다. 말을 바꾸면 대한민국에서 영남패권주의 없는 정상적인 민주주의를 진전시킬 수 없다는 의미이기도 하다. 하긴 5·18 이전의 광주는 웬만한 다방의 벽에도 동양화 몇 점씩은 걸려 있는 예향이라고 자부하며 살았으니, 김성훈의 이런 주장이 뜬금없는 소리만은 아니다. 그리고 이런 주장과 관련해 무척 아이러니하게도 반란을 일으킨 영남군부세력을 상대로 시민군이 마지막까지 무장 항쟁을 했던 전남도청은 이제 국립아시아문화전당으로 탈바꿈한다. 김성훈이 주장한 대로 "호남은 정치에서 잃은 것을 문화·예술에서 찾아야 한다"는 공감대가 형성되고 있는지도 모르겠다.

하지만 그 문화와 예술이 과연 정치를 잃은 자들의 좋은 도피처가 될 수는 있을까? 없다! '터전을 불태우라'는 주제로 2014년에 열린 광주비엔날레에서 작가 홍성담의 걸개그림 〈세월오월〉을 둘러싸고 벌어진 사태가 그 가능성에 대한 극명한 교훈이다. 대통령 박근혜 혹은 닭이 그림의 소재로 등장했던 것이 문제였다. 결국 홍성담이 작품 전시를 '자진철회'하는 것으로 논란이 마무리됐다.

새정치민주연합의 윤장현이 광주시장이자 비엔날레 이사장이었던 '광주'는 왜 박근혜 정부에 이런 예술적 충성을 해야만 했을까? 이 사태로 인해 광주비엔날레 대표이사에서 물러난 이용우는 "재정 자립도가 낮은 광주시로서는 보수적인 입장을 견지할 수밖에 없었을 겁니다"[33]라고 말한다. 다시 확인해보자. 홍성담은 무슨 생각으로 박근혜의 심기를 불편하게 하고, 광주의 재정자립도를 더 위협할지도 모를 그런 그림을 걸려고 했을까? 홍성담은 이렇게 설명한다.

> 이번 전시의 주제는 치유다. 광주 정신으로 세상의 아픔을 치유하자는 것이었다. (…) 세월호 참사는 한국 자본주의의 침몰이다. 최소 비용으로 최대 이윤을 추구했으나 무능함만 증명하고 무너진 국가 시스템을 드러냈다. 그러나 그림에서 승객들은 무사히 아래로 탈출한다. 바닷길이 열리고 모두 되돌아온다. 그 아래서 물고기와 소년이 유희하며 유영을 즐기고 있다. 이것은 치유와 회복을 뜻한다.[34]

정치 패배자의 도피처가 되는 예술의 미래는 자명하다. 기껏해야 '자신들의 삶의 터전을 불태우고' 그곳을 빠져나와 추상화된 '무릉도원'에서 꿈을 꾸는 예술에 도달할 것이다. 내가 볼 때 홍성담이 '광주 정신'으로 표현한 치유와 회복도 길은 다르지만 '세속적 욕망의 거세'에 진보적으로 기여한다. 하지만 영남패권주의적 자본은 그런 예술적 감수성과 위로조차 허용하지 않고 자신들에게 지배받는 욕망의 노예가 되라고 강요하고 있다. 그게 싫다면 아예 세속적 욕망의 그림

문제가 된 그림 〈세월오월〉에서 박근혜 정부에 대한 풍자는 일부분에 불과했다. 작품의 중심은 엄연히 광주항쟁 시민군과 주먹밥 나눠주는 어머니가 세월호를 들어올려 갇혀 있는 희생자들을 구해내는 장면이다. 그럼에도 광주시가 '알아서' 충성한 것, 그리고 이후 이 작품의 해외 전시 계획이 배송사의 전례 없는 일방적 접수거부로 무산된 것은 무슨 까닭일까?(한국일보, 2014.08.14)

자조차 보이지 않는 음풍농월의 세계로 더 도피해야 할 것이다. 하지만 그 세계에 도달하는 순간, 이미 자신이 지역적·계급적 패권의 노예라는 사실조차 느끼지 못하는 노예가 돼 있을 것이다. 『광주드림』의 기자는 홍성담의 그림이 사라진 광주비엔날레의 풍경을 이렇게 전한다.

그런데 작가와 작품이 한데 떠나는 것으로 어정쩡하게 진화된 그 휑한 자리엔 묘한 평온함이 감지된다. 아무도 슬퍼하지 않는 어떤 죽음이 연상된다.[35]

정확히 말하자면 새누리당이 광주의 욕망을 거세하는 주역은 결코 아니다. 그들은 오히려 영남패권주의에 지배받는 욕망의 노예가 되기를 강요할 뿐이다. 새정치민주연합은 그 '피지배'를 싫어하는 광주를 인질로 잡아, 우리가 당신들의 그 욕망을 민주적으로 실현해주겠다고 약속한다. 물론 거짓 약속이다. 요행수의 집권을 꿈꿀 수 있을지는 모르지만 반영남패권주의 능력, 아니 의지는 결코 없는 정당이다. 이런 틈을 진보가 파고든다. 광주·호남이라는 지역 따위는 잊으라며 신화화된 '절대공동체' 정신만을 앞세운다. 광주는 아무도 그 영광스러웠던 신화의 추억을 부정할 수 없다. 광주는 민주주의를 통해 실현하고픈 세속적 욕망과 그 세속적 욕망을 거세하는 신화화된 '광주정신' 사이에서 죄의식을 느끼며 속절없이 헤매고 있다.

5

도착적 도덕:
'영남의 욕망과 야합하는 것을
이해해야 한다'

영남이 호남을 이해하는 것이 힘든 것만큼이나 호남이 영남을 이해하는 것도 힘들다. 현대사만 놓고 말하더라도, 수십 년 패권 지역은 패권자의 도덕이 생겼을 테고, 그에 저항한 호남은 저항자의 도덕이 생겼을 것이다. 이쯤 되면 영남이 생각하는 선/악과 호남이 생각하는 그것이 근원적으로 다를 수도 있다. 어쩌면 영남은 니체가 패배했다고 보았던 원초적인 강자의 도덕, 즉 유대의 도덕에 패하기 전의 로마의 도덕을 우리에게 시현하고 있는지도 모를 일이다.

니체는 원초적으로 도덕적 선/악의 근원이 행위가 아닌 지위에서 비롯됐다고 말한다. 그는 "좀더 높은 지배 종족이 좀더 하위의 종족, 즉 '하층민'에게 가지고 있는 지속적이고 지배적인 전체 감정과 근본 감정—이것이야말로 '좋음'과 '나쁨'이라는 대립의 기원이다"[36]고 말한다. 그는 예컨대 "어느 언어에서나 신분을 나타내는 의미에서의

'고귀한', '귀족적인'이 기본 개념"이며, "'비속한', '천민의', '저급한'이라는 개념을 결국 '나쁨'이라는 개념으로 이행하도록 만든다"[37]고 주장한다.

그런데 이 고대적 선/악에 의한 압제를 당하며 유대적 증오와 복수가 시작된다. 그 시작은 유대적 가치전환이다. 니체가 예로 든 우화는 상징적이다. "이 맹금류는 사악하다. 가능한 한 맹금류가 아닌 자, 아마 그 반대인 어린 양이야말로 좋은 것이 아닌가?"[38]

이를 유대적 논리로 전환하면 "비참한 자만이 오직 착한 자다. 가난한 자, 무력한 자, 비천한 자만이 오직 착한 자다. 고통받는 자, 궁핍한 자, 병든 자, 추한 자 또한 유일하게 경건한 자이며 신에 귀의한 자이고, 오직 그들에게만 축복이 있다.—이에 대해 그대, 그대 고귀하고 강력한 자들, 그대들은 영원히 사악한 자, 잔인한 자, 음란한 자, 탐욕스러운 자, 무신론자이며, 그대들이야말로 또한 영원히 축복받지 못할 자, 저주받을 자, 망할 자가 될 것이다!"[39]는 명제가 된다.

주지하듯이 2000여 년 전 '도덕에서의 노예반란'이 성공한다. 니체는 "이스라엘 자체가 전 세계에 대한 복수의 진정한 도구를 마치 불구대천의 원수처럼 부정하고 이를 십자가에 달 수밖에 없었던 것, 따라서 '세계 전체'가, 즉 이스라엘의 모든 적대자가 주저없이 바로 이 미끼를 삼킬 수 있었던 것, 이것이야말로 진정 위대한 복수 정책이며, 멀리 보는 지하의 술책, 사전 계획에 따라 서서히 손길을 뻗치는 복수의 은밀한 검은 술책에 속하는 것이 아닌가?"[40]라고 냉혹한 질문을 던진다. 유대의 노예도덕을 체현한 예수를 유대가 죽여 트로

이 목마로 만들고, 그 예수를 로마와 세계가 덥석 받아들임으로써 도덕적 노예반란이 성공했다는 의미다. 그렇게 해서 노예의 도덕이 인류의 도덕이 된 것이다. 그가 말하고 싶은 '도덕의 계보'의 요지는 이런 것이다.

노예 도덕이 발생하기 위해서는 언제나 먼저 대립하는 어떤 세계와 외부 세계가 필요하다. 생리적으로 말하자면, 그것이 일반적으로 활동하기 위해서는 외부의 자극이 필요하다.—노예 도덕의 활동은 근본적으로 반작용이다. 고귀한 가치 평가 방식에서 사정은 정반대다: 그것은 자발적으로 행동하고 성장한다. 그것은 자기 자신에게 더 감사하고 더 환호하는 긍정을 말하기 위해 자신의 대립물을 찾을 뿐이다. 그것의 부정적인 개념인 '저급한', '천한', '나쁜'은 철저히 생명과 정열에 젖어 있는 고귀한 가치 평가 방식의 긍정적인 근본 개념인 '우리 고귀한 자, 우리 선한 자, 우리 아름다운 자, 우리 행복한 자!'에 비하면 늦게 태어난 창백한 대조 이미지일 뿐이다.[41]

추측컨대 영남인들은 그들이 뭔가를 '행'했다는 것에 자부심을 느끼는 것으로 보인다. 그 뭔가는 뭔가? 박정희의 이른바 '산업화'다. 그들은 그것을 '행'하는 것을 지지했다는 자부심을 '선'으로 바꾸어 생각한다. 그들에게 그것은 강함, 지배, 가난에 대한 자연적 극복의 이미지고, 도덕적 선이다. 그런데 그 과정을 민주주의라는 이름으로 부정하고 비난하는 사람들이 있다. 하지만 그 민주적 비난은 자신들이 박정희를 지지함으로써 수행했던 산업화라는 대상이 있어야만 가능한 비난이다. 말하자면 '독재'라는 도덕적 비난은 '개발'이라는 행함이 있어야만 가능한 "창백한 대조 이미지"인 것이다.

수십 년 동안 세상을 패권지역에서 바라보면 패권자의 관점에 젖을 것이다. 피지배지역의 도덕적 비난은 그들에게 그저 약자의 항변, 행하지 않은 자들의 비난, 맹금류에게 낚인 어린 양들의 비명 소리로만 들릴 수 있다. 하지만 어쨌든 세상의 중심은 영남이다. 영남의 행함이 없었으면 호남(과 함께하는 무리들)의 도덕적 비난도 존재할 수 없기 때문이다. 호남의 도덕이란 노예의 도덕이고, 자신들 영남의 도덕이야말로 진정한 강자의 도덕이 된다.

그런데 그들의 날것 그대로의 강자의 도덕이 시대착오적 출구를 찾기 시작한다. 그들은 '선/악'을 행위가 아닌 지위라고 생각하며 '반영남＝(친)호남＝빨갱이＝종북＝악'이라는 언어 프레임을 대한민국에 강권한다. 이는 익히 경험한 역사적 타락인 파시즘의 망령일 뿐이다. 파시즘은 반공산주의, 반유대주의에서 기인했다는 의미에서 행위가 아니라 반행위다. 그것은 니체의 '강자의 도덕'이 찾아낼 수 있는 최악의 전도된 출구다. 나는 이 최악의 전도된 출구 앞에서만 새누리당과 그 정권을 열렬하게 지지하는 영남을 겨우 이해할 수 있다.

여성학자 정희진은 병역 스캔들과 관련하여 가수 스티브 유(유승준)와 총리지명자 황교안에 대한 사회적 관심이 다르다는 것에 문제를 제기하며 이렇게 주장했다.

유승준씨와 황교안씨에 대한 분노의 차이는 어디서 기인한 것일까. 정치인은 아예 포기한 것일까. 연예인과 정치인에 대한 기대가 다르고, 연예인에 대해서는 비난 접근성(?)이 크기 때문일 것이다. (…) 분노의 이유와 분노를 표출하는 방식은 한 사회의 성숙도와 민주주의를 가늠하는 척도다. 병역 비리에 대한 분노가 압도적이고 대상에 따라 선별적으로 작용할 때 그것은 비판이 아니라 혐오 현상이다. 무엇보다 다른 사회적 부정의에 대한 비판적 인식은 사소화되기 쉽다.[42]

정희진의 문제인식은 정당하다. 하지만 그녀가 놓치고 있는 중요한 부분이 있다. 그녀는 유승준과 황교안에 대한 분노의 차이를 그저 "연예인과 정치인에 대한 기대가 다르고, 연예인에 대해서는 비난 접근성(?)이 크기 때문일 것"이라고 짐작한다. 나는 황교안을 정치인 일반으로 보지 않는다. 영남패권세력 정치인과 반영남패권세력 정치인의 실질적인 법적·도덕적 지위차이는 남성과 여성의 차이만큼, 아니 어쩌면 그보다 더 클 것이다. 생각해보면 권력적 법질서와 도덕적 이데올로기를 장악하지 못한 공평한 영남패권주의 국가를 상상하는 것이 더 이상한 일 아닌가? 이런 문제를 단지 인터넷 댓글 현상만을 기준으로 논할 일은 아니다. 그래서 나는 그 '선별적 혐오'에 관하여 성급하게 '~해야 한다'는 당위적 주장으로 넘어가지 말고 우선 '~이다'는 틀로 있는 그대로의 현상을 좀 더 살펴보기를 원한다.

1995년 10월, 이른바 노태우 비자금 사건이 터진다. 김대중은 중국 방문 기간 중에 그 소식을 듣는다. 그는 댜오위타이호텔에서 기자들과 만나 당시 대통령인 노태우에게 20억 원을 받았다고 밝힌다. 김대중은 "김(영삼) 대통령이 먼저 자신과 관련한 모든 정치자금 의혹을 명백히 밝혀야 한다. 나는 20억 원을 받았지만 김 대통령은 당시 노(태우)씨는 물론 각계로부터 엄청난 돈을 받았다"고 주장한다. 김영삼은 묵묵부답이었다.[43] 이후 2011년, 노태우는 자서전을 통해 1992년 대선과정에서 김영삼 후보에게 3000억 원의 선거자금을 지원했다고 폭로하는데, 당시 김영삼 후보진영에 있었던 김종필은 "와이에스의 대선자금 규모를 알면 국민들이 기겁할 것"[44]이라는 백성들의 상상력만을 자극시키는 코멘트를 남긴다.

현대 사회에서 이런 문제는 도덕이 아닌 법의 문제다. 하지만 지금 나의 관심은 법의 기초를 이루는 대한민국의 도덕적 민심이다. 왜 (노태우가 일종의 보험금으로 생각하고 받기를 강권했을) 김대중의 20억 원은 김영삼의 수천억 원보다 더 큰 도덕적 문제가 되는가? 도덕적 가치판단의 기준이 행위에 있다면 이런 문제는 이해될 수 없다. 만약 그 기준이 패권에 있다면 이해가 된다.

그렇다고 모든 것이 패권만으로 일관되게 이해되는 것도 아니다. 만약 영남이 생각하는 강자의 도덕으로 본다면 김대중의 20억도 그저 자연의 도덕법칙으로 이해하면 될 일이다. 하지만 김대중의 20억은 그렇게 이해되지 않는다. 호남의 입장에선 어떨까? 김대중의 20억이 노태우나 김영삼의 수천억보다 더 큰 도덕법칙의 위반은 아니다. 하지만 그들은 노태우나 김영삼의 수천억 원보다 김대중의 20억 원에 더 상심한다. 액수 고하를 떠나 어떻게 그럴 수가 있느냐는 의문이다. 이런 일이 벌어지는 도덕적 근원은 무엇일까?

우리나라의 도덕법칙은 이중적이고, 위선적이고, 정신분열적이다. 니체식으로 말하자면 로마의 강자의 도덕이 완전히 지배하는 것도 아니고, 유대의 도덕적 노예반란이 성공한 것도 아니다. 그래서 영남은 강자의 도덕으로 살고 사고하면서, 호남에 대해서는 (당신들이 원하는 대로) 약자의 도덕을 기준으로 판단하고 공격한다. 호남은 약자의 도덕으로 살고 사고하면서, 영남에 대해서는 (저주받을 당신들) 강자의 도덕을 기준으로 그러려니 하며 체념한다.

문제는 이런 정신분열이 새정치민주연합의 이데올로기와 정책을 통해서도 나타날 수밖에 없다는 사실이다. 노무현은 집권 1년여가 지난 후 영남발전특위를 구성하자고 제안한다. 열린우리당에서 민주당으로 이적한 신중식은 "5.16 쿠데타 이후 영남 지역을 전면 성장시키기 위해 공화당에서 만든 경북 발전특위라는 게 있었고, 이 특위가 경북출신 향토 재벌을 육성하면서 그 전폭적인 지원 하에 삼성, 럭키, 효성 같은 향토기업이 생겨난 것"이라고 과거의 기억을 상기시켰다. 그는 이어 "영남은 40년 동안 정권을 잡았다. 5백대 기업 60% 이상이 영남 출신 소유고 공직에도 영남권에서 요직을 점한 비율이 35~40%를 육박한다"고 현재의 모습까지 일일이 확인해줘야만 했다.[45]

대통령 노무현이 이른바 지역주의 해결을 위해 영남에 내놓은 전략은 세속적 욕망이었다. 선거 전 호남에 대해서는 그토록 이성과 양심에 호소하던 그가 영남에는 다른 기준, 즉 물질적 이득을 내세워 유혹한다. 그는 겉으로는 "지금도 제가 민주당인데도 호남에서 호남 푸대접론 계속 얘기하고 있는데 푸대접론 백번 얘기해도 노무현이는 돈 십원 더 줄 돈이 없다. (…) 호남소외론이 아무리 무슨 소리를 해도 저는 거기에 귀를 기울일 생각은 없다. 마찬가지로 영남지역에 대한 제 생각도 마찬가지이다"[46]고 주장한다. 하지만 마지막에 장식처럼 덧붙여진 말은 거짓이었다. 2006년 5·31 지방선거를 앞두고 문재인은 '부산 정권' 발언을 하는데, 그 내용인즉슨 "APEC(아시아·태평양경제협력체) 정상회의와 신항·북항 재개발, 인사 등 정부로서는 거의 할 수 있는 만큼 부산에 신경을 쓰고 지원했"[47]다는 것이었다. 내가 지금 강조하는 핵심은 노무현이 호남에 대해 호소하는 방식과 영남에 대해 호소하는 방식이 다르다는 것이다. 다음에 인용하는 노무현 정권 당시 홍보수석 조기숙의 발언을 주의 깊게 읽어보기 바란다.

노무현 대통령은 영남의 지역주의를 깨기 위해 영남 인재에게 많은 기회를 준 것이 사실이다. 인사문제로 내가 TV토론을 나갈 때에도 그런 사실 자체를 부인하지는 말라고 당부한 적이 있다. 다만 그 목적이 영남 지역주의를 깨기 위한 것이니 호남 유권자들도 이해해줄 것으로 생각했던 것이다.[48]

위 그녀의 발언 중에서도 특히 눈에 띄는 부분은 "호남 유권자들도 이해해줄 것으로 생각했던 것이다"는 부분이다. 호남 유권자들을 마치 욕망이 거세된 성인聖人처럼 생각했다는 고백이다. 노무현과 친노는 왜 자신들의 정권을 목표로 탄생시킨 호남의 욕망을 거세하는 것을 당연하게 생각하는 걸까? 반면 영남은 인사문제는 물론이고 '부산정권'을 통해 세속적 욕망을 충족시켜줘야만 유혹할 수 있다고 당연히 전제하는 것일까? 이것은 도덕적 정신분열이다.

2015년 2월, 문재인은 새정치민주연합의 대표로 선출된 뒤 국립현충원의 '이승만·박정희 묘소'를 참배했다. 이다음 수순은 뭘까? 언젠가는 전두환 참배가 아닐까? 내가 두려워하는 건 영남패권주의적 행위에 대해 "그 목적이 영남지역주의를 깨기 위한 것이니 호남 유권자들도 이해해줄 것"이라고 정당화하는 도덕적 정신분열이다. 단언컨대 이 도덕적 정신분열은 앞으로도 필연적으로 새정치민주연합의 역사를 지배할 것이다. 이는 단순히 개인의 정치적 성향이나 전략의 문제가 아니라 구조의 문제이기 때문이다.

사실 김대중도 이른바 '동진정책'을 펴며 박정희 기념관을 지지하기도 했다. 물론 난 그것도 비판했다. 하지만 김대중의 그런 행동은 문재인의 그것과 차이가 있다. 김대중의 그런 행위는 피해자로서 가해자를 용서한다는 개념으로, 그리고 그의 마키아벨리적인 정치관으로 그랬을 것이다. 양비론과는 다르다. 김대중의 생각이 무엇이든 그의 어쩔 수 없는 태생적 신분상 그의 행동이 양비론으로 해석될 위험은 적다. 하지만 노무현과 친노의 기본 테제는 반영남패권주의 역사관이 아니라 뿌리 깊은 '양비론'의 역사관이다. 그래서 난 김대중의 그것보다 친노 문재인의 그것을 '더' 염려하는 것이다.

만약 이런 문제가 단순히 정치적 성향의 문제라면 호남 유권자들

(호남에) "돈 십원 더 줄 돈이 없다"는 대통령과 "정부로서는 거의 할 수 있는 만큼 부산에 신경을 쓰고 지원"했다는 정권 2인자. 이런 도덕적 정신분열을 의심케 하는 발언을 스스럼없이 하면서 "영남지역주의를 깨기 위한 것이니 호남유권자들도 이해해줄 것으로 생각했"다?(문화일보, 2006.05.16)

가운데서도 누군가는 당연히 자신들의 신념에 따라 새누리당의 역사성과 정통성을 인정하고, 새누리당에 투표할 수 있어야 할 것이다. 하지만 새정치민주연합은 그것을 분열이라고 비난한다. 그들에게 호남은 일치단결해서 희생적으로 자신들을 지지하되 영남에 대한 세속적 접근을 "이해해줄" 욕망이 거세된 대상일 뿐이다. 이것이 도덕적 정신분열의 구조적 실현형태다.

영남 친노에겐 피와 살을 나눈 일가친척을 설득해야만 하는 태생적 숙명이 있다. 이 설득을 그들의 분신인 '새누리당의 도덕적 정당성=강자의 도덕'을 부정하면서 할 수는 없다. 어쩔 수 없이 새누리당은 극복의 대상이 아닌 화해의 대상이 된다. 이는 영남 친노가 영남의 과거사에 관대할 수밖에 없는 필연적 이유이기도 하다. 그런데 문제는 영남 친노의 정치적 기반이 호남이라는 사실이다. 따라서 호남의 약자의 도덕에서도 벗어날 수 없다. 모순이다. 이것이 '깨어 있는 시민'으로서의 은폐된 투항적 영남패권주의자들이 도덕적 위선에 빠질 수밖에 없는 구조적 이유다.

새정치민주연합은 약자의 도덕과 강자의 도덕 사이에 끼인 영남 친노의 내 집 같은 남의 둥지다. 그들은 그 둥지에서 일관된 도덕관념으로 세상을 바라보지 못한다. 그들은 영남에선 강자의 도덕으로 인정받고 싶어 하고, 호남을 향해서는 약자의 도덕을 강조할 수밖에 없다. 이 도덕적 정신분열 속에서 그들은 강자의 도덕으로 영남의 욕망을 더욱 자극하고, 약자의 도덕을 내세워 호남의 욕망을 더욱 완전하게 거세하려 한다. 그렇게 하지 않으면 그들은 설 땅이 없다는 것을 잘 알기 때문이다. 최악인 것은 그들의 그런 행태가 그렇지 않아도 어지러운 대한민국 국민의 도덕적 정신분열을 더욱 부채질하고 있다는 사실이다.

4장

일당독재의 지역정치 현실을
어떻게 타파할 것인가

1

일당독재에 처한 호남의 현실

우리 헌법은 모든 국민에게 부자가 될 수 있는 권리를 보장한다. 철마다 여행을 다니고, 날마다 맛있는 음식을 먹을 수 있는 권리를 보장한다. 하지만 그런 권리들이 보장된다고 해서 누구나 실제로 그런 생활을 하고 있는 건 아니다. 또 할 수 있는 것도 아니다. 법률관계는 법률관계 이전에 존재하는 기득질서인 사실상의 힘관계를 반영·보장하는 의지이며, 기껏해야 이차적으로만 그 힘관계에 반작용하는 의지다. 그러므로 우리가 법규범을 보면서 실제 우리들의 생활이 그렇다고 착각하는 건 그림 속의 떡을 보면서 언제라도 먹을 수 있다고 상상하는 것과 비슷하다.

물론 누가 가르쳐주지 않아도 우리는 살아가면서 '그림의 떡'이 무슨 의미인지 실감하게 된다. 하지만 경우에 따라서는 그런 실감을 하기가 매우 어려운 착시 영역도 있다. 대표적인 예가 헌법이 보장하고 있는 복수정당제다. 우리 헌법 제8조 1항은 "정당의 설립은 자유이며, 복수정당제는 보장된다"고 규정하고 있다. 우리는 이 그림의 떡을 보며 새삼스레 물을 수밖에 없다. 그래서 실제로 우리는 복수정당제 국가에서 살고 있는 것일까? 단언컨대 우리는 복수정당제 국가에서 살고 있지 않다. 최소한 영호남은 복수정당제가 실현되고 있는 국가영역이 아니다. '최소한'이라고 했지만 영호남의 지역당이 국가권력을 장악하고 있다는 측면에서 보면 그런 수식도 어색하다.

일단 여기서 지난 30여 년간의 호남에서의 일당독재 현황을 기록으로 확인해보자.

〈1987년 이후 대통령선거에서의 후보별 호남 득표율〉

		광주	전남	전북
2012년	문재인	91.97	89.28	86.25
	박근혜	7.76	10.00	13.22
2007년	정동영	79.75	78.65	81.60
	이명박	8.59	9.22	9.04
2002년	노무현	95.17	93.38	91.58
	이회창	3.57	4.62	6.19
1997년	김대중	97.28	94.61	92.28
	이회창	1.71	3.19	4.54
1992년	김대중	95.84	92.15	89.13
	김영삼	2.13	4.20	5.67
1987년	김대중	94.41	90.28	83.46
	노태우	4.81	8.16	14.13

<h2 style="text-align:center">〈1987년 이후 호남지역 국회의원선거 현황〉</h2>

		광주	전남	전북
2012년	당선인수	6/0(8)	10/0(11)	9/0(11)
	득표율(비례)	68.91/5.54	69.57/6.33	65.57/9.64
2008년	당선인수	7/0(8)	9/0(12)	9/0(11)
	득표율(비례)	70.39/5.90	66.88/6.35	64.30/9.25
2004년	당선인수	7/0(7)	7+5/0(13)	11/0(11)
	득표율(비례)	51.55+31.12/1.81	46.71+33.79/2.91	67.26+13.58/3.41
2000년	당선인수	5/0(6)	11/0(13)	9/0(10)
1996년	당선인수	6/0(6)	17/0(17)	13/1(14)
1992년	당선인수	6/0(6)	19/0(19)	12/2(14)
1988년	당선인수	5/0(5)	17/0(18)	14/0(14)

* 당선인수: 새정치민주연합계열 / 새누리당계열.
* ( )는 총 당선자 정원.
* 득표율(2004년): 열린우리당 + 새천년민주당 / 새누리당계열.
이상 중앙선거관리위원회(http://info.nec.go.kr) 자료를 필자가 재구성.

우리는 위 표를 보며 한 가지 질문을 해야만 한다. 호남이 새정치민주연합이라는 유일정당체제에서 살고 있는 것은 경제학에서 말하는 자연독점상태처럼 호남이 원해서 일어난 자연발생상태인가, 아니면 다른 정당의 진입을 어렵게 하는 특별한 사정이 있는가? 이 질문은 중요하다. 왜냐하면 법적으로 다른 정당의 진입을 금지하는 것도 아닌데, 우리가 그 자연적 독점을 문제 삼고 인위적으로 분할시키려 한다면, 이는 오히려 민주주의 원칙의 위반 아니냐는 반론도 가능하기 때문이다.

그런데 위 표에 나타난 선거현황만으로는 호남의 표심이 자발적으로 형성된 것인지 아니면 강요된 선택에 의해서 나타난 결과인지 확인하기 어렵다. 다만 2004년 국회의원 선거가 우리에게 추론할 수 있는 약간의 여지를 제공하고 있다. 호남은 적어도 새누리당(계열) 후보에게 표를 던질 생각은 없지만 여타의 정당은 얼마든지 선택적으로 지지할 의사가 있음을 보여준다. 물론 당시 노무현이 민주당과의 법통을 끊고 열린우리당을 창당해 이런 사태가 발생한 것은 역사적 사연을 가지고 있는 일종의 정변이었다. 그럼에도 불구하고 이 사태가 우리에게 보여준 사실은 호남에서의 복수정당제 가능성이다. 나는 호남에서 자발적 지지에 의한 특정 정당의 자연독점이 이때를 계기로 실질적으로 끝났다고 본다. 이후 호남에서의 일당독재는 정치적 상황 때문에 지속된 측면이 상당히 크다고 생각한다.

우리는 자유롭게 투표한다. 하지만 겉보기에 자유로운 선택이라 할지라도 그것이 반드시 내용적으로 우리의 이해관계를 표현하는 자유로운 선택의 결과가 아닐 수도 있다. 우리의 선택은 왜곡된 법치주의에 의해 우격다짐으로 강요되는 경우도 있고, 법적으로 강요된 것은 아니지만 도덕이나 관습, 혹은 이데올로기나 선전·선동이 우리의 의식을 지배해 그렇게 나타나는 경우도 있다. 물론 천문학적 선거비용이 끼치는 불공정한 영향력도 있다. 만약 호남에서의 일당독재가 유권자들의 자발적인 선택에 의한 자연독점이 아니라 불가피한 상황에 의해 강요된 인위적 독점이라면 이제 그 지양을 모색해야만 한다.

민주국가에서 복수정당제가 차지하는 의미는 근원적이고 심대하다. 자본주의적 관점에서 볼 때 공산국가가 아무리 자신들의 민주주의를 자랑한다고 해도 선뜻 동의가 안 되는 건 복수정당제의 부재不在 때문이다. 공산주의 국가권력은 프롤레타리아독재 원리에 의해 지배정당의 지도를 받아야만 한다. 참고로 공산국가에서 지배정당은 국가권력 위에 있다. 우리가 이런 공산주의 원리를 양해하고 살펴보더라도 유일정당체제에는 난점이 있다. 그것은 그 프롤레타리아독재가 프롤레타리아의 열렬한 동의를 바탕으로 하고 있다는 사실을 주기적으로 자유롭게 확인할 수 있는 방법이 사실상 없다는 것이다. 이는 복수정당제의 부재가 갖고 있는 불가피한 한계다.

공산국가의 일당독재 메커니즘 혹은 그 부작용은 당연히 공산국가 체제에서만 나타나는 건 아니다. 우리가 그런 메커니즘 속에서 살아간다면 우리에게도 얼마든지 그런 메커니즘이 작동될 수밖에 없다. 예컨대 민심을 개의치 않는 정당, 지역 당권을 장악한 자들의 부패, 공천만능주의, 선거제도의 용도상실, 폐쇄적인 여론형성 등등 수없이 많은 부작용을 경험할 수 있다.

자, 그럼 현재 일당독재에 지친 호남이 원하는 것은 무엇일까? 새정치민주연합의 개혁? 새정치민주연합은 그렇게 믿는다. 이것이야말로 세상을 보고 싶은 대로만 보는 아전인수의 전형이다. 상상으로만 가능한 얘기지만 새정치민주연합이 최고의 개혁을 이뤄내 호남 유권자가 모두 만족했다고 치자. 그 결과가 무엇인가? 호남 일당독재의 연장이다. 이는 마치 공산국가에서 지배정당의 개혁으로 일당독재체제를 합리화하려는 생각과 같다. 혹은 독점기업이 소비자의 불만에 대응해 가격조작을 다시 하는 것으로 독점상태 유지를 정당화하려는 생각과 같다. 문제는 새정치민주연합의 개혁이 아니라 유권자에게 정당의 선택권을 주는 것이다. 이 복수정당제만 실현된다면 굳이 호남 유권자가 특정 정당에게 억지춘향격 정당개혁을 구걸하다시피 요구할 이유가 없다. 언제까지 특정 정당의 정당개혁을 국민의 헌법상 권리인 복수정당제의 대체물로 생각해야 하는가?

물론 호남인들 스스로 복수정당제를 두려워하는 이유가 있다. 그것은 호남의 복수정당제 정착이 새누리당과의 반영남패권주의 투쟁 전략에 불리하다고 생각하기 때문이다. 이에 대한 현실적 대책은 결론 부분에서 다루기로 한다. 여기서는 우선 한 가지만 짚고 넘어가겠다. 그것은 노무현이 민주당과의 분당을 감행하고 내세웠던 복수정당제 주장을 다시 확인하는 일이다. 이 사태를 분명히 하는 것은 현재도 같은 이데올로기를 공유하는 친노세력의 입장을 분명히 확인해야 하기 때문이다.

노무현은 민주당과의 법통을 끊고 열린우리당을 창당함으로써 영남에 분명한 메시지를 보냈다. 열린우리당은 호남당이 아니니 지지해달라는 것이었다. 신기남은 "호남 소외론이 더 확산되고, 구주류가 신주류를 더 공격해야 한다. 호남쪽이 흔들흔들해야 영남 유권자들로부터 표를 달라고 할 수 있다"[1]고까지 노골적으로 발언했다. 그는 나중에 이 발언에 대해 "호남표 줄어들까봐 전전긍긍하는 분들도 생기기 시작했는데, 그런 분들에게 한 말이었다"[2]고 명확히 설명했다. 2004년 총선을 앞두고 열린우리당 선대본부장을 맡은 그는 심지어 "민주당이 호남에서 지분을 가지길 개인적으로 바란다"면서 "그것이

지역주의를 타파하겠다는 열린우리당의 정체성에 맞다"고 주장하는 등 선거역사상 남의 당 후보가 당선되기를 바라는 초유의 선거본부장 역할까지 수행한다.[3]

하지만 호남에서나 영남에서나 일반 유권자들은 대체로 열린우리당을 민주당의 대체정당으로 생각하고 있었다. 노무현과 열린우리당 이데올로그들의 의도와는 달리 열린우리당을 통한 지역문제 해결은 난관에 부딪힌 셈이었다. 그도 그럴 것이 영남 입장에서는 민주당이 분당하거나 말거나, 문재인이 '부산정권' 운운하거나 말거나, 영남패권주의를 적극적으로 실현해주는 한나라당이 있는데, 그리고 지금 이대로가 좋은데, 무엇 때문에 특별히 한눈 팔 이유가 있었겠는가?

열린우리당의 실패가 감지되자 열린우리당 정치인들은 현실적 대안을 내놓기 시작한다. 민주당과의 합당이었다. 부질없는 시도를 끝내고 합당하는 것이 현실적으로 '분열'을 막고 득표력을 키울 것이라는 극히 이해타산적인 생각이었다. 그런데 2006년 5월 지방선거 당시 문재인은 '부산정권' 발언을 했던 바로 그 부산지역 기자 간담회 자리에서 민주당과의 합당을 절대 반대하는 노무현의 메시지를 분명히 전달한 바 있다. 이런 내용이었다.

그(문재인-필자 주)는 열린우리당과 민주당의 합당론에 대해 "어느 지역이건 다른 정파들 간에 경쟁과 균형을 이뤄야지 독식 구조가 되면 부패하기 마련"이라며 "(합당은) 호남에서 또 하나의 1당 구조가 돼 버리니까 대통령이 반대하는 것"이라고 설명했다.[4]

노무현의 '합당반대'와 (문재인의 입을 빌린) '부산정권' 메시지는 동전의 양면 같은 한 짝이다. 물론 노무현의 그 의지는 완전히 방향을 잃고 표류하다 흔적도 없이 좌초했다. 한데 아이러니한 것은 현재 문재인 등 친노세력은 어쨌든 그런 노무현의 신념을 이어받을 생각이 전혀 없다는 사실이다. 이어받기는커녕 호남에서 정당 간 경쟁을 시도하려는 말만 나와도 그들은 기를 쓰고 분열이라고 외치거나 호남당을 만들 생각이냐며 매도한다. 하긴 2012년 9월 27일, 문재인은 민주통합당 대선후보로서 광주·전남 핵심 당원 간담회에 참석해 노무현 정부 일원으로서 분당사태에 대해 깊이 사과하긴 했다. 그러니 호남의 일당독재론에 최소한의 일관성은 유지하고 있다. 하지만 지금 내가 듣고 싶은 말은, (그때의 분당이 잘못 됐다는 걸 인정했으므로) '그래서!' 앞으로도 쭉 호남에서 일당독재체제를 옹호하고, 일당독재체제에 반기를 들면 '야당분열'이라고 공격할 셈인가 하는 것이다.

난 '그럴 수는 없다'고 본다. 난 이제 호남이 반드시 복수정당제를 쟁취해야 한다고 확신한다. 그런데 나도 여기서 방금 분명히 표명한 내 입장에 대한 사연을 우선 상세하게 밝히고 해명하는 것이 독자에 대한 예의인 것 같다. 왜냐하면 난 2003년 4월부터 (여러 미디어를 통해) 민주당 분당사태를 줄곧 반대·비판했었기 때문이다. 당시 주장을 한 문단만 인용하겠다.

만약 대책 없이 분당만이 개혁세력의 살길이라고 외치다 실패한다면 우리 정치는 아주 먼 과거로 기약 없는 퇴행을 하게 될 것이다. 여기에 호남의 민심이 관건으로 자리한다. 만약 호남지역에서 노 대통령을 포함하는 분당사태를 '배신'이라고 규정한다면 우리나라 지역문제는 최악의 상황을 맞이할 수도 있다.[5]

그런데 이제 와서는 내가 오히려 (분당과는 의미는 조금 다르지만) '복수정당제'를 주장하고 있는 반면 새정치민주연합의 친노세력은 분당은커녕 (예컨대 최근 천정배가 말한 '호남정치' 정당 같은) 다른 정당의 태동 가능성만으로도 몸서리를 치고 있다. 내 입장변화에 대해 해명하자면, 첫째 당시 노무현의 분당시도는 조용히 당을 떠나는 분당이 아닌 민주당의 법통을 부정하고, 민주당을 강제해산하려는 반헌법적·반윤리적인 폭거로 진행됐으며, 둘째 (결국 '양대산맥'론으로 투항하지만) 양비론을 앞세워 호남이 몰표로 지지했던 민주당의 정당성에 상처를 내고 영남패권주의를 희석시키는 태도는 부당하다고 생각했으며, 셋째 정치적 전략 차원에서도 한나라당의 정당성을 부정하고 극복할 수 있는 절호의 (어쩌면 마지막) 기회를 날리는 것이라고 생각했으며, 넷째 이 부당한 전략의 실패는 우리 정치의 진보를 20여 년 이상 후퇴시킬 것이라고 확신했었기 때문이다.

유감스럽게도 틀리기를 바라는 예측까지 거의 맞아가고 있다. 더 중요한 점은 이제 다시는 노무현을 대통령으로 만들어냈던 그런 '순수의 시대'는 오지 않을 것이라는 점이다. 그래서 '민주당의 정통성·정당성을 부정한 열린우리당(분당)을 반대했던 내 입장'을 이제 더 이상 유지할 수가 없는 것이다. 호남도 친노를 통해 집권할 수 있다는 환상을 이제는 버려야 한다. 설령 그렇게 된다 해도 '노무현 이데올로기'의 반복에 불과할 것이다. 똑같은 이데올로기로 노무현의 실패를 반복하겠다는 건 비극이 아니라 희극이다. 박정희의 비극을 박근혜가 희극적으로 반복하고 있는 것과 무엇이 다른가? 그 실패 속에서 호남의 정치상황은 더욱 악화될 것이다. 노무현 이데올로기가 지속되는 한 호남은 일당독재체제 하에서 영구히 '표 찍는 인질'을 벗어날 수 없을 것이고, 새정치민주연합에 주기적으로 개혁을 구걸할 것이며, 정통 영남패권주의 정당을 '양대산맥'으로 보좌하는 투항적 영남패권주의 정당에 만족해야만 할 것이다. 이것은 결코 저주가 아니다. 과거에서 '지나간 미래'를 본 것일 뿐이다. 다시 올 수 있는 미래도 아니지만.

노무현이 이데올로기적 확신을 갖고 후벼 판 분열의 상처는 쉬 아물 수 있는 상처가 아니다. 반이데올로기적 확신을 갖고 철저히 극복할 수밖에 없다. 프로바둑 기사가 역사적 명국을 남길 수 있었던 기회를 어처구니없이 날리고, 기필코 대마를 잡아야 하니 한 수만 물러달라고 우긴다면 바둑사의 코미디가 될 것이다. 바둑을 무를 수는 없다. 그리고 세상은 반상보다 더 냉엄하다. 우리는 한 수 무른 친노의 바둑이 아닌 새 바둑을 둬야만 한다. 즉 이제 호남은 일당독재체제를 기반으로 한 반영남패권주의 투쟁전략을 포기하고 역사의 장기전에 대비해야만 한다. 원하든 원치 않든 그것이 노무현의 역사적 실패가 호남에 강요하고 있는 가혹한 현실이다.

2

영남의 일당독재에 대한 친노패권주의적 위선

케이블TV 종편 예능프로그램에 자주 얼굴을 내비치는 시인이자 문화평론가 김갑수는 부산의 『국제신문』에 친노에 대한 칼럼을 썼다. 물론 그가 친노에 관한 인식을 대표할 수 있는 건 아니다. 하지만 그의 글은 범인들의 친노에 관한 인식의 전형을 잘 보여주고 있다. 그 글의 취지를 가능하면 정확히 전달하기 위해 조금 길게 발췌 인용하겠다.

"친노, 그 자식들 정말 나쁜 놈들이야. 나하고는 소주잔 건네면서 건성건성 대하더니 자기들끼리 따로 모여 양주 마시는 거 있지. 에이 나쁜 놈들!" 방송 출연으로 친숙해진 한 인사의 증언이다. 그는 참여정부 시절 청와대 출입기자를 했던 언론인이다. 대학시절 학생운동을 열심히 했고 호남출신이며 나름 진보성향을 자처하기도 한다. 그는 틈만 나면 친노 성토에 열을 올린다. (…) 그(친노-필자 주)의 반응은 "푸하하"였다. (…) 소주, 양주 차별은 전혀 기억에 없지만 매사 연고 따지며 형님 동생 운운하는 그 기자의 행동이 전형적인 구태로 보여 함부로 대했다는 증언이다. 상황이 짐작되어 한참 웃었다. (…) 친노가 누구지? 아니, 친노라는 계파가 실제로 있기는 한 건가? (…) 마르크스가 공산당 선언에서 말한 '유럽을 휩쓰는 유령'이 프롤레타리아 계급의식이었다면 친노라는 유령은 한국사회 저변에 깔려 있는 광범위한 반기득권 의식을 뜻한다. 그것이 친노의 원죄이자 힘이다. (…) 여의도 정치정파로서는 대단히 모호하지만 시민사회 전반에 친노는 모세혈관처럼 뻗어있다. (…) 기득권 강화로 생존의 위기를 느끼는 것이 서민, 중산층만이 아니다. 새누리당 지지자들 상당수가 공멸의 위기감을 느끼고 있고 그것이 박근혜에 대한 부정평가 63%로 표현되고 있다.[6]

김갑수의 이 글은 사람들에게, 호남사람은 소주/양주 차별 따위로 친노를 성토하고, 친노는 연고를 따지는 등 전형적인 구태를 보이는 호남사람들의 행태를 싫어하며, 친노의 본질은 '반기득권 의식'이라는 오도된 인상을 심어주고 있다. 그 호남사람은 특정인이지만 이미지는 그냥 호남사람이 될 것이다. 프로파간다의 전형이다. 그 친노는 "소주, 양주 차별은 전혀 기억에 없"댄다. 그 호남사람이 정말 양주가 먹고 싶었는데 못 마셔 그 때문에 틈만 나면 성토를 하는 걸까? 참고로 '우리가 남이가'는 영남인들의 전매특허로 널리 알려져 있다. 양주든 소주든 그들끼리만 함께 마시며 서로 북돋는 '패거리 의식'에 관해 궁금한 것이 있으면 노무현 캠프에서 헌신적으로 활약했던 호남사람인 현 관악구청장 유종필을 찾아가 한 번 물어볼 것을 권한다. 그가 그들에게 무슨 일을 당했는지.

나는 앞에서 영남패권주의와 노무현 이데올로기에 대한 정의를 내리고 그 개념에 따라 주장을 펼쳤다. 그리고 친노를 "노무현 이데올로기에 지배받는 사람"이라고 정의했다. 여기서 그 친노에 대해 더 자세히 설명하겠다. 김갑수의 주장 가운데 한 가지는 동의한다. 친노는 인간 그 자체만으로 규정되는 것이 아니라는 점이다. 친노는 인간의 의식으로 규정된다. 어떤 의식인가? 노무현 이데올로기에 대한 추종의식이다. 즉 친노는 단순히 노무현의 측근이었거나, 그의 치하에서 한자리 한 사람이었거나, 친노 문재인을 추종하며 한자리 하고 싶은 출세주의자를 포함할 수는 있어도 그들만을 지칭하는 개념이 아니다.

물론 누군가 그런 의미로만 친노라는 용어를 사용할 수는 있다. 하지만 내가 지금 이 책에서 사용하는 개념은 아니다. 권력 (지향적인 출세주의자를) 중심으로 친노를 생각한다면 그런 유의 인간집단들은 도처에 있다. 친박, 친이 등등 정권 하나에 하나의 인간집단들이 붙어서 명멸한다고 봐야 한다. 하지만 친노는 조금 다르다. 노무현은 (어이없는 투항적 영남패권주의 아집이었지만) 자신만의 이데올로기를 분명히 가지고 있었으며, 친노는 그 이데올로기, 그리고 그의 삶과 죽음에 얽힌 감성적 이미지를 토대로 사고하고 행동한다는 면에서 일반적인 권력추종세력과는 조금 구분해서 생각해야 한다. 최소한 그런 의미에서 "여의도 정치정파로서는 대단히 모호하지만 시민사회 전반에 친노는 모세혈관처럼 뻗어있다"는 김갑수의 주장은 현상을 비교적 정확히 적시하고 있는 셈이다.

영남은 노무현과 핵심 친노세력의 지리적 고향이다. 그리고 아마도 열혈 추종세력의 마음의 고향이기도 할 것이다. 따라서 그들이 영남패권주의에 젖어 사는 영남인을 위해 한 발언을 주의 깊게 살펴볼 필요가 있다.

영남 역시 일당독재 상황에 놓여 있다. 호남에서의 상황과 비슷하다. 하지만 통계상으로 영남이 새누리당(계열)에 투표한 비율은 호남이 새정치민주연합(계열)에 투표한 비율보다는 상대적으로 낮다. 물론 영남에 사는 이주민들이 호남보다 많은 것이 이유일 수는 있다. 하지만 굳이 그런 걸 따지는 것보다 더 중요한 핵심적 논점이 있다. 노무현이 일당독재 상황에 만족하는 영남을 설득해 복수정당제를 확립하고자 사용했던 핵심 키워드는 무엇일까 하는 점이다. 그건 '지역문제는 허구'라는 것이다. 대통령이 된 노무현은 이렇게 주장했다.

지역문제를 고려해서 특별히 특별한 정책을 시행하지 않는 것이 저는 지역문제의 해결책이다 그렇게 생각한다. 지역에 있어서의 소외감이라든지 지역갈등이라든지 지역감정이라든지 이것 다 정치인이 만들어낸 허구이다. 분명히 제가 말씀드리겠다. 그러면 92년 이전 30년동안 대구출신의 대통령이 막강한 권력 무소불위의 권력으로 국가의 자원을 주무를 때 진짜 호남을 소외시켰나? 인정하시겠나? 그 30년 동안에 대구경북이 살이 찐 부자가 됐으면 얼마나 부자가 되었나? 그때 대구경북이 덕 많이 봤나? 일일이 거기에 대해서 솔직하게 대답을 그렇다라고 말할 수 있어야 다른 문제에 대해서도 같은 논리로 말할 수 있는 것이다. 실제로 부산경남 김영삼 대통령 시절에 대구경북이 소외됐다 호남 정권 시절에 소외됐다 그것 할 수 없는 일이다.[7]

노무현의 주장에 따르면 '영남패권주의는 없다!' 그가 보기에 지난 시절 '무소불위의 권력'은 그저 대한민국이라는 추상적 단위에 무작위로 폭력을 행사한 정치문제였을 뿐이다. 정치가 경제와 별개라는 발상도 희한하지만 통틀어 지역문제가 '허구'라는 발상은 참신하기까지 한다. 어쨌든 이 주장의 논리적 결론은 뭔가? 지역당체제도 허구라는 얘기다. 호남에서 새정치민주연합에 몰표를 던지는 행위나 영남에서 새누리당에 묻지마 투표를 하는 행위 모두 '허구'적 행위라는 얘기다. 그것은 경제적 이득을 얻는 행위도 아닐뿐더러 심지어는 정치적으로도 '대한민국에 무작위로 행사된 폭거에 지역적으로 대응할 필요가 없다'는 측면에서 당연히 허구다.

그러니 어떻게 해야 하는가? 노무현식 논리에 따르면, 영남에서는 새누리당과 새정치민주연합이 '양대산맥'으로 정책을 놓고 경쟁하면 된다. 노무현이 말하는 그대로 "무소불위의 권력"에 뿌리를 두고 있는 정당에 대해 이제 와 하등 역사적·민주적인 정통성·정당성 따위를 물을 필요는 없다. 영남에서의 일당독재체제는 그저 영남이 '허구'를 깨닫지 못해 벌어진 현상이므로 그 '허구'만 깨고 새누리당과 경쟁하는 새정치민주연합을 받아들여 선택적 투표를 하면 되는 것이다. 물론 이런 논리는 호남에도 동일하게 적용할 수 있다. 호남도 새누리당의 역사적·민주적인 정통성·정당성 따위를 물을 필요는 없고 그저 정책을 보고 투표하면 된다. 그런데 이런 주장에 과연 아무런 내용적 꼼수가 없는 것일까?

영남 입장에서 생각해보자. 영남 입장에서 친노가 새누리당의 역사성을 문제 삼고 새누리당을 새정치민주연합으로 대체해야 한다고 주장하면 물론 동의할 순 없겠지만 그것을 하나의 적대적 주장으로 인정할 순 있을 것이다. 그런데 정책만 다른 '양대산맥'으로 경쟁하겠다고 하면 왜 새정치민주연합을 선택해야 하는지 그 이유가 모호해질 것이다. 호남이 새누리당을 역사적으로 어떻게 평가하고, 현실적으로 어떻게 상대할 것인지는 모두가 너무나 잘 알고 있지 않은가? 당시에 노무현도 열린우리당이라는 존재 그 자체의 모순을 "호남 득표를 잃지 않으려는 전략과 약간의 손상을 입더라도 전국적 지지를 얻으려는 전략의 충돌을 극복하는 것이 우리당의 과제"[8]라는 식으로 표현한 바 있다. 그런데 영남이 그 속 보이는 "약간의 손상"만을 믿고 자신들만 대폭적으로 새정치민주연합을 선택한다면 그 결과가 무엇이겠는가? 새누리당을 본산으로 하는 영남패권은 졸지에 위축될 수밖에 없을 것이다. 지금 이대로의 정통 영남패권주의 정책이 너무 좋은데 무엇 때문에 투항적 영남패권주의 정책에 힘을 실어줘야 하는가?

심지어 노무현(을 추종하는 친노) 이데올로기에 의하면 새누리당의 역사는 영남패권의 역사가 아니다. 이건 정말이지 일석이조다. 내용적으로는 영남패권을 실현하고 야당에겐 '영남패권은 없다'는 격려까지 듣다니. 이렇게 되면 영남으로서는 영남의 복수정당제는 답이 아니다. 호남에서야 호남의 일당독재체제가 집권도 못하면서 지역적 부작용만 가중시키는 고육지책이지만, 영남에서야 영남의 일당독재체제를 다소의 지역적 부작용을 감수하고서라도 반드시 지켜내야 할 영남패권주의 대한민국의 핵심동력으로 생각할 것이다. 일석오조일 수도 있다. 노무현 이데올로기가 지속되면 지역문제 해결이라는 명분으로 친노의 새정치민주연합은 영남에 '부산정권'식의 물질적 유혹을 줄기차게 해올 것이고, 호남엔 정신적 '양해'까지 구해줄 것이다. 거기에다 대선 때마다 '영남공략은 영남후보로'라는 꽃놀이패까지 영구화될 것이다. 이보다 더 좋을 순 없다.

앞에서 김갑수는 친노를 "반기득권 의식"으로 정의했다. 자본주의 국가에서 기득권이라 함은 계층·계급적인 기득의 이해관계일 수도 있고, 패권지역이 차지하고 있는 기득의 이해관계일 수도 있다. 하지만 김갑수의 '반기득권 의식'은 지역관념을 기준으로 한 이해관계와는 아무 상관이 없다. 따라서 역사가 축적해온 '영남패권주의적 부'에 대한 반기득권 의식은 친노에겐 존재할 수 없다. 결국 그가 주장하는 친노의 '반기득권 의식'은 '서민, 중산층, 공멸의 위기감을 느낀 새누리당 지지자들 상당수'가 지지하는 계층·계급적인 것으로 이해할 수밖에 없다.

그렇다면 호남은 친노가 될 수 있는가 없는가? 김갑수의 '기득권'

에 지역관념은 존재하지 않으므로 계층·계급적 기득권자라고 볼 수 있는 호남의 새정치민주연합 지지자 상당수는 전국적 평균만큼 새누리당을 지지해야 할 것이다. 친노세력은 정말 이런 상황을 원한다고 공언할 수 있을까? 만약 진심으로 그런 상황을 원치 않는다면 영남의 새누리당 지지자들은 친노의 '반기득권 의식'이란 것을 단지 영남표를 분할해 권력을 나눠가지기 위한 '정치공학적 위선'으로 간주할 수밖에 없을 것이다. 호남의 시각에서도, 호남에서는 새누리당 지지가 불가능하다는 것을 전제로, 친노가 영남을 향해 계층·계급적인 반기득권 의식에 동조하는 유권자는 우리를 지지하라고, 그렇게 새누리당을 역사적 정통성·정당성 문제에서 해방시켜 함께 '양대산맥'을 실현해나가자고 주장하는 것은 투항적 영남패권주의에 입각한 '반역사적 위선'으로밖에 보이지 않는다. 이는 친노의 '반기득권 의식'이란 이데올로기가 마치 양두구육의 정육점처럼 호남에선 지역단위 몰표를 원하고 영남에선 계층·계급을 얘기하는 한 불가피하게 치러야 할 당연한 대가라고 할 것이다.

2015년 6월, 새정치민주연합 친노 의원 김경협이 요란한 구설수에 올랐다. 내가 보기에 그는 '친김(대중)=친노(무현)이어야 한다'는 마음속 당위로 '친김(대중)=친노(무현)이다'라고 눈앞의 존재까지 재단하고 싶었던 친노의 입빠른 혹은 어리숙한 대변자로 생각된다. 그는 이렇게 말했다.

김(경협 수석사무-필자 주) 부총장은 이날 트위터 상에서 다른 누리꾼들과 글을 주고받던 중 "새정치민주연합은 김대중·노무현 정신계승, 즉 친DJ·친노는 당원의 자격"이라며 "비노는 당원 자격이 없다"고 주장했다. 그는 "새누리당 세작들이 당에 들어와 당을 붕괴시키려 하다가 들통났다"는 말도 남겼다. (…) 이어 "그럼에도 계속 친노-비노 프레임에 갇혀 당을 분열시키는 이들의 의도는 무엇일까"라면서 "기득권 지키기? 공천지분 확보? 분당준비? 여러가지 추측과 소문이 무성하다"고 말했다.[9]

그의 주장은 '김대중 정신=노무현 정신'이어야 성립한다. 물론 "새누리당 세작들"이라는 표현이 상당히 거스르기는 하지만 과장된 은유로 봐줄 수도 있다. 그는 또 '비DJ는 당원 자격이 없다'는 말은 하지 않고 "비노는 당원 자격이 없다"고만 했지만 이것도 '김대중 정신=노무현 정신'이 성립한다면 그럴 수도 있다. 문제는 '김대중 정신=노무현 정신'이 성립하느냐이다. 그래서 현재 새정치민주연합에 친김이지만 친노는 아닌, 혹은 친노이지만 친김은 아닌 당원은 있을 수 없느냐이다. 여기서 만약 '김대중 정신≠노무현 정신'이라면 오히려 당원은 반드시 갈라져야 하고, '분당'은 당연하다고 봐야 한다. 그 경우 김경협은 그 분당을 촉구하는 발언을 한 셈이다.

전세계 어느 정당사를 보든 한 정당이 배출한 대통령이라고 해서 그 생각들이 언제나 모두 같을 수는 없다. 하지만 한 정당이 배출한 대통령끼리, 혹은 한 정당의 구성원들끼리 생각의 본질적 근원이 다르다면 이건 단순한 문제가 아니다. 김경협이 솔직하게 제기한 이슈는 현 새정치민주연합이 직면한 '생각의 본질적 근원'에 관한 문제라는 점에서 심각한 것이다. 난 단언컨대 김대중(지지자)과 노무현(지지자)의 이념은 근원적으로 다르다고 본다. 즉 명백히 '김대중 정신≠노무현 정신'이라고 본다.

우선 김대중은 '영남패권주의가 있다'는 것을 전제로 반영남패권주의 지역연대인 DJP연대를 통해 집권했다. 반면 노무현은 '영남패권주의가 없다'는 것을 전제로 (실제론 실망스러웠지만) 영남의 표를 확장시켜 당선되기를 원했다. 당선 후 김대중은 자신의 약한 지역적 지지기반을 보완하기 위해 민주당을 기반으로 영남에 많은 정치적 지분을 할애했다. 반면 노무현은 자신을 공천해준 민주당의 법통을 끊고 열린우리당을 창당해 영남의 지지를 받으려 했다. 김대중은 야당인 한나라당과 타협적이었을망정 한나라당에 정권을 내주는 차원의 대연정 같은 제안을 하지 않았다. 반면 노무현은 한나라당의 역사적 정당성을 공인하고 정권을 내주는 차원의 대연정을 제안하며 한나라당과의 '양대산맥'을 지향했다. '햇볕정책' 때문에 김대중은 노무현에 반대하는 집회를 갖기도 했다.

이런 이념의 차이는 계파를 언급하지 않으면 해소되는 감정적 분열이 아니다. 그것은 오랜 역사를 가진 근원적 이념 차이다. 현재 새정치민주연합 당원들은 이런 차이들을 감추고 근근이 함께하고 있을 뿐이다. 나는 이런 차이들에 대한 선택권을 국민들에게 돌려줘야 한다고 본다. 현재 영남이 굳이 복수정당제의 필요성을 못 느낀다고 해도, 친노가 독자세력화하면 영남의 반응이 있을 수도 있다. 현상의

치유는 제도와 결부돼 있으므로 분석이 아닌 제안 차원의 구체적 주 ·
장은 후술하기로 한다.

문제는 친노세력이 이런 문제를 감추거나 위선적으로 해결하려고
한다는 점이다. 그들은 영남에서든 호남에서든 자신들의 이데올로기
를 솔직하게 표현하고 그것에 대해 표로 심판받으려 하지 않는다. 그
와중에서도 최악인 것은 친노는 정치적으로 자신들의 실제 지분이
어느 정도인지를 모른다는 사실이다. 그저 호남을 인질로 잡고 야권
의 모든 정치적 영향력을 독점하고 싶어 한다. 독재적 발상이란 다른
것이 아니다. 다수든 소수든 상대의 정치적 지분을 인정하지 않고 자
신이 행사해야 할 정치적 지분 이상의 정치적 영향력을 행사하려고
시도하는 모든 발상이다. 친노는 위선을 방패삼아 독재적 발상을 하
고 있다. 이것은 새정치민주연합을 지배하는 풍토병이자, 한국정치
의 희망을 짓밟는 고질병이다.

3

호남은 새누리당을
인정해야 하는가

친노세력의 '옛사랑'인 유시민은 1997년 대통령선거를 앞두고 『97 대선 게임의 법칙』(돌베개, 1997)이란 책을 썼다. 요지인즉슨 '반김대중 정서(호남혐오증)'를 가진 유권자들이 김대중의 당선을 저지하기 위해 자기가 제일 좋아하는 후보를 젖혀두고 다른 후보에게 표를 주는 행위(합리적 기대와 전략적 투표행위)를 할 것이다. 따라서 이른바 디제이피 필승론은 이론적·실증적으로 볼 때 '승률이 0에 가까운 게임'이다. 그러니 김대중은 이를 인정하고, '제3후보'를 내세워 '승부를 미리 알 수 없는 싸움'인 대리전을 치르라는 충고였다.

대선이 임박할 때마다 이런저런 이유로 불순한 정치공학을 펼치는 사람들은 넘쳐난다. 설령 그런 분석과 예언이 엉터리란 것이 입증되었다한들 세평이란 게 원래 허다히 그런 것이니 이 책도 독자로서 크게 나무랄 일은 아니다. 지금 내가 케케묵은 이 책을 거론하는 것은 그런 정치공학과 예언 때문이 아니라 이 책의 말미를 장식하는 인상적인 구절 때문이다. 이 마지막 구절은 우리 정치현실 속에서 아직 끝나지 않은 (어쩌면 점점 더 뜨거워질) 이슈다.

(유시민의 몇 가지 바람을 신한국당 대선 후보가 실현해준다면-필자 주) 나처럼 지금까지 어떤 선거에서도 여당 후보를 찍어본 적이 없는 사람들까지도 그에게 한 표를 줄지도 모른다. 물론 나는 '재외국민'이어서 부재자투표조차 할 수 없는 처지이지만, 그래도 누가 아는가? 혹시 선거법이 바뀌어 '재외국민'도 투표할 수 있는 길이 열릴 수도 있고, 그 후보가 너무나 마음에 들어서 비싼 비행기삯을 물어가면서 한 표를 찍으러 한국으로 날아갈 수도 있는 일이 아닌가?[10]

유시민의 이 최종 구절에는 우리가 반드시 풀어야 할 중요한 수수께끼가 묻혀 있다. 그건 유시민은 왜 여당후보에게 일절 투표하지 않다가 1997년 대선이 가까워오자 (몇 가지 바람이라는 조건이 있었지만) 여당 후보가 "마음에 들"면 투표할 수 있다고 생각이 바뀌었는가(?) 하는 것이다. 그가 1997년 이전까지 여당에 투표하지 않은 건 그때까지 단순히 마음에 든 여당 후보가 없어서였을까 아니면 마음에 든 후보가 있었더라도 당시 여당의 역사적 정당성을 인정할 수 없어서 당 그 자체를 거부했던 것일까? 만약 전자라면 1997년 대선을 앞둔 심경 발언이 큰 의미를 갖는 것은 아니다. 그런데 후자라면 그것은 상당히 큰 심경 변화에 해당한다.

난 이에 대한 유시민의 생각을 명쾌하게 들은 바가 없다. 그래서 속단할 수는 없지만 그가 했던 발언들, 즉 한나라당 대표 박근혜나 서울시장 이명박이 집권해도 "나라가 망하진 않는다"며 "대한민국은 이미 일정한 궤도 위에 올라와 있어 국민은 과거보다 여유 있는 입장에서 집권세력을 선택할 수 있다고 본다"고 한 발언[11]이나, 한나라당과의 대연정을 적극 찬성하며 "모든 나라에서는 국회에서 여러 정당들끼리 정책의 유사성을 기반으로 해서 다수파 연합을 만드는데, 이것은 민주주의에서 본원적인 것"[12]이라고 했던 주장을 고려할 때 아마도 전자가 아니었나 싶다.

자신들(만)이 가장 선명하게 개혁적이라고 주장하는 친노세력은 현 새누리당(계열)에 의외로(?) 관대하다. 이 정당의 역사적 정당성을 묻는 데 사실상 별 관심이 없다. 그저 정책이 더 보수적인 정당 정도의 취급을 한다. 그러면서 새누리당을 수십 년간 전면적으로 거부하고 있는 호남(을 대표하는 정치인들)의 개혁성을 폄훼하고 공격한다. 내가 보기엔 이것은 상식적인 어법이 아닌 영남패권주의 어법일 뿐이다. 물론 새누리당을 전면적으로 거부하는 것이 곧 개혁적 '정책'을 선호한다는 입증은 아니다. 하지만 '반새누리당＝반영남패권주의 투쟁'이라는 전략적 관점에서 본다면 그보다 더 개혁적일 수는 없다. 그런 의미에서 우리는 정당의 정책을 따지기 이전에 정당의 역사적 정당성을 인정할 것인지에 대한 대답을 먼저 해야만 한다.

나는 선거권을 부여받은 이후 상당기간 동안 선거 자체를 거부했으며, 이후로도 지금까지 수십 년 동안 새누리당(계열)에 투표한 적이 없다. 나는 왜 새누리당에 투표하지 않는가? 새누리당의 공약이 나빠서? 아니면 후보자의 인격이 마음에 들지 않아서? 그것도 아니면 집권능력이 내 생각에 못 미쳐서? 모두 아니다. 새누리당의 공약이, 후보자의 인격이, 집권능력이 아무리 나쁘다 한들 한국에서 가장 오랜 집권이력을 자랑하는 정당을 그토록 오랫동안 아예 외면할 수는 없다. 이런 일은 북한과 미국 사이에서나 일어나는 성질의 외면이다. 비유하자면 나는 새누리당과 유권자로서 아직 수교하지 못했다. 이 고통스런 상황은 나 개인이 만든 상상적 문제가 아니다. 그것은 호남이 여태 직면하고 있는 현실의 문제다.

그런데도 '새누리당 문제'를 역사적 정당성의 문제가 아닌 정책의 문제로 치환하는 영남패권주의자들이 넘쳐난다. 그러고는 이런 비난조의 질문을 한다. "왜 호남은 정책적 선택을 하지 않는가?" 물론 이런 비난조의 논리를 영남에도 똑같이 적용할 수는 있다. 하지만 영남의 새누리당 몰표는 호남의 새정치민주연합 몰표보다 더 적다. 따라서 영남이 호남보다 더 이성적이고, 더 합리적이다. 이런 식으로 영남패권주의자들은 새누리당 문제를 역사적 정당성의 문제가 아닌 정책적 선택의 문제로 프레임을 바꿔 호남을 비난한다. 유시민이 "되게 잘하면, 잘한다는 평을 받으면 혹시 한나라당이 집권해도 (현재 자신이 수행하고 있는-필자 주) 복지부장관은 유임시킬 수도 있지 않겠냐"[13]고 했던 '진지한 농담'은 그런 프레임 속에서만 이해가 가능하다.

역사적으로 새누리당 문제는 헌법이 규정하고 있는 '민주적 기본질서' 속에서 탄생한 정당인지를 묻는 문제다. 현 새누리당은 전두환이 '광주학살'을 자행하고 만든 '영남패권주의적 쿠데타 질서' 속에서 탄생한 반민주적 정당을 법적·정치적으로 계승한 정당이다. 그런데 호남은 이제 시간이 많이 흘렀으므로 이 전두환의 정당을 승인해야 하는가? 호남인들에게 이보다 더 어렵고 가혹한 질문은 없다. 이 질문은 일본 대사관 앞에서 수십 년 동안 '수요집회'를 계속하고 있는 한국정신대문제대책협의회 할머니들에게 이제 시간이 많이 지났으므로 일본의 사과를 받는 것을 포기하고 일본과 정상적인 관계를 맺어야 하지 않겠느냐고 묻는 것과 유사한 고통을 주는 것이다.

개인과 개인의 관계든, 나라와 나라의 관계든, 혹은 지금 우리 앞에 놓인 주제인 유권자와 정당의 관계든 단절된 관계가 이어지기 위해서는 과거사의 청산이 반드시 필요하다. 그저 '왜 비합리적인 지역주의 몰표를 던지느냐'는 식의 영남패권주의적 공세로 해결될 일이 아니다. 노무현은 대연정을 제안하면서 "당의 역사성과 정통성에 대한 인식의 차이는 대타협의 결단으로 극복하자"[14]고 주장했다. 하지만 그 대타협의 제안에는 '광주학살'로 탄생한 전두환 정당을 계승한데 대해 사과할 것 등을 요구하는 전제조건 따위는 없었다. 말하자면 노무현은 '(지역주의 타파를 위한 선거법 개정을 위해) 정치공학적으로 필요하니까 한나라당의 역사성과 정통성(정당성) 문제는 그냥 뭉개고 가자'고 주장한 것과 다를 바 없었다. 노무현과 친노의 투항적 영남패권주의 이데올로기 속에서는 너무나 손쉬운 해결책이었다.

하지만 이제 시간의 역사는 이런 가혹한 질문으로 호남을 벼랑 끝까지 몰아 옥죄고 있다. "그래서 앞으로도 영원히 새누리당을 인정하지 않고 다른 정당에만 투표할 생각인가? 그것이 호남이 생각하는 궁극적 해결책인가?" 어쨌든 이제 호남도 스스로를 뒤돌아볼 때가 되긴 했다. 무엇보다 호남의 새누리당에 대한 그런 강고한 거부가 오히려 은폐된 투항적 영남패권주의자들에게 호남표를 인질로 잡는 절대적 조건을 지속적으로 제공하고 있기 때문이다.

고통스러울 만큼 슬픈 일이지만, 가해자 새누리당은 당 차원에서 호남에 사과하지 않았다. 2006년 8월, 한나라당 대표 강재섭의 유야무야 사과가 있었지만 '광주학살'에 대한 정식 사과는 아니었다. 이 상태로 시간만 자꾸 흐르면 새누리당은 너무나 당당하게 한국의 거대정당으로 승승장구해 나갈 수도 있다. 호남이 생각하는 정의가 역사 속에서 반드시 승리하리란 보장은 없다. 그러니 호남은 이쯤에서 새누리당의 역사적 정당성을 따지는 것을 포기해야 하는가? 호남만 포기하면 대한민국 모두가 행복해지는가?

사실 노무현의 '양대산맥'론에 따라 호남이 새누리당의 역사적 정당성을 인정하고 정책적 호불호만을 기준으로 지지/반대한다면 대한민국의 정치적 지역구도는 완전히는 아니어도 거의 해소된 것이나 다름없을 것이다. 새누리당은 거대 전국정당으로 등장할 것이고, 새정치민주연합은 소수 지역당으로, 그리고 여타 소수 진보정당으로 꾸려질 것이다. 물론 호남의 복수정당문제도 일거에 해결된다.

그런데 친노는 노무현의 '양대산맥'론의 논리적 귀착을 부정하고, 호남이 인질상태를 벗어나 새누리당을 지지하거나 자유로운 정책적 선택을 하려 하면 기를 쓰고 비난한다. 그들의 논리는 언제나 위선과 아전인수로 포장된다. 그러니 설령 호남이 새누리당의 역사적 정당성을 묻는 일을 스스로 청산하고 새누리당에 정책적으로 투표하려해도 그조차 결코 쉬운 일이 아니다. 대한민국의 은폐된 투항적 영남 패권주의 헤게모니에 따르면 노무현이나 유시민 등 친노가 필요에 따라 새누리당을 인정·지지하거나 심지어 연대하는 것은 모두가 큰 박수를 쳐줄 일이지만, '표 찍는 인질' 호남이 추호라도 그런 생각을 하면 동네방네 목청껏 소리쳐 비난해야 할 부끄러운 행동이 되는 것이다.

지난 2007년 대선을 앞두고 열린우리당은 사라졌다. 그리고 노무현은 대선후보 정동영에 아무 관심도 없었다. 위키리크스가 공개한 미 국무부 기밀 외교전문 중에는 주한 미대사관에서 생산한 내용도 있었다. 2007년 10월 31일자 외교전문엔 당시 청와대 행정관 김태환, 조수정 두 사람이 10월 30일 주한 미대사관 관료들과 만난 자리에서 노무현 행정부는 정동영에게 아무런 기대도 하지 않고 있으며 친노 지지자들은 전 유한킴벌리 사장 문국현의 선거운동을 돕거나 전 복지부 장관 유시민의 2012년 대선 준비를 시작했다고 주장한 내용이 있었다. 또 김태환이 친노 지지자들 중 "정동영 후보자 캠프에 자발적으로 참여한 사람은 아무도 없다"고 말한 내용도 있었다.[15]

친노가 정동영을 지지하지 않았다는 것은 이명박이 당선되더라도 감수하겠다는 의미로 해석된다. 아니 어쩌면 더 적극적으로 이명박의 당선을 원했을 수도 있다. 2015년 4월엔 이명박 측근인 전 청와대 홍보기획비서관 추부길이 노무현과 이명박의 밀약을 폭로하기도

했다. 그는 노건평과 이상득의 핫라인에서 논해진 "핵심은 BBK 사건과 노 대통령 주변 수사에 대한 상호 간의 조율이었다. 두 사람의 밀약도 체결됐다. 내용은 'BBK 수사에 대해 청와대에서 인위적으로 개입하지 않고, (정부 교체 뒤) 전직 대통령을 수사선상에 세우거나 구속시키지 않는다'는 것이었다"[16]고 증언했다.

노무현과 친노세력의 새누리당에 대한 태도는 호남의 그것보다 명백히 더 유연하다. '양비론' '대연정' '양대산맥론'이 의미하는 게 무엇인가? 심지어 (일방적이긴 하지만) 뒷거래 증언까지 나오는 실정이다. 그런데 호남은 왜 새누리당을 지지하는 것, 새누리당으로부터 공식적인 공약을 받는 것까지도 꺼려야 하는가? 호남의 이런 순결한 근본주의적 투쟁은 누구를 위한 것일까? 아니 호남의 의도와 무관하게 결국 누구의 이득으로 돌아가는 것일까?

지난 2012년 대선에선 한화갑이 새누리당 후보 박근혜를 지지하는 일이 벌어졌다. 구 민주당계 중 입당한 인사들도 상당수 있었지만 한화갑은 입당하지는 않았다. 한 사람의 유권자로서 박근혜를 지지했던 셈이다. 물론 호남인들 중엔 그를 격려하는 사람들도 있었지만 당연히 비난하는 목소리가 더 높았다. 한화갑은 자신을 이렇게 설명했다.

그(한화갑-필자 주)는 "이번에 한화갑이를 사라. 비싼 가격으로 팔려가겠다고 생각했다"며 "대신 전라도에 대해 확실하게 (지원)한다는 보장을 해라. 그래야 내가 전라도 사람에게 한화갑이가 전라도를 위해 팔

려간 거라고 할 거 아니냐고 생각했다"고 말했다. 그러면서 "어제 박 후보가 전라도와 광주 유세에서 한화갑이 요청한 공약을 실천하겠다고 확약했다"며 "심청이가 아버지 눈을 뜨게 하려고 인당수에 몸을 던진 심정으로 박근혜 후보를 지지하기로 했다"고 밝혔다.[17]

나는 민주당 쪽에서 나온 이런 저런 비난보다 미디어에 익명으로 인용된 지역인사의 말이 더 전형적인 반응이라고 생각한다. 그는 "민주화를 위해 수십 년간 싸우던 사람들이 국민대통합 명분으로 5공 군사독재의 뿌리인 새누리당을 지지한 것에 동의할 수 없다"며 "개인의 영달을 위한 마지막 몸부림에 불과하다"고 비판했다.[18] 앞 발언은 호남이 새누리당을 부정하는 전형적인 이유라고 봐야 한다. 하지만 개인적으로 뒤 발언에 흔쾌히 동의하기는 힘들다. 한화갑의 행위는 "수십 년간 싸"운 이후 호남의 고민을 반영하는 측면이 분명히 있다고 본다.

이제 정리를 해보자. 나는 호남의 새누리당 지지율이 좀 더 상승할 (가능성이 있을) 경우 새누리당의 호남에 대한 배려가 조금 더 커질 수 있다고 본다. 물론 민주당의 노무현에 90% 이상을 지지하고도 배신만 당한 호남이 새누리당에 10%를 넘어 20%의 지지를 한다 해도 뭐가 크게 달라질 것인가 하는 의구심이 생기는 것도 사실이다. 그렇다면 소수세력으로서 호남의 욕망을 달성하는 데 가장 효과적인 방법은 무엇일까? 제도를 바꾸는 것이다. 이 얘기는 후술한다.

다만 여기서는 호남의 새누리당 지지라는 이데올로기적 문제에 대해 정리를 해야 한다. 정당의 역사적 정통성·정당성도 일회적이고 불변하는 것은 아니다. 역사적 정통성·정당성 없이 탄생한 정당도 끊임없는 민주적 선거와 업적을 통해 정당성을 축적하고 정통성 부재를 극복할 수 있다. 마찬가지로 역사적 정통성·정당성이라는 굳건한 기반 위에 존재하는 정당도 독재와 (예컨대 나라를 팔아먹는다거나 하는) 기만적 행위에 의해 정당성을 상실하고 정통성을 빼앗길 수도 있다. 현재 새누리당이 호남에 역사적 정통성·정당성을 인정받았다고 볼 수는 없다. 하지만 흘러가는 시간 속에서 반복되는 민주적 선거절차와 함께 역사적 부당성이 희석돼가고 있는 것은 사실이다.

새누리당이 이런 식으로 역사적 정당성을 획득하는 것은 결코 호남의 뜻이 아니다. 슬프지만 그건 호남을 제외한 여타 대한민국의 뜻이다. 그 가망 없는 고립무원 속에서 호남만 홀로 흘러가는 시간의 역사에 맞서자는 건 너무 가혹한 요구다. 나는 개인적으로 새누리당에 투표할 대한민국의 마지막 유권자일지 모른다. 하지만 새누리당에 투표하는 호남인들에 대한 나의 마음속 소원함의 강도는 점점 더 약해지고 있다. 이성적으로나 감성적으로나 모두 그렇다. 나는 이제 호남의 욕망을 위해 전략적 사고를 하며 새누리당에 투표하는 호남인들에 더 이상 크게 소원함이 느껴지지 않는다.

4

주입식 진보의 한계:
지역당과 계급당에 대하여

2015년 5월에 치러진 영국 총선에서 보수당이 전체 650석 중 331석을 얻는 승리를 차지했다. 그런데 이 총선 결과에 숨어 있는 뜻은 간단치가 않다. 우선 그 결과를 2012년의 우리나라 총선 결과와 대비시켜 이미지(160쪽)로 확인해보자.

영국 총선 결과에서 북쪽의 연한 회색(▆)은 스코틀랜드다. 한국 총선 결과에서 대부분 연회색(▆)으로 표시된 호남과 뭔가 많이 닮아 있다는 느낌을 준다. 2010년의 영국 총선에선 이런 이미지로 표시될 수 있는 상황은 없었다. 도대체 무슨 일이 벌어진 것일까?

영국은 한국과 마찬가지로 상대다수선거제도(영국은 한국과 달리 비례대표선거제도가 없다)를 채택하고 있다. 그런데 이번 선거에서 그 제도적 약점이 고스란히 드러났다. 보수당은 36.9%의 득표율로 무려 50.92%의 의석을 차지했다. 참고로 노동당은 30.4%의 득표율로

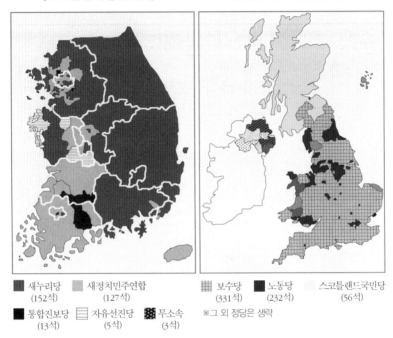

〈2012년 한국 총선 결과〉[19] 〈2015년 영국 총선 결과〉[20]

■ 새누리당　■ 새정치민주연합　▦ 보수당　■ 노동당　스코틀랜드국민당
(152석)　(127석)　(331석)　(232석)　(56석)

■ 통합진보당　▤ 자유선진당　▨ 무소속　※그 외 정당은 생략
(13석)　(5석)　(3석)

35.69%(232석), 스코틀랜드국민당Scottish National Party, SNP은 4.7%의

득표율로 8.62%(56석)을 얻었다. 하지만 스코틀랜드국민당의 경우

전국적 득표율을 따지는 건 별 의미가 없다. 스코틀랜드에만 후보를

냈기 때문이다. 스코틀랜드에서만 50%의 득표율로 스코틀랜드 총의

석(59석)의 94.92%를 석권했다.

　켈트족 정체성을 지닌 스코틀랜드는 앵글로색슨족 정체성을 갖고

있는 영국(잉글랜드)으로부터 분리 독립을 시도할 만큼 역사적·정치

적 독자성이 뚜렷한 지역이다. 앵글로색슨족에게 북부로 쫓겨난 켈

트족 처지를 생각하면 그럴 만도 할 것이다. 1707년에 연합왕국이

출범했지만 여전히 하나의 민족으로 동화하지는 못한 것이다.

　2015년 총선 유세에서 보수당 총리 데이비드 캐머런은 "노동당이 승리하면 (노동당과 연정 대상인) 스코틀랜드독립당SNP〔스코틀랜드국민당-필자 주〕에 휘둘릴 것"[21]이라며 민족감정을 한껏 자극했다. 스코틀랜드는 노동당의 텃밭이었다. 그럼에도 불구하고 (혹은 그랬기 때문에 더욱) 보수당의 공세에 겁먹은 노동당 당수 에드 밀리밴드Ed Miliband는 "SNP와는 연립정부도, 정책연대도, 그 어떤 거래도 없을 것"이라고 못 박았다. 그러자 스코틀랜드국민당 당수 스터전Nicola Sturgeon은 "보수당의 재집권을 허락한다면 노동당은 스코틀랜드와 다른 여러 지역에서 결코 용서받지 못할 것"이라며 노동당을 압박했다.[22] 이런 식의 선거 진행과정도 어디선가 많이 본 듯한 기시감을 느끼게 한다.

　앞으로 영국 노동당은 이 상황변화에 대처하기 위해 어떤 입장을 취할까? 선택은 둘 중 하나일 것이다. 첫번째 선택은 노동당을 대체한 지역당인 스코틀랜드국민당을 공격해 몰락시키는 것이다. 이것이 목표라면 '대영국에 지역당이 웬 말이냐'는 기치 아래 스코틀랜드인들을 비방·공격하고 자신들의 텃밭을 다시 차지해야 할 것이다. 노동당은 이미 보수당의 민족주의적 공세가 두려워 그런 태도를 보였으니 계속 그 길을 갈지도 모른다. 물론 마음을 바꾸면 두번째 대안도 있다. 스코틀랜드국민당의 입장을 인정하고, 정책적으로 연대해서 보수당의 집권을 막아내는 것이다. 물론 보수당이 발붙이기 힘든 스코틀랜드에서는 스코틀랜드국민당과 자유롭게 경쟁하면 된다. 노동당의 역사적 고민이 시작됐다.

우리나라 상황은 어떤가? 우리나라 진보는 이미 수십 년 동안 첫 번째 방식을 선택하고 실천해 왔다. 나는 역사적인 처지를 고려한다면 지금까지 호남 중심의 지역당이 스코틀랜드국민당보다 더 보수적이었다고는 생각하지 않는다. 그럼에도 불구하고 대한민국 진보는 처음부터 두번째 길을 아예 외면해왔다. 호남으로서는 그들이 택한 고지식한 전략에 혹독하게 시달렸다. 심지어 그들의 태도는 다수 지역당인 영남지역당보다 오히려 소수 지역당인 호남지역당의 존재를 더욱 견디지 못하는 것 아닌가 하는 인상마저 줄 정도다. 그나마 새누리당(계열)이 발붙이지 못하는 호남을 빼앗고 싶은 욕심 때문이었는지는 모르겠다. 하지만 어떤 이유에서든 그런 식으로 '소수'를 대하는 건 진보적 태도라고 보기는 힘들다. 덧붙이자면 이런 식으로 '왜곡된 진보 이데올로기' 하에서 호남 중심의 지역당체제를 통해 이룩한 정권교체와 민주화의 업적이 제대로 평가받기를 기대하는 건 '나무에 올라가서 물고기를 구하는 일'인지도 모르겠다.

역사를 돌이켜보건대 마르크스주의 이데올로그들도 민족주의를 이해하는 데 유난히 우둔했다. 마르크스와 엥겔스가 '모든 나라의 노동자들이여, 단결하라!'고 선언했을 때, 그들은 이 세계 속에 국경은 없고 자본가와 노동자라는 두 집단만 존재하는 대립관념을 상정하고 싶었을 것이다. 그렇게 선언은 했지만 자본가와 노동자는 현실적으로 각 국가에 소속된 자본가와 노동자다. 영구혁명론을 주장한 트로츠키는 "독립된 경제적 단위로서의 민족국가의 붕괴"[23]를 상정했지만 거의 공상적인 예언이었다. 반면 일국사회주의론을 주장한 스탈

린은 "위쪽에서 치솟는 호전적인 민족주의의 조류가 아래쪽에서 거기에 응하는 민족주의의 조류를 불러일으켰다"[24]고 '양비론'적 시각을 견지했을 뿐이다. 사실상 그것이 전부였다. 민족주의는 공산사회를 건설하는 데 있어서 걸리적거리는 구태였을 뿐이다.

처음부터 마르크스주의는 (부르주아 민족주의가 아닌) '공산주의 건설에 도움이 되는 민족주의와만 연대한다'는 대원칙이 있었다. 하지만 이런 대원칙과 별개로 '민족해방이 있어야 공산혁명이 가능하냐' 아니면 '공산혁명이 있어야 민족해방이 가능하냐'는 방법론적 논쟁은 끊이지 않았다. 하지만 '선 공산혁명 후 민족해방'이라는 역사적 경향성 때문에 로날도 뭉크Ronaldo Munck는 이런 비판까지 하고 있다.

> 사회주의 운동은 민족주의가 마음에 들면 때로 그 옷을 훔쳐 입고, 마음에 안 들 때는 가차 없이 공격했다. 또한 민족주의를 다루는 마르크스주의 논문들은 대개 고의로 무시하는 요소를 담고 있는데, 이는 자신들만이 구원에 이르는 유일한 길을 알고 있다는 오만함에서 비롯한 것이다.[25]

지금 내가 실패한 공산주의 혁명 얘기를 길게 하는 이유가 있다. 그건 개혁·진보세력이 호남의 저항적 지역주의에 직면해 발산하는 인지부조화적 히스테리 증상이 공산주의가 민족주의에 직면해 좌충우돌했던 이데올로기적 혼란상과 너무나 많이 닮아 있기 때문이다. 물론 대한민국의 반영남패권주의 개혁문제는 공산주의 혁명문제도 아니고, 더군다나 민족 간의 갈등문제도 아니다. 하지만 '광주학살' 이후 지속되고 있는 영남패권주의로 인한 갈등은 같은 민족 간의 문제라고 보기 힘들 만큼 심각하다. 다시 상기시키자면 영국 총선에서 스코틀랜드의 스코틀랜드국민당에 대한 지지율은 50%였지만 호남의 새정치민주연합(계열)에 대한 지지율은 90%가 훨씬 넘을 때도 많았다. 이렇게 심각한 경험적 사실을 간단히 보면 안 된다.

나는 위에서 개혁과 진보세력을 함께 묶어 "개혁·진보세력이 호남의 저항적 지역주의에 직면해 발산하는 인지부조화적 히스테리 증상"이라고 싸잡아 비판했는데, 사실 자신들을 개혁적이라고 생각하는 친노세력과 전통적인 노선의 진보세력이 보는 호남의 저항적 지역주의에 대한 관점은 전혀 구별되지 않는다. 그들은 '영남패권주의는 없다'는 데 완전 합의한다. 이런 관점은 심지어 새누리당의 입장과도 아무 차이가 없다. 그들은 기껏해야 (스탈린의 민족주의에 대한 입장이 연상되는) '양비론'으로 호남의 저항적 지역주의를 그저 타도하려 할 뿐이다. 그렇게 타도된 호남을 송두리째 자신들의 지지기반으로 만들려는 은폐된 투항적 영남패권주의 욕망만이 넘칠 뿐이다. 노무현 정권이 그것을 경험적으로 실증했다.

나는 영남패권주의 문제 해결 없이 대한민국의 정상적인 진보운동은 불가능하다고 본다. 하지만 현재 대한민국의 진보세력은 '영남패권주의는 없다'는 인지부조화적 구호로 진보를 실현하려 하고 있다. 말하자면 호남지역과 연대하는 것으로서가 아닌 호남이라는 지역관념을 공격·해체하는 것으로 진보를 실현하려는 것이다. 은유적으로 말하자면 이는 '공산주의 건설에 도움이 되는 민족주의와만 연대한다'는 마르크스주의 대원칙에도 미치지 못하는 졸렬한 사고체계다. 그들은 근원적으로 '영남패권주의는 없다'는 억지스럽기 짝이 없는 허구적 상상 속에서 호남의 저항적 지역주의를 '이용'조차 못하고 '공격'하고 있는 것이다.

현 진보운동이 '영남패권주의는 없다'는 이데올로기를 장착하고 있는 한 나는 그들의 진보운동을 친노와 한 무리를 이룬 '영남패권주의적 개혁·진보운동'으로 규정할 수밖에 없다. 우선 노무현 정부 홍보수석비서관을 지낸 친노 조기숙의 해괴한 발언부터 들어보자.

> 문재인 또한 영남의 일부를 민주당에 갖다 붙이려는 제2의 방어자가 되었다. 그런데 왜 가장 감사해야 할 호남 유권자들은 얼마 전까지만 해도 민주당을 위해 헌신하는 문재인보다 민주당에 들어오지도 않는 안철수를 더 지지했을까?[26]

조기숙은 호남 유권자들이 "영남의 일부를 민주당에 갖다 붙이려는" 문재인에게 "가장 감사해야 할" 것이라는 역겨운 표현을 한다. 아마도 호남당에 영남세력이 합세해줬으니 호남은 '감사'해야 하지 않느냐는 표현일 것이다. 노무현과 그들이 무슨 일을 도모하기 위해 합세했는지는 차치한다. 참을 수 없이 역겨운 건 "감사해야"라는 표현 그 자체다. 이는 조선인은 식민지 조선 편을 드는 일본인에게 감사해야 하고, 흑인은 흑인 편을 드는 백인에게 감사해야 하고, 여성은 여성 편을 드는 남성에게 감사해야 한다고 생각하는 사고체계다. 지배집단의 일원이 피지배집단의 저항에 동참하면서 (심지어 위선이 의심되는) 그 행동에 대해 감사를 요구하는 심리는 자신의 태생 그 자체로부터 도덕적 프리미엄을 얻고 싶은 천박한 욕구에 다름 아니다. 굳이 같은 논리로 반박하자면 그들은 태생적으로 감사받을 지위에 있는 것이 아니라 부끄러워해야 할 지위에 있다. 일본인은 조선인에게, 백인은 흑인에게, 남성은 여성에게 자신들이 태생적으로 그 패권주의적 기득권체제의 일부로 존재함을 부끄러워하는 것으로부터만 반패권주의적 행동이 시작될 수 있다. 그런데 노동운동에는 이런 딜레마가 없을까? 다음 마르크스의 발언을 듣고 생각해보자.

보통의 영국 노동자는 아일랜드 노동자를 증오한다. 자기 생활수준을 깎아내리는 경쟁자로 여기기 때문이다. 영국 노동자는 아일랜드 노동자를 대할 때 자신이 지배 민족의 일원인 양 생각한다.[27]

이런 태도의 결과는 무엇일까? 인종적 패권에 의해 분해되는 계급적 진보일 것이다. 유럽보다 훨씬 더 다양한 인종으로 붐비는 미국에서 인종은 손쉽게 계급적 단결의 걸림돌로 동원되었다.[28] 유럽과 달리 진보정당이 안착하지 못하는 미국의 상황은 우리에게도 아주 실감나는 영감을 준다. 중요한 건 사태를 거꾸로 이해하지 않는 것이다. 근원적 걸림돌인 영남패권주의를 완화시켜야 계급적 단결을 강화할 수 있는 것이지, 막무가내로 계급적 단결을 계몽한다고 해서 영남패권주의가 안개처럼 사라지는 게 아니다. 그래서 진보를 원하는 사람들이 마치 '지배집단의 일원인 양' 영남패권주의에 무심할 경우, 호남은 그것을 영남패권주의 진보운동으로 받아들일 수밖에 없다.

나는 우리나라 진보정당이 호남의 반영남패권주의 운동에 대해 예컨대 '국제주의적 입장에 있는 제국 일본의 노동운동가로서 볼 때 조선의 독립운동은 무의미하다'고 주장하는 것과 같은 태도를 보이고 있다고 생각한다. 이런 영남패권주의적 진보 이데올로기가 지속되면 통일시대가 오더라도 같은 논리가 적용될 수밖에 없다. 즉 영남패권주의적 진보 이데올로기에 입각해 북한 지역의 독자성을 인정하지 않고, 북한의 정당한 지역적 요구를 남한의 진보정당 내에 포섭하려는 공격적 전략으로 이어질 수밖에 없다. 이런 논리는 사실상 민족적 주체성을 혐오하는 제국주의적 '식민지 근대화론'의 사회주의판에 불과한 것이다.

나는 진보세력이 (평시 호남의 반영남패권주의에 대한 부정적 관념과 어울리지 않게) 선거 때만 '지역당'과 연대(단일화)해 자당 의석을 몇 석 더 늘리려는 것 이상의 더 큰 전략과 능력을 가지고 있어야 한다고 믿는다. 나는 기본적으로 '호남＋투항적 영남패권주의 영남개혁세력＋계급환원주의적 진보'가 모두 연대해야 영남패권주의 주류세력을 겨우 이겨낼 수 있다고 본다. 그 연대의 방법은 (후술하겠지만) 다양하게 생각할 수 있다. 하지만 절대 해서는 안 될 생각이 있다. 그것은 호남의 반영남패권주의 투쟁을 공격하는 것이다. 단언컨대 개혁·진보세력이 호남의 반영남패권주의라는 절대적 자산을 이용하지 못하고 공격만 한다면 한국정치의 개혁·진보는 요원할 것이다.

　나는 호남의 반영남패권주의 투쟁에 대한 지지가 대한민국의 진보를 위한 첫번째 조건이라고 확신한다. 영국 총선을 승리로 이끈 스코틀랜드국민당의 스터전은 "스코틀랜드의 목소리가 없는 영국 정부는 불법"[29]이라고 주장했다. 굳이 법적으로 표현하자면, 우리 헌법 제123조 제2항은 "국가는 지역 간의 균형 있는 발전을 위하여 지역경제를 육성할 의무"가 있다고 규정하고 있다. 말하자면 헌법적인 의미에서도 '지역'관념은 철저히 제거해야 할 몹쓸 장애물이 아니라 잘 살펴야 할 미래지향적인 이상이라는 것이다.

　그간의 경험이 입증하고 있듯이 호남은 다른 지역에 비해 상대적으로 개혁성을 보여왔다. 그럴 수밖에 없는 것은 어떤 종류의 패권주의라도 그것에 반대한다는 것은 그 부당성을 합리적으로 고쳐나가기 위한 개혁성이 담보돼야만 하기 때문이다. 말을 바꾸면 이 개혁성은 호남의 숙명이기도 하다. 진보가 진보에 대해 무슨 생각을 하고 있든, 대한민국 민주화의 역사에서 호남은 충분히 존중받을 자격이 있는 지역이다. 그럼에도 불구하고 진보가 이런 역사적·정치적 조건을 활용하지 못하고 공격만 하고 있다면 이보다 더 한심하고 무능한 보수적 행태는 없을 것이다.

5장

'호남정치'를
어떻게 볼 것인가

1

천정배를 어떻게 볼 것인가

～⌇⌇　2015년 4월 광주 서구을 재보궐선거에서 당선되기 이전까지 천정배는 사실상 한국 정치의 변두리로 밀려난 상태였다. 4선 의원(경기도 안산)이자 법무부장관을 지낸 그였지만 2012년 총선(송파을)에서 낙선한 그에게 전국적인 관심이 있을 이유는 아무것도 없었다. 2013년 3월, 그가 광주에 내려가 정치적 재기를 도모한다고 했을 때조차, 사람들은 그것을 그저 그런 정치인들의 철지난 남은 욕심 정도로 간주했다. 심지어 『한겨레』의 천정배에 관한 기사 제목은 「천정배 전 의원, 왜 광주에 변호사 개업?」[1]이었다.

아닌 게 아니라 그는 왜 광주에서 변호사 개업을 했을까? 그는 당시 "초심으로 돌아가 더욱 낮은 자세로 시민들과 함께 호흡하며 개혁 정치와 호남정치의 부활을 위한 길을 모색해 보고 싶다"[2]고 밝혔다. '호남정치'는 2015년 재보궐 선거에서 나온 즉흥적 구호가 아니라 충

4·29 광주 서울 보궐선거에 출마한 무소속 천정배 후보(가운데 오른쪽)가 29일 저녁 광주 금호동 선거사무소에서 당선이 확실시되자 부인 서의숙씨와 함께 환호하는 지지자들에게 손을 들어 답례하고 있다. 광주 | 연합뉴스

천정배 "야당에 회초리" 호남 민심 업고 5선

"야권 쇄신해 정권교체"… 총선 앞두고 야권 재편 불씨
야당, 소선거구제 전환 27년 만에 '광주 서울' 첫 패배

'천정배가 돌아왔다.'

4선 의원을 노무현 정부에서 법무장관을 지낸 천정배 후보 (61)가 3년 만에 5번째 국회 입성에 성공했다. '호남정치 부활'과 '무기력한 야당 심판'을 외치며 당을 탈당해 무소속으로 선거에 나선 결과다. 천후보 당선으로 옛 야당에 경고를 보낸 호남 민심이 확인된 만큼 향후 재구성까지 포함한 야권 혁신

천후보는 29일 새정치민주연합 간판을 떼고 출마한 광주 서울 보궐선거에서 옛 동료인 조영택 후보를 제치고 당선됐다. 천후보는 당선 소감에서 "두 달 동안 호남정치 부활과 야권 쇄신을 통한 정권교체의 열망을 집결시킨 결과였다"며 "야권의 전면 쇄신만이 정권교체의 유일한 길"이라고 밝혔다.

일단 '야권 심판론'에 손을 들어준 것으로 분석된다. 새정치연합에 대해 품었던 그동안의 비판과 서운함이 표출된 것이라는 얘기가 많다. 실제 호남 민심은 지난해 6·4 지방선거, 7·30 재·보선 과정에서 '호남 홀대론'이 강해져 있던 터다. '지역 간 불균형 해소' 정책을 제1공약으로 배치한 것도 이 같은 외곽 같은 민심을 반영한다. 천후보는 지역균등을 국정 핵심 철학과 목표로 삼고 '국가 지방교부 예산 증탕 쿼터제'를 시행해 중앙부처에 줄

고, 부자감세를 철회해 지역에 고른 예산 분배를 하겠다고 밝혔다.

천후보 당선으로 야권은 재편의 분위기가 커지게 됐다. 그는 "광주민심은 '회초리' 민심"이라며 "문재인호 야당을 믿어주었는데 이대로는 2017년 정권교체가 어렵겠고 그래서 야당에 회초리를 한 번 세게 들어야겠다는 분위기가 작용한 것"이라고 설명했다.

이에 따라 천후보를 중심으로 광주·전남 지역의 진보·개혁 시민사회가 먼저 집결할 것이라는 전망이 나온다. 그는 새정치연합의 야권 1

로 내년 총선에서 세력화를 꾀할 것으로 보인다. 정의당과 국민모임, 노동당 등과의 연대도 가능하다. 다만 야권 일각에서는 천후보에 대해 야권분열 책임을 묻는 목소리도 있다. 지난해 7·30 재·보선에서 옛 지역구인 광주 광산을에 뛰어들었다가 급속 탈당한 뒤 지역구를 옮긴고 출마 전 문재인 대표가 수차례 '당 경선에 참여해달라'고 했으나 이를 거부한 점 등 때문이다. 이 때문에 향후 야권 혁신에서 역할을 하지 못한다면 상처뿐인 복귀가 될 것이라는 지적도 나온다.

민주당 분당을 주도했던 '원조 친노' 천정배가 다른 곳도 아닌 광주에서 재기에 성공했다. 그가 내세운 '호남정치'는 노무현 이데올로기와 어떻게 다를까? (경향신문, 2015.04.30)

분히 준비된 기획이었다. 물론 당시에는 그가 호남정치를 얘기하든 변두리정치를 얘기하든 크게 귀 기울이는 사람도 없었다.

어쨌든 천정배는 광주생활을 시작했고, 국회의원에 피선됐으며, 이젠 태풍의 눈이 된 것으로 보인다. 여기서 궁금한 게 하나 있다. 만약 천정배가 새정치민주연합에 남은 상태로 2014년 7·30 광주 재보선에서 당선됐다면 이렇게 큰 '전국적 파장'을 일으킬 수 있었을까? 나는 아니라고 본다. 그런 점에서 역사의 간지奸智는 아이러니하다.

천정배는 2014년 광주 광산을 재보궐선거 새정치민주연합 공천에서 좌절한 바 있다. 나는 이때 있었던 천정배의 공천 배제과정이야말로 새정치민주연합을 지배하는 은폐된 투항적 영남패권주의 이데올

로기가 얼마나 위력적인가를 충분히 보여준 사례라고 본다. 이 사태가 더 극적인 것은 친노의 직접적인 지휘가 아닌 비노가 친노 이데올로기를 이용해 천정배를 공격했다는 점이다. 우리는 이 사태를 통해 이른바 비노는 독자적인 이데올로기를 갖는 단일세력이 아니라, 친노로는 집권하기 힘들다고 생각해 어떻게든 다른 권력창출의 기회만을 엿보는 권력기회주의자들의 연합체일 뿐이라는 것을 적나라하게 볼 수 있었다. 그러므로 이 과정은 좀 더 자세히 살펴봐야 한다.

천정배는 2014년 광주 광산을 재보궐선거에 출마하기 위해 새정치민주연합에 공천 신청을 했다. 하지만 광주 3선 국회의원인 김동철과 강기정이 앞장선[3] 가운데, 의원 45명이 천정배 출마반대 연판장을 만들어 당대표에게 전달했다. 당대표 김한길·안철수는 이 '당내 반발'을 핑계 삼아 전략공천을 추진했다. 그러자 천정배는 출마를 포기하고 권은희를 추천했다.[4] 그리고 그녀는 얼떨결에 전략공천을 받아 출마해 당선됐다.

그런데 의원 45명은 무슨 명분으로 천정배의 경선 출마 자체를 막았을까? 연판장은 "중진들은 당선되기 쉬운 지역에 가면 안 된다"[5]는 내용이었다. 말을 바꾸면 호남출신 중진들은 호남에서 다선을 하면 안 되고, 당선되기 힘든 지역에 가서 정치적 순교를 하라는 것이었다. 이 은폐된 투항적 영남패권주의 이데올로기를 친노가 아닌 비노가 앞장서 자신들의 필요에 따라 휘두른 것이다. 인간은 먼 미래의 사건인 죽음에 무심하듯이 그들도 자신들이 그 덫에 걸려 죽을 것은 전혀 생각하지 않고 사는 셈이다. 호남친노 강기정은 천정배의 '호남

정치'에 대해 "호남이 고립되고 섬이 되어 있는 것은 다 아는데 그런 일들을 호남 외부에서 호남의 가치를 얘기하고 지원해주는 것이 더 절실하고 필요하다"[6]고 말하기도 했다. 영남패권주의 문제는 비호남인들이 해결해줘야 한다는 뜻이다. 이 백치미 넘치는 순진무구함이 이젠 별로 놀랍지도 않지만 이게 현재 광주시민들이 뽑은 광주 정치인들의 수준이다.

반면 이해찬의 사례를 돌아보자. 2012년 총선에서 세종시 지역구가 새로 생겼다. 민주당은 일찌감치 전략공천 지역으로 결정하고 이해찬을 낙점하려 한다. 하지만 이해찬은 "나는 뒤에서 지원하겠다고 정한 사람이다. 국회의원만 20년 한 사람인데 또 뭘 한다고 그러냐"[7]며 부정적 반응을 보인다. 그에겐 더 큰 욕심이 있었는지도 모른다. 하지만 당대표 한명숙은 "이처럼 능력 있고 경험이 풍부하고 추진력이 있는 분을 찾기 힘들 정도로 소중한 존재"[8]라며 이해찬을 모시다시피 해서 그의 고향 옆 세종시에 전략공천 한다. 그리고 이해찬은 못 이기는 척하며 출마해 당선된다. 호남정치인만 아니면 다선의원이 자신의 고향에 출마하는 것을 '당을 위한 희생'으로 포장하는 은폐된 투항적 영남패권주의 이데올로기가 부끄러움도 없이 판을 친다. 그렇게 고향 충남에서 당선된 이해찬은 현재 새정치민주연합의 원로가 돼 친노의 배후 역할을 톡톡히 하고 있는 중이다.

2014년 천정배의 광주 공천파동에서 많은 광주시민들이 그 불공정성에 대해 분노했음에도 불구하고 왜 광주의원 김동철·강기정 등은 그 목소리에 심각하게 귀를 기울일 필요가 없었을까? 광주가 일당독재체제 아래 있기 때문이다. 그게 친노든 비노든 당권과 밀착하기만 하면 국회의원 당선에 별 무리가 없는 것이다. 즉 정치인들이 지역 주민들의 의견을 긴장하며 경청할 필요가 없는 것이다. 이런 체제에서는 호남친노들만 호남정치를 죽이는 것이 아니라 호남비노들도 호남정치를 죽이는 데 앞장설 수 있다. 영남패권주의 이데올로기는 우리 모두를 지배하는 것이다.

천정배야말로 원조 친노였다. 노무현이 대통령 출마를 선언했을 때 가장 먼저 그 옆에 섰던 국회의원이었다. 그리고 노무현이 대통령이 됐을 때 '천(정배)·신(기남)·정(동영)'이라는 패키지 브랜드명까지 얻으며 민주당 분당(해체)에 열심히 앞장섰던 사람이다. 다시 정리하면 민주당 분당은 ('영남지역주의=호남지역주의'는 모두 잘못이라는) '양비론'에 입각해 '지역주의 부패정당'인 민주당과의 인연(법통)을 끊고 열린우리당이라는 새로운 정체성의 당을 만들어 영남인들에게 그 새 정체성을 인정받아 지역주의를 극복해보자는 은폐된 투항적 영남패권주의의 발상이었다. 나중엔 '양대산맥'론으로까지 퇴행하는 이 전초전에 천정배는 적극적으로 앞장선 바 있다.

그렇다면 물어야 한다. 천정배의 '호남정치'는 노무현 이데올로기와 다른가? 물론 다르다. 그렇다면 과거 그의 행적 속 이념은 어떻게 된 것인가? 사실 그가 노무현과 의견을 같이했던 것은 딱 2006년 5·31 지방선거 전까지였다. 열린우리당의 지방선거 참패를 본 천정배의 말은 180도 바뀐다. 다음 발언을 한번 비교해보라.

2003년 (새천년민주당 의원 당시)	신당의 명분	2006년 (열린우리당 의원 당시)
정치개혁		정권 재창출
"신당은 어렵더라도 지역주의를 넘어서서 혈로를 개척해 나가야 한다는 취지다." (2003년 11월 20일 전남대 초청강연)	지역주의	"대통합 자체가 개혁이고, 아름다운 것이며, 국민에게 희망을 주는 것이다." (10월 29일 기자회견)
"각 세력의 통합에는 단호히 반대하며 그럴 바에야 신당할 이유가 없다." (5월 1일 고위당직자 회의)	분당	"조순형 의원, 추미애 전 의원을 데려오지 못한 것, 더 나아가 민주당 한화갑 대표를 끌어안지 못한 것이 이 정권의 한계다." (7월 기자간담회)
"민주당을 아무리 개혁해도 지역구도의 한계를 벗어나지 못한다." (5월 30일 당무회의)	민주당에 대한 평가	"민주당은 역사적으로 중산층과 서민을 위한 정당, 개혁적 국민정당으로 활발히 우리 역사에 기여한 세력이다." (10월 29일 기자회견)

천정배는 자신이 민주당의 법통을 끊고 열린우리당 창당에 앞장섰던 것에 대해 사과했을까? 사과하지 않았다. 그는 사과 대신 후회와 변명을 했다. 2007년 대선을 1년여 남겨둔 시점에서, '분당이 여당 비극의 씨앗'이라는 김대중의 지적을 어떻게 해석하느냐는 『프레시안』의 질문에 그는 이렇게 답했다.

밖에서, 제3자 입장에선 그렇게 말할 수 있지만, 당사자로 적극 참여한 나로서는 창당은 옳았다고 본다. 또 정치적 성과도 있었다. 다만 그를 넘어서는 생산적인 정치를 하는 데에 실패한 것이다. 분당이 잘못이었다는 지적은 동의할 수 없다. 다만 김 전 대통령이 그렇게 말한 배경에는 당신이 이끌어 왔던 민주개혁 정치세력이 맞은 위기적 상황, 그로 인한 개혁세력 전반의 위기 속에 내년 대통령 선거에 대한 우려를 담고 있는 것 아닌가?[10]

천정배가 보기에 '열린우리당 창당은 옳았지만 실패했을 뿐'이다. 하지만 조금 뒤인 2006년 11월 말, 그가 『뷰스앤뉴스』 기자 박태견에게 얘기했다는 속내는 상당히 솔직하다.

그(천정배-필자 주)가 밝힌, 노 대통령에게 가장 절망하는 대목은 노 대통령의 "지역주의 타파" 주장의 허구이자 위선이었다. 그가 '인간 노무현'을 좋아했던 근간이 붕괴된 것이다. 그는 결정적으로 한나라당에 대한 노 대통령의 '대연정' 제안을 접하고 십수년간 가졌던 인간 노무현에 대한 생각이 잘못된 것이었음을 깨달았다 했다. 대연정은 "영남 비주류의 영남 주류에 대한 러브콜에 다름 아니다"라고 그는 규정했다. 그는 열린우리당의 실패를 반성하고 새롭게 만들려는 정당을 노 대통령이 "지역당"으로 매도하며 열린우리당 간판에 연연해 하는 것도 같은 맥락에서 해석했다. 최종적으로 그가 결론내린 노무현 대통령은 "영남패권주의자"이다. 이것이 천 의원이 밝힌, '인간 천정배'가 '인간 노무현'과 결별을 결심한 근원이다.[11]

천정배는 노무현이 결국 '영남패권주의자'였다는 것 말고, 그가 집권하자마자 분당부터 시작해 왜 그런 무모한 행동들을 계속 했는지 그 속내까지를 정확히 이해했을까? 천정배는 2015년 재보궐선거 당선 직후까지도 "그동안의 정치 역정에서 가장 뼈아픈 지점"을 말해 달라는 『광주일보』 인터뷰 질문에 "우선 열린우리당 창당을 들 수 있다. 당시 분당을 원하지 않았다. (…) 책임이 있다"[12]며 뼈아픈 변명으로 일관하고 있다. 아마도 그는 여전히 잘못에 대한 사과가 아니라 실패에 대한 책임만 있다고 생각하는 듯하다.

천정배는 대입 예비고사 인문계 수석, 서울대 법대 수석 입학 등 세상이 알아주는 이력을 가지고 있다. 단지 공부 잘했던 출세주의자였다면 이는 자랑거리가 못 된다. 그는 대학 졸업과 동시에 사법시험에 합격해 사법연수원을 3등으로 수료했으면서도 전두환 정권으로부터의 법관 임용을 거부하고 변호사가 됐다. 충분히 자랑할 만한 이력이다. 그런 그가 자신이 행한 일이 옳은/그른 일이었는지, 즉 옳았지만 실패했을 뿐인지/그른 일을 하다가 실패까지 했는지를 구별하지 못하고 있다. 그때나 지금이나 열린우리당을 이해하는 것은 그만큼 치명적인 난제다. 단언컨대 열린우리당의 창당은 옳았지만 실패한 것이 아니라 그른 일을 하다가 실패까지 한 것이다.

내 생각에 천정배는 노무현과 유시민이 '반지역주의 > 개혁주의' 이념을 위해 민주당의 정통성(법통)·정당성과 '단절'하려 했던 의도와 이유를 읽지 못한 것 같다. 천정배는 자기 나름으로 '반지역주의 < 개혁주의' 이념을 위해 "백지상태에서 개혁 정당의 원칙에 동의해야 참여할 수 있고 '수구꼴통' 인사들이 나서려 해선 안 된다"[13]라며 "민주당은 수없이 해체와 분당, 신당 창당의 연속에도 불구하고 50년간 전통을 유지해왔으며, 국민참여신당이 법인체를 달리해도

그것 때문에 민주당이 훼손되거나 단절되는 것은 아니다"[14]는 주장을 폈다.

열린우리당 사태는 강준만처럼 "호남의 신구新舊 엘리트 간 헤게모니 투쟁의 산물"[15]이라는 관점에서 보는 방법도 있다. 그리고 작정하고 보면 영남패권주의 정당을 도모한 것으로 볼 수도 있고, 습관적으로 보면 눈 가리고 아웅 하는 호남정당 리모델링으로 볼 수도 있다. 하지만 이 중 영남패권주의 정당을 도모한 것이라는 관점을 제외하면 옳고/그름이 아닌 정치적 전략의 문제였다고 생각할 수도 있다. 이 사태는 지금도 보통 사람의 눈으로는 쉽게 이해하기 힘들다. 심지어 앞장섰던 천정배조차 은폐된 투항적 영남패권주의인 '양비론'으로 민주당을 단절적으로 부정하려 했던 노무현의 의도를 읽지 못한 것이다.

나는 노무현이 의도적·이념적·논리적으로 처음부터 일관되게 영남패권주의 정당을 도모한 것이라고 보고 싶지는 않다. 다만 우리가 눈여겨봐야 할 대목은 그의 결과적·투항적 영남패권주의를 이끈 논리적 전제다. 그 근원적 핵심에 '양비론'이 있다. 만약 영남패권주의를 잘하는 짓이라고 생각했다면 노무현은 '3당합당'에 동참했을 것이다. 반면 호남의 반영남패권주의가 옳다고 생각했으면 그는 당선 후 민주당 리모델링을 통한 세력 확장으로 만족했을 것이다. 하지만 노무현의 이데올로기는 양비론이었기에 민주당의 역사적·정치적·법적 정통성(정당성)과 '단절!'된 새로운 정당이 필요했던 것이다.

노무현은 우리나라의 근원적 정치문제가 광주학살까지 자행했던 영남패권주의가 아니라 "90년 3당합당이 우리 정계를 망쳐버린 야합입니다. 이것을 파괴해야 합니다"[16]라고만 생각했다. 그래서 정치인들의 정치공학 따위는 모두 잊고 '양비론'의 신념 아래 새 출발만 하면 되는 것이었다. 하지만 이런 안이한 생각은 '3당합당 반대'라는 자신의 업적에만 파묻힌 역사관일 뿐이다. 나는 노무현이 그런 식의 상상적 관념 속에서 결국 '3당합당' 이전으로 돌아가 '김영삼당'의 정통성·정당성을 복원시키려 시도하며 한나라당을 인정하는 '양대산맥'론을 도출케 한 것으로 본다.

실제로 친노가 지배하는 현 새정치민주연합은 '김영삼당'에 정통성이 있다고 보는 듯한 행태를 보이고 있다. 새정치민주연합은 창당 60주년을 앞두고 국회 당대표실 배경막을 교체했는데 이 배경막 사진의 상단 맨 중앙은 김영삼으로 장식됐다. 이를 보고 정책위의장 최재천이 "누가 당 주인이야! 저런 사진을 넣어 놓고! 김대중 전 대통령은 저 구석에 가 있고!"라고 항의하는 등 소동이 일었다. 이 배경막 교체를 직접 챙긴 홍보위원장 손혜원은 "시간을 빨리 맞추려고 했는데 의견을 미처 다 듣지 못해 이렇게 됐다. 바꾸겠다"고 반발을 무마했다.[17]

그런데 이 소동은 과연 우연이었을까? 손혜원은 "문 대표가 재신임이 안 되면 어떻게 할 것이냐"는 『중앙일보』의 질문을 받고 "전 안 해요. 털고 나갈 거예요. 문 대표가 대통령 되는 걸 도우려고 왔는데 제가 무슨 출세를 하겠다고 남겠어요"라는 대답을 했다.[18] 그녀에겐 당이 중요한 것이 아니라 영남 친노수장 문재인이라는 개인이 중요한 것이다. 이 소동과 관련해서 "문재인 대표 측이 YS까지 포함하는 영남 개혁세력 복원을 대권 플랜의 일환으로 공을 들이고 있다는 얘기까지 나온다"[19]는 보도도 있다. 믿고 싶지 않지만 과거의 경험을 상기하면 누구나 상상할 수 있는 시대착오적인 전략이다.

2002년, 노무현은 경선 승리 후 김영삼을 찾아가 그에게서 받은 시계를 보여주며 좋게 해석하면 3당합당 이전의 야당을 복원(신민주대연합[20])하려 했고, 나쁘게 해석하면 이미 영남패권주의자의 본색을 드러낸 김영삼의 영남표와 정치공학적으로 야합하려 했다. 하지만 노무현의 이런 퇴행적 역사관은 자신의 지지율을 떨어뜨리며 후단협 등장의 계기가 됐을 뿐이다. 김영삼은 역사의 시계를 거꾸로 돌릴 수 없다는 사실을 잘 알고 있었다. 그는 노무현이 제안한 부산시장 후보 천거를 거절했다.[21] 문재인이 만약 이미 지나가버린 역사를 인위적으로 재가공하려는 노무현의 꿈을 다시 반복해서 꾸고 있다면 그건 노무현보다 더한 망상을 하고 있는 것이다.

새정치민주연합의 퇴행이 기억에서 사라지려 한 또 한 사람의 정치인을 뉴스에 불러냈다. 2002년 대선 당시 후단협의 김민석이다. 피선거권 제한에서 풀린 김민석은 원외 민주당의 새로운 시작위원회 의장을 맡아 정치활동을 재개했다. 그는 기자들과 만나 "많은 국민들이 새정치연합이 점점 열린우리당을 닮아간다고 생각하는 것 같다"며 "열린우리당은 대통령을 배출한 민주당을 깼던 정당인만큼, 민주당의 역사에서 열린우리당은 사실 극복해야 할 정당"이라고 비판했다.[22]

그의 직설적인 역사관이 대중들의 지지를 받을 수 있을지는 모르겠다. 하지만 난 그가 현 야당분열 조짐의 근원적 핵심을 건드렸다고 본다. 어쩌면 이것이 열린우리당과 관련해 태생적 콤플렉스를 갖고 있는 천정배와 태생적 반노가 될 수밖에 없는 김민석의 어쩔 수 없는 차이인지도 모른다.

정리하면 노무현의 양비론은 대한민국의 근원적 문제인 영남패권주의를 은폐·왜곡하고, 그간 호남의 반영남패권주의 투쟁을 모욕·좌절케 한 잘못된 이데올로기다. 그리고 열린우리당 창당은 이 잘못된 이데올로기를 기초로 한 잘못된 행위다. 따라서 천정배는 자신이 어떤 경로를 밟아 어떻게 생각이 바뀌었는지를 유권자들에게 일목요연하게 밝히고 설득해야 한다. 그는 (심지어 문재인도 진즉 사과한 바 있는) 열린우리당 사태에 대해 현재까지도 민주당의 단절적 부정이 아니라 생산적인 정치의 실패였을 뿐이므로 잘못이 아닌 정치적 책임만이 있다는 식의 자폐적 변명으로 일관하고 있다. 그의 변명은 틀렸다. 그는 옳지 못한 이념적 판단과 행동을 한 것에 대한 사과를 해야 한다. 그렇지 않으면 사람들은 그를 시류에 편승해 때로는 '지역주의 타파'를 부르짖다가 때로는 '호남정치' 같은 미사여구로 지역주의를 부추기는 권력기회주의자로 규정할 수도 있다. 그의 '변신'을 납득하고 신뢰할 수 있느냐 없느냐는 전적으로 그에게 달려 있다.

2

천정배의 '호남정치'란 무엇인가

천정배가 사용한 '호남정치'라는 용어는 조금은 생경하게 들린다. 학술적으로는 손호철의 『전환기의 한국정치』(1993)라는 책에 '호남정치'라는 용어가 등장*하기도 하지만 일반적으로 사용되는 개념은 아니다. 우선은 이 용어가 각 지역의 정치를 일컫는 보편적 용어인지 아니면 '광주정신'처럼 특정 지역의 특정 상황을 전제로 특정이념을 담고 있는지부터 살펴야 한다. 천정배는 "'호남정치 부활'을 주장하는데 그 요체가 뭔가?"라는 『한겨레』의 질문에 이렇게 답했다.

---

* 손호철은 "하나의 지역정치로서의 '호남(지역)정치'는 여기에서는 단순한 지방자치식의 하위수준의 지방정치를 의미하는 것이 아니고 호남주민들을 주체로 하는 정치적 실천의 총체(전국수준의 중앙정치에 영향력을 행사하기 위한 정치적 실천을 포함하여)를 의미한다"고 말한다. (손호철, 『전환기의 한국정치』, 창작과비평사, 1993, 266쪽.)

호남은 사회·문화적으로 차별받았고 경제적 낙후도 심각한데 이런 문제를 해결할 수 있는 정치력이 없다. 호남의 정당한 이익을 지킬 수 있는 정치력을 만들어보자는 거다.[23]

천정배는 호남정치를 '차별과 낙후'와 관련시키고 있다. 그렇다면 '배제와 패권'을 행사하는 지역이나 그 주변지역의 정치도 'ㅇㅇ정치'라는 이름으로 부를 수 있을까? 그는 그것이 가능하다고 주장한다. 그는 "호남정치 부활이 호남만의 대의가 아니다. 평등의 문제는 어떤 형태의 차별도 반대하는 것이 보편적 인권의 법칙이다. 영남 사람들도 영남정치의 부활을 얘기했으면 좋겠다. 새누리당 기득권 구조의 포로가 되지 말고 제대로 된 개혁정치를 했으면 좋겠다"[24]고 주장한다. 만약 '호남정치 혹은 여타 ㅇㅇ(지역)정치'가 그런 식의 보편적 인권의 원칙, 혹은 상식적인 헌법이념에 토대하고 있다면 그것은 결국 개혁정치의 다른 이름이 아닌가라는 의문도 제기할 수 있다.

나는 호남정치가 개혁정치의 동의어는 아니라고 본다. 왜냐하면 거기엔 '각 지역의 정치를 토대로 하는 전국적 개혁'이라는 별도의 의미가 내재돼 있기 때문이다. 천정배는 위에서 호남정치를 언급할 때 "디제이(DJ) 이후 호남엔 인물이 없다고 하는데 실제로 1~2%라도 지지율이 되는 대선주자 12명 가운데 호남 사람은 한 명도 없다. 기대되는 인물도 없다"[25]고 덧붙였다. 이런 주장에는 당연히 다음과 같은 은폐된 투항적 영남패권주의 이데올로기에 근거한 반박이 뒤따를 수 있다. "개혁정치를 하는데 대선주자가 호남사람이라는 것이

"호남정치, 이제 경쟁입찰을 하자"

'호남정치'를 '차별과 낙후에 맞서 정당한 자기몫을 지키려는 정치'로 규정하는 천정배와 이 말을 '지역주의'로 평가절하하는 야권, 유구한 호남/영남개혁세력 간 불협화음이 호남을 전장으로 다시 시작되고 있다. (한겨레, 2015.04.18)

중요한가? 누가 나서더라도 개혁정치를 잘만 하면 되는 것 아닌가?" 맞다! 심지어는 호남출신 권력자가 호남의 사정을 모른척하고, 노동계급 출신 권력자가 노동계급의 사정을 외면하기도 하며, 여성이라는 정체성이 무의미한 여성 정치인도 있으니 정치인의 출신만을 따져 신뢰할 필요는 없다.

하지만 문제는 지나온 수십 년을, 그리고 앞으로도 어쩌면 다시 수십 년을 그런 비확률적인 이상적 명제를 위안 삼아 현실적으로 자행되는 영남패권을 용인하며 살아갈 수는 없다는 것이다. 우리는 가장 이상적인 주장을 하며 그 이상적인 주장이 가져올 현실적인 부작용을 전혀 걱정하지 않는 사람들을 철저히 의심할 필요가 있다. 그들이야말로 영남패권주의자들의 입장에서 보면 이상적 도우미들이다. 달리 말하면 '적대적 공생관계'에 만족하고 사는 은폐된 투항적 영남패권주의자들 혹은 진보적 영남패권주의자들이다.

한국정치는 당연히 각 지역정치에 토대해야 한다. 이것이 지방자치의 본질이다. 패권주의를 통한 독점적 이익추구가 아니라면 그것이 호남의 이익이든 충청, 강원, 제주의 이익이든 각 지역의 정치를 대변할 정치가 있어야 한다. 이때 정상적인 민주정치체제가 확립된 나라에서라면 어느 지역의 정치인이 집권하더라도 타 지역에 대한 배제와 패권추구는 없을 것이다. 하지만 한국은 이것이 안 돼서 문제인 나라다. 그래서 천정배는 "호남 출신 아닌 사람이 호남을 대변하기는 어렵다. 설령 다른 지역 출신이 대통령이 되더라도 호남의 이익을 지키고 대변하는 리더 한 사람쯤은 나와야 한다고 본다"[26]고 말하는 것이다.

이 세상의 모든 살아 있는 주장에는 다 이유가 있다. 심지어는 혐오발언도 그것이 나오는 정치·사회적 배경이 있다. 그 토대와 사회심리를 분석해 적극적으로 극복하려 하지 않고, 맹목적 계몽과 관용의 대상으로만 인식하는 건 사회과학이 아니다. 특별히 저항하는 존재는 억압하는 존재가 있다는 반증으로 읽어야 한다. 하지만 억압자의 지배 이데올로기를 뚫고 저항자의 눈으로 이런 현상을 읽어내는 건 쉬운 일이 아니다. 그래서 『한겨레』는 "호남이란 이름으로 정치를 하면 결국 지역주의 정치 아닌가?"라는 선동적 질문을 밥 먹듯이 한다. 천정배는 "차별과 낙후를 시정하자는 건데 호남정치를 얘기하면 그 자체를 지역주의로 매도한다. 일본강점기 때 조선 독립 하자고 외치면 그게 잘못인가. 호남정치를 말하는 게 일종의 터부로 돼있다. 터부 밑에 진실이 있는 법이다"라고 받는다.[27] 과연 터부 밑에 있는 핵심적 진실은 뭘까? 천정배는 "'호남의 정당한 이익'이란 게 뭔가?"라는 질문에 이렇게 말했다.

> 야당에서 대통령이 나온다면 그 표의 절반은 호남인들이 찍은 표일 거다. 표는 호남이 쥐고 있는데 호남을 대변하는 정치가 없다. 이게 문제의 본질이다. 지금의 호남정치는 기득권과 패권을 유지하려고 중앙만 바라본다.[28]

현재 진행되고 있는 친노와 호남의 분열은 바로 이 같은 '사실!'에 토대한다. 천정배는 호남표만을 강조했지만, 투항적 영남패권주의를 신조로 삼는 친노도 당연히 지분이 있다. 그리고 야당을 지지하는 중립적인 유권자들이나 여타 지역 유권자들도 분명히 지분이 있다. 문제는 각 세력별 정치적 지분을 알아야 합리적으로 타협이 되는데 그것을 정확히 확인하기가 힘들다는 점이다.

하지만 간단한 추론을 해볼 수는 있다. 예컨대 2007년 대선에서 대통합민주신당의 정동영은 26.14%를 득표했다. 참고로 창조한국당 문국현은 5.82%를 득표했다. 2012년 대선에서는 민주통합당 문재인이 48.02%를 득표했다. 여기서 문재인과 정동영의 득표율 차는 21.88%다. 하지만 이 득표율 차를 모두 '비호남 친노' 지분이라고 볼 수는 없다. 예컨대 문재인은 광주 91.97%, 전북 86.25%, 전남 89.28%를 득표한 데 비해 정동영은 광주 79.57%, 전북 81.60%, 전남 78.65%를 득표했다.[29] 이런 경향은 수도권에서도 비슷했을 것이다. 여기에 당선가능성, 후보의 역량 등이 선거에 미친 상황을 고려해 단순화시키면 야당이 전체 50%를 득표했을 때의 비호남 친노의 정치적 지분은 최소로 보면 문국현의 5%에서 최대로 보면 문재인과 정동영의 득표력 (추론)차 15% 정도가 아닌가 생각한다. 천정배는 위에서 호남표가 "절반"(50/2=25%)은 될 것이라고 했는데 나는 그것도 최소치를 말한 것이라고 본다.

　젊은 독자들은 친노와 비노(호남)의 불협화음이 노무현 이후에 벌어진 유감스런 특별한 사태라고 생각할지 모르지만, 절대 아니다. 영남의 개혁세력이 호남의 반영남패권주의 투쟁을 볼모 삼아, 영남패권주의에 대한 적극적 청산 의지도 없이 자신들이 앞장서야만 대권을 잡을 수 있으므로 모든 것을 주도적으로 장악해야 한다고 우기는 상황은 수십 년 동안 지속되고 있는 한국정치의 너무나 익숙한 프레임이다. 대략 8~12년을 순환주기로 역사와 전통을 자랑하며 이어지는 이전투구일 뿐이다.

　이런 정치적 사태에 대한 사연이나 해석은 복잡다단할 수 있다. 하지만 분란의 핵심은 아주 간단하다. 정권을 탈환하기 위한 호남과 영남개혁세력의 주도권 다툼이다. 그런데 동지로서의 영남개혁세력이 영남패권주의에 대한 청산은커녕 극복의지조차 없다는 점이 문제의 본질이다. 심지어는 그 개념 자체를 혐오하고 외면한다. 이것이 호남의 불신을 자극하고 하나가 되지 못하게 한다. 두 말할 필요도 없는 당연한 얘기지만 호남은 호남의 힘을 믿을 수밖에 없는 것이다.

여기서 확인하고 넘어가야 할 한 가지 문제제기가 있다. 왜 호남은 반영남패권주의 투쟁을 호남 중심으로만 보느냐는 항변이다. 말하자면 영남패권주의의 피해지역이라면 충청도 있고 강원, 제주도 있는데 왜 호남 위주로만 사고하느냐는 문제제기다. 반영남패권주의 투쟁에 있어서 호남이 호남 위주로 사고하는 건 이유가 있다. 호남이 차별과 배제의 가장 큰 피해지역이기도 하지만 이게 이유의 전부는 아니다. 핵심적 이유는 다른 지역이 반영남패권주의 투쟁에 앞장서지 않는다는 것이다. 만약 다른 지역이 호남만큼 90% 몰표로 반영남패권주의 투쟁에 나서고 있다면 그들 지역을 당연히 반영남패권주의 투쟁의 맨 앞자리에 앉힐 수 있다. 설령 그들이 호남보다 더 소수지역이라 할지라도 호남보다 더 반영남패권주의 투쟁에 앞장서고 있다면 호남보다 더 강력한 주도세력으로 인정할 수 있다.

하지만 여타 지역은 투쟁보다는 기회주의적 타협에 더 익숙하다. 이는 피해의 정도 문제일 수도 있겠지만 다른 측면에서 보면 생존전략일 수도 있다. 이를 뭐라 할 수는 없다. 그들이 택한 생존전략을 인정하고, 설득하면서 대책을 세워나갈 수밖에 없다. 다만 투쟁도 하지 않으면서 호남만 영남패권주의의 희생지역인 척하지 말라는 주장은 이중으로 부당한 반응이다. 호남과 강력하게 연대해 반영남패권주의 투쟁에 함께하든지, 아니면 피해지역이 어디 호남뿐이냐고 비난을 하지 말든지 선택하는 게 피해지역으로서의 최소한의 도리다.

천정배가 '호남정치'라는 용어를 끄집어냈을 때 도처에서 반발이 있었다. 그리고 앞으로 더욱 거센 공격이 있을 것이다. 새누리당의 전통적인 공세보다는 야권 내부 친노세력의 이데올로기적 공세가 더 거칠 것이다. 왜냐하면 새누리당의 입장에서야 이른바 '분열' 현상이 해롭지 않다고 생각할 것이고 이미 익숙한 전선이기도 하지만, 현 새정치민주연합의 친노세력은 이미 가지고 있는 기득권을 상당 부분 놓칠 수도 있는 위협적 상황이기 때문이다.

역사는 영남개혁세력이 얼마나 호남의 '인정과 타협'에 인색했는지, 그리고 그것이 어떤 결과를 초래했는지 명확하게 보여준다. 1라운드인 1987년 김영삼은 자신이 대선 단일화 후보로서 결정적인 승기를 잡자 김대중의 지분을 인정하는 대권과 당권 분리안을 거부[30]한다. 그 결과는 각자 도생과 '3당합당'이었다. 2라운드인 1995년 이기택 역시 김대중의 정계복귀를 막고 자신이 그 열매를 따먹으려 온 힘을 쏟았지 그 지분을 인정하지 않으려 했다. 그 결과는 새정치국민회의의 탄생이었다. 3라운드인 2003년 민주당의 법통을 부정하며 열린우리당을 창당한 노무현도 '박상천·정균환'으로 상징되는 '잡초'를 뽑으려고만 했지 그 세력의 지분을 인정하지 않았다. 그 결과는 탄핵소추까지 이어졌다. 4라운드인 2015년 한 차례 대선에서 패배한 문재인이 이제 영남개혁세력의 전통을 이어받아 늘 보아오던 독주를 계속하고 있고, 추방당한 천정배가 호남정치를 외치며 창당을 서두르고 있다. 역사적 경험에 따르면 그 결과가 무엇이겠는가?

이른바 영남개혁세력의 가장 큰 문제는 그들에게 영남패권주의의 청산의지가 전혀 없다는 점이다. 이는 호남인들로서는, 아니 대한민국 국민으로서는 '민주정치'의 의미가 달린 중요한 문제다. 그런 이데올로기로 그들이 집권한다 한들 새누리당 집권과 뭐가 크게 달라 마음 졸이며 그들의 집권을 위해 애써줘야 하는가? 그들의 그런 태도는 간단하게 영남패권주의라고 칭할 수도 있고, 조금 정교하게 '은폐된 투항적 영남패권주의'라고 부를 수도 있다.

어쨌든 문제는 그러면서도 그들은 스스로를 개혁세력이라고 자부하며 그렇게 인정받으려 한다는 점이다. 나는 그들이 설령 대한민국에서 가장 개혁적인 주장을 한다고 해도 대한민국 정치사를 수십 년간 지배한 주요 모순인 영남패권주의에 대한 청산의지가 없으면 개혁세력으로 인정할 수 없다. 그런 그들은 개혁적 영남패권주의자일 뿐이고, 그들의 정치는 '둥근 네모'를 주장하는 표리부동의 정치일 뿐이다.

2015년 4·29총선이 끝난 뒤 서울대 한인섭은 트위터를 통해 "'호남정치 부활'을 DJ와 연관시키는 데 우습다"면서 "DJ는 '호남정치'와 같은 축소지향적 언사를 한 번도 쓴 적이 없다"며 천정배를 비판했다.[31]

이는 내가 보기엔 허위사실에 기초해 제멋에 겨운 비난을 한 것에 불과하다. 위에 인용한 천정배의 '호남정치' 정의에 따르면 호남정치는 축소지향형 언사가 아니다. 더군다나 김대중은 '호남정치'라는 단어를 사용한 건 아니지만 천정배가 호남정치라고 주장한 내용을 그대로 '실천'하기까지 했다. 말하자면 호남정치는 DJP연대의 기초였다. 다음은 '지역등권론'의 단초를 언급했던 1995년 1월 22일의 『일요신문』에 실린 김대중의 '언사'다.

> 아주 다 이야기 합시다. 오늘날 TK니 PK니 하는데 만약 자기들이 정권으로부터 차별받고 멸시받았다면 가만히 있었겠어요. 사실 당하고만 있는 사람도 못난 거요. 전라도고 경상도고 양심 있는 사람이라면 이러한 차별 철폐에 나서야 돼요. 세계화를 한다면서 자기 민족끼리도 차별해서야 되겠느냐는 말입니다. 내 권리 내가 찾는다, 또 남의 권리지만 내가 찾아줘야겠다 하기 전에는 지역차별은 해결 안 돼요. 창피한 이야기지만 우리가 흑인보다 못해요. 자기 권리를 찾는 데서는….[32]

위 김대중의 언사와 천정배의 호남정치가 핵심에 있어서 다른 건 아무것도 없다. 천정배가 자기 뜻을 펼칠 수 있느냐 하는 것은 한인섭의 언사가 극명하게 보여준 친노(미디어를 포함한)세력의 이데올로기적 총공세를 얼마나 견뎌낼 수 있느냐에 달려 있다. 물론 그 이데올로기적 총공세란 것도 어차피 '기시감'을 느끼기에 충분할 진부한 현상일 것이므로 철저한 대처를 하는 데는 유리한 환경이기도 하다.

다만 여기서 분명히 해둘 사실이 있다. 지금 내가 관심을 갖고 얘기하는 건 '천정배'의 호남정치가 아니라 천정배의 '호남정치'다. 나는 그가 내일 당장 자신의 정치적 야망을 위해서 무슨 이상한 짓을 하더라도 전혀 놀라지 않을 것이다. 그런 정치인이 어디 한둘이었는가?! 그러니 호남은 그에게 맹목적으로 끌려다닐 이유가 전혀 없다. 호남은 '호남정치'를 대변하는 한에 있어서만 정치인 천정배를 부리면 된다. 그런 이유로 천정배는 단순히 국회의원 1~2번 더 하는 것이 목적이 아니라면 '호남정치'라는 자기 확신이 어떻게 나온 것인지 사람들에게 설명할 수 있는 정치적 내공을 길러야 한다. 단순한 설명이 아니라 전략적 사고까지 요구할 것이다. 그의 좌우명이라는 '심재心齋'가 절실히 필요한 일이다.

3

호남정치의 '딜레마'

호남정치는 반드시 '딜레마'에 빠질 것이다. 호남정치가 성공할 수 있느냐는 그 딜레마를 여하히 극복할 수 있느냐에 달려 있다. 이는 단순히 영남패권주의적 선전·선동을 여하히 견뎌낼 수 있느냐의 문제가 아니다. 그 딜레마는 호남정치에 내재된 체계적 모순에서 나오는 것이며, 따라서 전략적 실천과정에서 반드시 직면할 수밖에 없는 숙명이다. 그러므로 이 모순을 이해하고, 인정하고, 극복해가는 이론적 작업이 꼭 필요하다. 이를 위해 우선 호남정치의 실천적 핵심부터 차근차근 정리해볼 필요가 있다. 천정배는 지난 5월 자신의 실천적 구상을 이렇게 설명했다.

그(천정배–필자 주)는 "기득권에 매몰돼 있는 새정치연합의 일당독점이 사라지는 것이 호남정치 개혁과 부활의 첫 걸음"이라며 "가장 개혁적이고 진보적인 호남이 선도하는 전국적 개혁신당의 탄생은 필요하다고 생각한다"고 말했다. 이어 "내년 총선 광주에서 '뉴DJ'와 새정치연합이 선의의 경쟁을 하면 그것 자체가 개혁 경쟁으로 야권이 더 강해지고 넓어져 정권교체에 도움이 된다"고 덧붙였다.[33]

요지를 단계별로 정리하면, 호남정치는 ①호남에서 일당독재체제를 깨야 한다, ②호남선도전국개혁당으로 나아가야 한다, ③개혁경쟁으로 대선에서 승리해야 한다로 요약할 수 있다. 문제는 이런 실천과제가 정치적 진공상태가 아닌 기득질서 속에서 실현돼야 한다는 사실이다. 그런데 그 기득질서는 단순히 각 정파의 기존 이득을 뺏고 뺏기는 정략의 문제로서가 아니라 제도적 장치 속에서 이해해야 한다. 그러므로 호남정치의 과제는 단순히 호남정치를 외치는 천정배 당이 승리하는 것 이상의 것이다. 이는 호남정치를 외치는 천정배의 입장에서는 가혹한 것이다. 하지만 호남 등지의 유권자 입장에서는 천정배의 호남정치 정당도 정당 중의 하나일 뿐이기 때문에 감당시킬 수밖에 없는 딜레마다. 이제 호남정치라는 명제가 가져오는 딜레마가 무엇인지 차례로 검토해보자.

우선 호남에서 일당독재체제를 깨야 한다는 첫번째 명제다. 천정배는 재보궐선거 당선 직후 "야권 분열 비판이 나온다"는 질문에 "자기들만 야당이고 천정배는 야당이 아닌가"라고 응수했다.[34] 그는 좀 더 냉소적으로 이렇게 대꾸하기도 했다.

이번에 천정배 때문에 새누리당이 당선됐나. 독점에 취해있는 사람들의 전형적인 비난이다. 정신이 없는 것이다. 그렇게 따지면 이번 선거 결과를 볼 때 새정치연합이 후보를 안 냈어야 했다.[35]

은폐된 투항적 영남패권주의의 첫번째 이데올로기인 야권분열 겁박은 호남정치의 첫번째 난관이다. 이 이데올로기는 1990년대 김대중의 야권시절처럼 호남세력이 야권을 지배할 때는 영남개혁세력의 운신의 폭이 좁아지게 하는 역할을 하기도 한다. 하지만 이런 경우에는 '야권분열이라는 수비적 겁박' 대신 위치를 바꿔 '호남당이라는 공격적 조롱'을 감행한다. 한마디로 영남개혁세력은 호남세력이 야권을 지배할 때는 '호남당'으로, 스스로가 지배할 경우는 '야권분열을 도모하는 호남세력'으로 호남을 향한 공세에 나서는바, 이는 은폐된 투항적 영남패권주의 이데올로기가 작동하는 전형적 모습이다.

그런데 이 이데올로기적 공세에서 천정배가 우위를 점할 수 있었던 것은 호남이 새누리당 불모지였기 때문이다. 야권분열은 여당인 새누리당을 전제하는 개념이므로 광주에선 이 이데올로기가 통할 수 없었던 것이다. 하지만 친노 미디어는 '친노 문재인이 이끄는 새정치민주연합만 야당을 할 수 있는 특권이 있다'는 식의 은폐된 투항적 영남패권주의 이데올로기에 심각하게 중독돼 있음을 적나라하게 보여줬다. 아마도 그들은 승리한 다수파인 천정배가 말한, 야권분열이 걱정됐으면 소수파인 "새정치연합이 후보를 안 냈어야 했다"는 상식적인 역공이 무슨 의미인지조차 잘 이해하지 못할 것으로 본다. 외부

논리에 반응하지 않고 자기 확신에 철저한 친노 미디어야말로 진정한 영남패권주의 개혁·진보세력이라 불릴 만하다.

어쨌든 광주(호남)에서는 새누리당 후보가 당선가능성이 있는 경우를 제외하고는 '야권분열' 겁박으로 은폐된 투항적 영남패권주의 이데올로기를 작동시키기는 힘들게 돼 있다. 그러므로 광주(호남)에 한정된 경쟁적 호남정치 실현까지는 별 어려움이 없다.

그런데 호남선도전국개혁당으로 나아가야 한다는 두번째 명제부터가 문제다. 위 인용문에서 보듯 천정배는 호남에만 후보를 내는 스코틀랜드국민당식 호남정치지역당을 생각하고 있는 것 같지는 않다. 그는 대신 '호남이 선도하는 전국적 개혁정당'에 대해 언급하고 있다. 그렇다면 천정배는 호남선도전국개혁당으로 새정치민주연합을 전국적으로 완전히 대체하는 것을 목표로 삼는가? 만약 호남선도전국개혁당이 새정치민주연합을 완전 대체하는 것을 목표로 삼는다면 김대중의 새정치국민회의가 롤모델이 될 수밖에 없다. 실제로 천정배는 "신당을 과거 '새정치국민회의'와 비슷한 정당으로 보면 되는가"라는 질문에 "그렇게 인식할 수 있다"[36]고 답했다.

여기서부터 딜레마가 시작된다. 애초에 광주(호남)에서 호남정치를 말할 때는 호남에서의 새정치민주연합과의 '경쟁'적 개혁이 화두였다. 그런데 새정치국민회의식 호남선도전국개혁당이 등장하는 순간 경쟁보다는 '대체'가 화두가 된다. 새누리당이 강력한 위세를 떨치고 있는 상황에서 야권을 대표하는 기존의 당을 도태시키지 못하면 신당이 도태되는 수밖에 없는 것이다. 현 선거제도를 전제로는 이

런 상황하에서 야권끼리의 제도적 '경쟁'을 화두로 내세울 수가 없는
건 자명하다. 이런 사태 때문에 천정배도 정치개혁의 단위가 호남을
벗어나면 이렇게 말이 바뀐다.

　　다음 대선에서 정권교체를 하려면 새정치연합을 환골탈태시키든
지, 그게 불가능하다면 그 당을 대체할 만한 새로운 세력을 만들어야 한
다.[37]

　종합하면 천정배는 호남 안에서는 정당 간 경쟁이 필요하다고 말
하고, 호남 밖에서는 대체정당이 필요하다고 말한다. 만약 그의 구상
이 철저하게 성공하면 새정치민주연합은 호남에만 존재하는 경쟁적
지역정당이 되고, 천정배의 정당은 호남의 다수당이면서 새정치민주
연합을 대체한 전국적인 거대 개혁야당이 되는 것이다. 이런 현실이
과연 '논리적'으로 가능할까?

　천정배의 전국개혁당이 호남 밖에서 새정치민주연합을 대체할 수
있다고 가정할 수는 있다. 하지만 그런 상태라면 더욱 더 호남에서
만 천정배의 전국개혁당과 새정치민주연합이 경쟁하며 복수정당제
가 유지되는 상황은 상상하기 힘들다. 호남권에서 천정배 개혁당을
전폭적으로 밀지 않으면 전국적 범위에서 새정치민주연합을 대체할
수 없게 될 것이기 때문이다. 결국 호남에서의 경쟁과 비호남 지역에
서의 대체는 현실적으로 양립불가능하다고 봐야 한다. 따라서 현실
적으로 천정배의 개혁신당이 성공한다면 그것은 그냥 과거 김대중의

새정치국민회의처럼 호남개혁세력 주도 정당이 영남개혁세력 주도 정당을 대체하는 모습이 될 것이다. 그리고 결국 호남은 다시 천정배 정당이 지배하는 일당독재체제로 바뀔 수밖에 없을 것이다.

하지만 호남은 애초에 일당독재체제가 싫어 새정치민주연합을 상대로 호남정치라는 이의제기를 시작했던 게 아닌가!? 그런데 그렇게 시작한 호남정치가 성공하면 정작 호남은 다시 장기적·제도적으로 일당독재체제를 감수해야 하는 역설적 상황을 맞이하게 되는 것이다. 이것은 딜레마다. 나는 호남이 전국개혁정당을 선도하고 대통령 권력 교체에 모든 것을 걸 정도로 집착하는 한 호남에서 긴장감 있는 경쟁적 복수정당제는 사실상 어렵다고 본다.

결국 다시 문제는 새누리당의 존재에 있다. 이론적으로야 천정배의 대체정당이 전국적으로 성공해서 호남에서 그 대체정당에 의한 일당독재체제가 다시 부활하면 어쩌나 하는 염려로 시간을 보낼 수도 있다. 하지만 현실적으로는 호남 안의 그런 사정을 염려하기보다는, 완전한 대체는커녕 야권 경쟁으로 인해 참패를 겪을지도 모를 호남 밖을 더 걱정해야 할 것이다. 물론 우리가 상상할 수 있는 극적인 성공사례도 있다. 1988년 총선에선 지역적 야권 분열에 힘입어 당시 지역구 총224석 중 노태우의 민주정의당이 87석, 김대중의 평화민주당이 54석, 김영삼의 통일민주당이 46석, 김종필의 신민주공화당이 27석을 얻은 바도 있다. 그렇게 참패한 노태우는 결국 3당합당을 해야만 했다. 하지만 2016년 총선에선 어떨까? 혹시 새누리당의 격렬한 분열이나 있다면 모를까, 나는 현 상황에선 그런 일이 재현되지는 않을 것이라고 본다.

우리는 2014년 초 안철수의 신당 창당이 화제가 됐을 때 천정배가 이 문제와 관련해 분명하게 표명했던 입장을 참고할 수 있다. 그는 "일면경쟁 일면연대, 호남경쟁 비호남연대, 이것이 그야말로 개혁 정치고 국민과 개혁적 국민에 대한 도리다"[38]고 확언한 바 있다. 현재도 아마 이런 전략, 즉 '호남 경쟁, 비호남 대체'가 아니라 '호남 경쟁, 비호남 연대'가 그의 호남선도전국개혁당의 현실적인 전략일 것이라고 짐작된다. 나도 일단 직면한 2016년 총선은 이 전략으로 돌파하는 것이 최선이라 믿는다. 물론 그 경쟁적 연대도 간단한 문제는 절대 아니다. 그리고 그 간단치 않은 문제는 최종적으로 새정치민주연합과의 대선 대책으로 귀결될 것이다.

이제 최종 문제인 개혁경쟁으로 대선에서 승리해야 한다는 세번째 명제다. 천정배는 호남선도전국개혁당과 새정치민주연합이 개혁경쟁을 벌이는 가운데 경쟁력이 높아지고 대선 승리 가능성도 함께 높아질 것이라고 낙관적 예측을 하고 있다. 그러면서도 그는 "'호남을 위한 정치'를 구현하기 위해 절실히 필요하기에 호남 대선주자를 육성하겠다고 공약한 것"이라며 "호남출신이 없다면 호남을 위한 정치 세력이 타지역 대선주자와 매개해 이를 반드시 확보해내야 한다"고 강조한다.[39]

위 발언에는 이미 연대의 가능성을 전제하고 있다. 즉 천정배의 호남선도전국개혁당이 새정치민주연합을 대체하지 못하고 경쟁하는 상황이 전제돼 있다는 의미다. 실제로 천정배는 "대선 때는 하나 돼야 되겠죠. (…) 하나 된다는 것이 이기는 쪽으로 하나가 돼야 되지 만날 지기 위한 세력이 하나가 되면 뭐 하겠습니까?"[40]라고 표현한다. 그는 현재와 같은 상태로 가면 정권교체에 대한 어떤 희망도 없다는 것을 전제로 뭔가를 해보려 한다. 그 뭔가에는 우리에게는 이제 너무나 익숙한 '대통령제하의 야권단일화 연대' 가능성이 큰 비중을 차지하고 있다.

하지만 그 인위적·비제도적 연대에 앞서 우리는 본질적인 질문을 먼저 해볼 필요가 있다. 왜 이런 상태가 됐을까? 왜 기회를 놓치고 있을까? 투항적 영남패권주의세력인 영남개혁세력까지 합세해 정권교체를 위해 노력하고 있는데 왜 이 무기력을 극복할 수 없을까? 천정배는 이렇게 진단한다.

천(정배-필자 주) 의원은 이날 국회출입 광주전남기자단과의 간담회에서 "일부 진보진영마저 호남을 마이너리티(minority)로 취급하며, 호남을 위한 정치에 대해 지역주의로 매도하는 경향이 있다"며 이같이 밝혔다. 그는 새정치민주연합 내홍과 관련해 "갈등의 근본 원인은 그들이 스스로 정권을 잡으려는 친노세력과 어떻게 해서[든] 정권을 교체하려는 호남세력의 정치의식의 차이에서 비롯된다"고 지적했다. 극단적으로 설명하면 친노세력은 야권내 다른 세력이 아닌 자신의 세력으로 정권을 잡는 것이 목적이고, 정권을 잡지 못하면 보수세력이 정권을 유지하든 말든 관계없다는 인식이라는 주장이다. 반면 호남을 비롯한 비노계는 어떻게 하든 보수세력으로부터 야권세력이 정권을 교체하는 데 목

적이 있고, 이에 어떤 세력이든 개의치 않는다 점에서 차별화된다는 얘기다.[41]

우리 정치상황은 새누리당을 제외한 모든 정파가 연대해야 겨우 정권교체를 이룰까 말까 할 정도의 세력 분포다. 그런데 진보는 호남정치를 혐오하고, 영남개혁세력인 친노는 자신들의 집권 아니면 정권교체의 의미가 없다는 은폐된 투항적 영남패권주의에 빠져 있다. 이런 상황에서 호남은 새누리당만 아니면 된다는 식으로 애간장을 태우고 있다. 그래서 호남은 더욱더 강력하게 '표 찍는 인질'로 포박되는 것이다. 이 궁극적 딜레마를 여하히 극복할 수 있느냐에 호남정치의 궁극적 성공여부가 달려 있다.

유사 이래 거의 모든 정치가 집단 간 이익실현을 위해 삭막하게 경쟁하고, 심지어는 치킨게임이나 도박판 같은 이익추구까지 스스럼없이 해온 사실을 인정해야 한다. 이런 정치공학을 대놓고 본받을 일은 아니지만 아예 간과할 일은 더욱 아니다. 호남인들도 호남정치를 성공시키기 위한 전략을 다시 짜야 한다. 단순히 새누리당에 표를 찍지 않는 것만으로는 턱없이 부족하다.

진보정치가 (우리나라 진보에겐 이마저도 기대하기 힘들지만) 계급투쟁에 도움이 되는 한에서만 지역투쟁과 연대하려 한다면, 호남정치도 지역투쟁에 도움이 되는 한에서만 계급투쟁과 연대할 생각을 해야 한다. 진보정치가 영남패권주의와 호남의 반영남패권주의를 구분하지 않는다면 호남정치도 영남패권주의 보수(극우)와 영남패권주의 진보를 구분할 필요가 없다.

친노의 은폐된 투항적 영남패권주의 치킨게임에도 더 강력하게 맞서야 한다. 친노가 자신들이 정권을 잡는 것 외에는 아무 의미가 없다고 버틴다면 호남도 공멸을 각오하고 끝까지 버텨야 한다. 다음은 2003년 당시 개혁당 유시민이 민주당을 파괴하기 위해 어떤 자세로, 얼마나 집요하게 치킨게임을 벌였는지 보여주는 역사적 문건이다. 좋은 추억이 될 것이다.

우리 당은 의석이 둘 뿐인 작은 정당입니다. 독자적으로 총선을 치를 경우 잃을 것은 없습니다. 의석도 늘어날 것이요 당의 존재도 널리 알릴 수 있습니다. 반면 현재 백여 개의 의석을 보유한 민주당은 '파멸적 타격'을 입을 것입니다. 수도권 선거는 보통 2천 표 안팎의 차이로 승패가 갈립니다. 약 10만명이 투표하는 선거구라면 유효투표의 2% 안팎의 차이가 승부를 결정합니다. 우리 당 후보들은 지역구의 성격과 후보의 경쟁력에 따라 다르겠지만 수도권에서 그보다는 훨씬 높은 득표율을 기록할 것이며, 한나라당보다는 잠재적 민주당 지지표를 훨씬 많이 빼앗을 것입니다. 그래서 한나라당에게 어부지리를 안겨준다는 비난이 일겠지만 상관없는 일입니다. 우리는 민주당이 리모델링 신당으로 한나라당을 이길 수 없음을 분명하게 경고했고 민주당 의원들이 정당개혁의 흐름에 합류할 것을 끈질기게 요청했지만 그들은 그것을 거부했습니다. 개혁세력의 통합에 실패한 죄로 우리 당도 가시밭길을 걸어야 하지만 민주당 역시 그 책임을 벗어나지 못합니다.[42]

이런 주장에 열광하는 세력이 바로 친노다. 민주당에 "파멸적 타격"을 입히고 "한나라당에게 어부지리를 안겨준다"고 해도 아무 "상관없는 일"이라고 버텼던 이런 세력들을 상대로 무엇을 어떻게 해야 할까? 정치적 연대는 친목도모 화합이 아니다. 그것은 또 하나의 투쟁일 뿐이다. 그렇게 생각해야만 총선이든 대선이든 연대(단일화)의 기회라도 온다! 살아남은 '김대중'도 그런 각오를 통해서만 쟁취할 수 있었던 역사적 산물이다. 유사 이래 공짜로 얻어진 권리는 없었다. 그리고 내 대신 남이 찾아준 내 권리도 없었다. 심지어 남이 공짜로 내 권리를 찾아줄 것만 기대하고 있다면 가히 망상 수준에 이르렀다고 볼 수 있다.

호남은 대한민국 소수지역이라는 현실 때문에 새누리당의 영남패권주의에 지배당하고 있다. 그리고 다른 한편에서는 야권의 다수파지만 자신의 목소리를 잃어버린 채 은폐된 투항적 영남패권주의 친노의 '표 찍는 인질'이 돼 기약 없이 끌려다니고 있다. 자업자득의 이중적 소외다. 물론 알고 있다. 호남이 친노세력에게 끌려다니는 것이 이 땅의 영남패권주의 청산, 즉 진정한 민주주의를 위한 것이라면 대한민국 국민으로서 무슨 불만이 있겠는가? 하지만 그게 아니다. 그러니 대한민국의 민주주의를 위해 철저히 맞서야 한다. 이것이 바로 '반영남패권주의 호남정치'의 본질이다.

4

'호남친노'의
호남정치 죽이기

'호남친노'도 있을까? 어불성설의 질문이라고 생각할 독자도 있을 것이다. 하긴 노무현에게 90% 이상의 몰표를 던진 호남에 친노가 있냐 없냐를 묻는다는 게 당연히 어불성설처럼 들릴 수도 있을 것이다. 하지만 내 기준으로 볼 때 아주 이상한 질문만은 아니다. 호남친노라는 개념이 내포하는 모호한 측면이 상당히 크다고 생각하기 때문이다.

일반적인 의미에서 친노를 노무현 정권의 권력과 밀착했던 호남 출신 정치인 집단으로 규정한다면 당연히 호남친노도 아주 많다. 하지만 친노를 내 방식대로 노무현 이데올로기를 따르는 인간집단으로 규정한다면 순도 높은 정통 호남친노는 거의 없다고 생각한다. 다시 상기시키자면, 나는 노무현 이데올로기를 "'허구적 지역주의' 현실 속에서 새정치민주연합이 대통령선거에 승리하기 위해서는 영남에서 득표력이 있는 영남후보를 내세워 호남몰표로 뒷받침해야 하고, 그렇게 당선된 영남 대통령은 '민주성지' 호남의 정신적 양해 속에서 세속적인 영남을 물질적으로 유혹해 지역주의를 구조적으로 타파해야 한다는 '은폐된 투항적 영남패권주의'에 입각한 위선적 정치공학"이라고 규정했다. 만약 친노를 노무현의 이런 이데올로기를 따르는 인간집단으로 본다면, 순도 높은 정통 호남친노는 있다고 해도 큰 의미 없는 극소수라고 봐야 할 것이다.

그렇다면 지난 대선에서 역시 90% 이상의 몰표로 문재인을 지지했던, 그리고 앞으로도 문재인 주위를 맴돌 호남인들이나 호남 정치인들을 어떻게 봐야 할까? 그들은 대다수가 순도 높은 정통 친노가 아니라 '노무현 이데올로기를 아전인수로 변형시켜 자기 식대로 받아들이고 있는 강요된 사이비 친노'라고 봐야 한다. 여기서 '자기 식의 아전인수'란 '설마 또 그러지는 않겠지'라고 애써 자위하며 현실을 외면하거나 자포자기하는 태도를 말한다. 그래서 그들은 문재인이 대선에 출마하면 별다른 선택의 여지가 없을 경우 약간의 망설임 끝에 여전히 그를 찍을 가능성이 높은 호남인들*이다. 나는 이들을 넓은 의미의 호남친노라고 생각한다.

이 경우 호남 유권자는 A그룹: 신념에 찬 정통 호남친노(극소수), B그룹: 강요된 사이비 호남친노(대다수), C그룹: 신념에 찬 정통 호남비노·반노(소수)로 분류할 수 있다. 물론 호남 유권자를 이런 식으로 분류하는 건 미디어에서 일반적으로 행하는 방식은 아니다. 『한겨레』의 사설이 우려 속에서 관찰한 "'친노'의 반대말이 '호남'이 되는 상황"[43]이라는 건 B＋C그룹의 비노 상황을 말하는 것이다.

그런데 B그룹을 어떻게 부르든 그들의 불만 자체를 일상적인 것으로 안이하게 평가하는 관전자들도 많다. 그들 관전자들이 보기에 B그룹은 상황을 타개할 방법을 알지 못한다. 극단적으로 표현해 친노의 인질로 사는 것이 새누리당의 지배를 받고 사는 것보다는 낫다고 생각하는 것으로 비춰진다. 그래서 그런 정도의 하찮은 불만은 선거가 닥치면 그때그때 이른바 '회초리'론이나 '미워도 다시 한 번'론으로 적당히 넘어가면 되는 것으로 평가한다. 설령 그들 호남친노의 불만이 높다 한들 새정치민주연합의 하늘 아래 불만 아니겠는가? 그래서 그들 관전자들은 예컨대 선택의 여지없는 대선 상황 등에 직면할 때는 언제라도 A＋B그룹이 될 수밖에 없다고 보는 것이다. 호남 유권자를 인질로 간주하는 노무현 집권 이후의 오래된 관행이다. 그리고 이 준비된 인질전략은 다음 대선을 꿈꾸는 문재인의 결정적 자산이기도 하다.

그런데 B그룹으로 분류된 호남친노, 혹은 잠재돼 있던 호남비노 성향의 유권자들이 천정배의 등장을 계기로 요동치고 있다. 이렇게 되면 상황이 급작스럽게 A＋B그룹이 아니라 B＋C그룹이 될 가능성도 있다. 그럼 요동하는 B그룹, 즉 강요된 사이비 호남친노는 새정치민주연합과 천정배 신당이 경쟁할 경우 어떻게 분해될까? 천정배가 재보궐선거에서 승리한 직후에는 신당에 대한 관심이 아주 높은 편이었지만 몇 달이 지나도 눈에 띄는 성과가 보이지 않자 기대감이 상당히 떨어진 것으로 보인다. 지금 이 시점에서는 단순히 새정치민주연합과 천정배 신당의 지지율을 단순비교하는 것보다 더 주목해야 될 여론이 있는 듯하다. 새정치민주연합의 민주정책연구원이 광주에서 조사한 결과(6월 초 발표) '호남에서 신당이 출연한 경우 지지할 생각이 있는가'라는 질문에 49.1%가 '있다'고 답했음에도 불구하고 이런 내용도 있었다.

> 다만 새정치연합이 야권의 통합을 이뤄주길 바라는 민심도 감지된다고 민(민병두-필자 주) 원장은 설명했다. 그는 야권에서 단일후보가 나오는 것이 좋다는 의견이 광주에서 58%를 차지해 좋지 않다는 의견(13.5%)보다 높았다는 점이나, 친노·비노가 갈라서서는 안된다는 의견이 82.8%로 갈라서라는 의견(17.2%)을 압도했다는 조사 결과를 제시했다.[44]

이 여론조사 결과를 한마디로 해석하면, 호남인들은 새정치민주연합을 패권적으로 지배하는 친노에 대한 불만이 엄청 커 천정배 신당을 환영하고는 있지만 이유야 어쨌든 친노와 함께하지 않는 궁극적 분열은 곤란하지 않느냐는 모순적인 이중심리를 불안하게 표출하고 있는 것으로 보인다. 그래서 예컨대 광주의원 강기정은 "호남민심이나 국민들의 마음이라는 것이 당을 쪼개거나 신당을 만들어달라는 게 아니라 우리 당을 보다 근본적으로 혁신해달라는 이야기를 하는 것이라 봅니다"[45]라고 주장하는 것이다. 그리고 나는 대다수 호남유권자가 갖고 있는 이 모순적인 이중심리를 근거로 대다수 호남유권자를 강요된 사이비 친노라고 지칭했던 것이다.

하지만 현 정국에서 내가 말하는 "강요된 사이비 호남친노"는 미디어상에서는 '비노' 현상으로 불리고 있다. 나는 이 비노로 불리는 호남친노 현상을 가장 잘 반영하는 정치인은 박지원이라고 생각한다. 내 생각에 그가 어떤 생각을 하며, 영남의 정통 친노로부터 어떤 대접을 받는지를 잘 관찰하면 유권자로서의 호남친노가 어떤 생각을 하며, 정통 친노의 속마음에 어떻게 자리 잡고 있는지를 훤히 알 수 있다고 본다.

박지원은 문재인의 주변에서 호남 집사형 친노역할을 성실히 수행할 경우 정통 (영남)친노에게 당연한 듯 환영받는다. 하지만 친노 수장 문재인에게 반기를 들거나 '친노 아닌 비노에 의한 대권 가능성을 모색'하는 경우에는 지나치게 모욕받는다. 예컨대 그는 2015년 봉하에서 열린 고 노무현 6주기 추도식에서 참석자로부터 "뒤에서 욕하고 다니지 말라"[46]는 비난을 들어야 했다. 물론 개인의 소란은 그저 개인의 소란일 수도 있다. 하지만 그 개인은 무언의 다수가 갖고 있는 심정을 대변하는 목소리인 경우가 많다. 실제로 박지원은 추도식 참석 전부터 이미 자신에 대한 거부반응을 하소연하기도 했다. 그 내용을 읽어보자.

오늘 노무현 대통령 6주기! 거듭 애도를 표합니다. 제가 봉하마을 추도식에 참석한다 하였더니 SNS에 왜 오느냐며 갖은 욕설입니다. 물론 현재 저희 당 문제에 대해 문재인 대표와 견해 차이가 있습니다. 그렇지만 소통하고 분당을 막으려고 노력도 합니다. 종편도 당론으로 출연키로 했으며 그들의 시청자들에게 우리의 목소리도 들려줘야 합니다. 서로 견해가 다르더라도 그 차이가 작기에 같은 당에 함께하며 협력 경쟁 충돌도 합니다. 일베인지도 모르지만 무작정 언어 폭력으로 SNS를 도배질해도 그것도 여론이라고 생각합니다. 역지사지하며 서로를 이해하며 같은 목표로 이견을 극복하여 가자고 제안합니다.[47]

그의 발언을 정리하면 '견해 차이'가 있지만 '같은 목표'를 가지고 '이견 극복'을 하자는 세 키워드다. 현재 대다수 평범한 호남친노 유권자가 가지고 있는 평범한 생각이 바로 그런 것이다. 그 견해 차이가 얼마나 큰 모순을 의미하는지, 나아가 친노와 호남이 과연 같은 목표를 가지고 있다고 말할 수 있을 것인지조차 매우 의심스럽지만 '이견 극복'이 호남 대중들이 알고 있는 유일한 해결책인 것이다. 그리고 박지원은 바로 그런 호남민심을 충실하게 반영한다. 그는 (전두환의 동생 전경환과 친분을 나누기도 했던)[48] 천성이 그런 것인지, 아니면 김대중으로부터 정치를 그렇게 배워서 그런 것인지는 모르겠지만 반걸음 이상 앞으로 나가지 않는다. 심지어 어쩔 때 반걸음 이상 뒤처지기도 한다. 그는 좋은 의미로 말하면 강요된 사이비 호남친노 유권자의 민심을 충실하게 반영하려고만 할 뿐이고, 나쁜 의미로 말하면 그런 호남민심을 추수하려고만 할 뿐이다.

그런 점에서는 어쩌면 김대중이야말로 호남친노의 원조인지도 모른다. 물론 정확히 말하자면 김대중은 결코 초대받지 못한, 태생적으로 친노가 될 수 없었던 호남친노였다. 그는 대통령에 당선되기 전에는 노무현의 양비론(3김청산론)에 시달려야 했으며, 대통령 퇴임 후에는 노무현의 대북송금 특검에 이은 분당, 그리고 햇볕정책에 대한 불신으로 상처받은 친노가 될 수밖에 없었다.

하지만 김대중은 호남이 의지해야 할 노무현 권력에 정면으로 반발하지 않았(못 했)다. 심지어 그는 2004년 총선에서 "저를 찍으셨습니까"고 묻는 열린우리당 정청래에게 "제가 찍었습니다"는 고백까지 했다.[49] 비례대표 정당투표는 언급하지는 않았지만 분명히 열린우리당이라는 현실을 거부하지는 않았다. 호남민심도 그랬다. 그때나 지금이나 박지원의 표현을 빌면 '견해 차이'에도 불구하고 '같은 목표'를 가지고 있다고 믿는 것이다. 아니 '같은 목표'를 가지고 있지 않다고 생각하더라도 벗어날 곳이 없는 것이다.

열린우리당 정청래에게 표를 던진 김대중이 자신의 불만을 '분명한 목소리'로 토로하기 시작한 것은 노무현의 정치가 기울어진 것이 거의 확실해진 2006년 10월 무렵이었다. 신념에 가득 차 분당을 반대하던 사람들에게는 뒷북도 그런 뒷북이 없었지만 그것이 권력을 대하는 그의 방식이었다. 아니면 현실의 대세가 반드시 역사의 대세는 아니라는 뒤늦은 깨달음이었는지도 모른다. 그것이 무엇이었든 그는 이렇게 말했다.

여하튼 지금 분당을 했는데, 그 분당한 게 표 찍어준 사람들한테 승인 받은 적이 없거든요. 표 찍어준 사람들은 그렇게 바라지 않았다고 생각합니다. 그것에 오늘 여당의 비극이 있다고 생각합니다.[50]

하지만 김대중은 노무현의 죽음에 "평생 민주화 동지를 잃었고 민주정권 10년을 같이한 사람으로서 내 몸의 반이 무너진 것 같은 심정이다"[51]고까지 표현하며 애도했다. 이후 이희호는 국회의원 당선 후 자신을 예방한 천정배에게 "내 남편(김 전 대통령)의 이름이 정쟁에 오르내리지 않기를 재삼 부탁한다"며 "국민은 야권 분열을 원하지 않는다"고도 했다.[52]

그렇다면 김대중, 이희호, 박지원, 혹은 내가 B그룹으로 분류한 호남친노 유권자의 핵심 정서는 뭘까? 그들에겐 분명한 공통점이 있다. 그 공통점은 박지원의 키워드에 모두 포함돼 있다. 그건 '견해 차이'가 있지만 '같은 목표'를 가지고 있으므로 '이견 극복'을 하자는 것이다. 이 키워드를 하나의 키워드로 모아 다시 표현하면 '분열극복'이다.

그런데 '분열극복'이란 키워드에는 심각한 맹점이 있다. 그것은 명분이야 어떻든 일단 대세를 장악한 측에 우선권이 있다는 점이다. 김대중이 그랬듯이 천정배의 신당이 대세를 장악하면 이희호의 우려도 대세를 따라 소수파에게 향할 것이다. '분열극복'은 다른 말로 표현하면 대세를 따라 호남에서 일당독재체제를 만들어 새누리당과 대결해야 한다는 의미다. 김대중은 대통령권력을 등에 업은 열린우리당을 따랐다. 그러고는 열린우리당이 다시 몰락을 시작하자 그때서야 비판에 나섰다. 그리고 다시 대세를 장악할 야권통합을 바랐다. 그것이 그의 정치다. 물론 그것이 비노로 불리는 호남친노 유권자들의 생존방식이기도 하다.

그렇게 분열극복 키워드는 대세에 우선권이 주어지면서 궁극적으로 대세를 따르는 것이 선善이라는 관념을 낳는다. 그리고 대세에 따르는 선과 신념을 지켜야 하는 선의 구분을 어렵게 한다. 대세를 추종하는 것이 분열극복의 '선한 수단'으로 인식되는 순간 인간의 말과 행동이 과연 정치적 신념을 위한 것인지 세속적 출세를 위한 것인지 구분하기가 힘들게 되는 것이다. 구분이 힘든 정도가 아니다. 대세는 무조건 선이 되고 신념을 지키는 소수는 그 자체만으로 악이 되는 판국까지 펼쳐진다. 물론 밑도 끝도 없이 소수라고 다 옳다고 할 수도 없으므로 이 혼란은 끊임없이 가중될 뿐이다. 어느 정도 시간이 흐른 뒤 정치인들의 사과가 그 정화작용을 하는 측면이 있다. 하지만 그것만으로는 턱없이 부족하다. 그 사과라는 것도 다시 대세를 따라 영혼 없이 행해지는 경우가 대부분이기 때문이다.

그래서 새정치민주연합의 '비노로 불리는 호남친노' 정치인들의 생각을 철저히 검증해야 한다. 애초에 호남민심이 들끓은 것은 바로 그들 때문이었다. 이제 호남유권자들이 그들에게 묻고 있다. 그들은 '영남패권은 허구다'라는 투항적 영남패권주의 이념에 충실하느라 호남정치에 무능했는지, 아니면 은폐된 투항적 영남패권주의 이데올로기에 편승해 친노패권 지도부에 잘 보여 개인적 출세만을 지향하느라 호남정치에 전혀 관심이 없었는지 대답해야 한다. 둘 다 아니라면 자신은 나름 호남정치를 위해 애썼다는 입증을 해야 한다.

다시 선택의 계절이 가까워졌다. 대한민국의 모든 정치인들이 다 그렇겠지만 특별히 호남 유권자들의 심판을 기다리고 있는 정치인들에게는 더 가혹한 계절이 될 것이다. 원컨대 '비노로 불리는 친노' 호남 정치인들은 민주주의를 어지럽히는 위선만은 탈피해주기 바란다. 최소한 호남 정치인들은 호남정치에 대한 자신의 속마음을 조금이나마 보여줘야 한다. 그리고 호남 유권자는 그것이 그들의 진짜 속마음인지 검증하는 약간의 수고는 감당해야 한다. 그래야 나중에 그 속마음이 진짜 정치가 돼 다 드러났을 때 유권자로서 너무 크게 놀라지는 않을 것 아닌가?

6장

오래된 내전:
'호남 선도 개혁' 대 '호남 없는 개혁'

1

영남패권주의는
어떻게 존재하는가

법정에서 범죄혐의를 두고 다툴 때 검사에 비해 피고인이 결정적으로 유리한 게 하나 있다. 피고인은 자기 혐의에 대해 입을 다물고만 있어도 되지만 검사는 그 혐의를 반드시 입증해야만 한다는 점이다. 검사가 혐의 입증에 실패하면 피고인은 '무죄'가 된다. 하긴 당연한 순리다. 검사가 지나가던 개똥이를 붙잡아 작정하고 '네 죄를 네가 알렷다'고 족치면서 개똥이가 죄인이 아니라는 걸 스스로 입증하도록 하면 그 와중에 무사할 개똥이가 몇이나 되겠는가? 그래서 때로는 '심증은 있는데 물증이 없다'는 검사의 하소연이 공감을 얻을 수도 있다.

우리 사회에서 누군가 영남패권주의를 입 밖에 꺼내는 사람은 반드시 그런 '무죄추정의 원칙'에 직면하게 될 것이다. 입증은 '영남패권주의가 존재한다'고 주장하는 사람의 몫이다. 그 주장자가 재주껏 입증하지 못하면 괜한 소리로 사회분열을 야기하는 못된 인간 취급을 받는다. 입증의 수준도 가혹하기 짝이 없다. 눈에 뻔히 보이는 영남패권 현상에도 불구하고 거의 학문적 수준에 가까운 정교한 입증을 요구한다. 예컨대 '영남출신 군부가 주동이 돼 광주양민을 학살했다'는 명백한 사실도 영남패권주의의 입증자료가 되기는커녕 터무니없는 선전·선동이라는 역공세를 불러일으키기까지 한다. 이런 공세는 좌우 입장 차이를 가리지 않는다. 하긴 그래서 영남패권주의는 공고하게 한국사회를 지배하는 이데올로기 역할을 할 수 있을 것이다.

생각해보면 이데올로기를 거부하는 반이데올로기 입증투쟁은 언제나 힘든 노역이었다. 대표적으로 마르크스는 자본가의 뻔하디 뻔한 착취 현상을 입증하기 위해 평생을 연구에 진력하고도 부족했다. 사회과학적 입증은 자연과학적 입증보다 훨씬 더 힘들다. 자연과학적 주장은 문제를 단순화시켜 실험에 의한 검증과 재현이 가능하지만 사회과학은 다르다. 사회과학적인 어떤 입증도 운동경기처럼 승부가 나지 않고, 실험실에서처럼 문제를 단순화시킬 수 없으며, 따라서 '관점의 차이라는 관점'에 의해 쉽게 반박당할 수 있다.

나 역시 영남패권주의의 존재를 정교하게 입증할 수 없다. 부질없이 그런 시도를 할 생각도 별로 없다. 그저 정황증거만을 제시할 것이다. 이런 정황증거를 하찮은 것이라고 부정하는 사람들은 마르크스 같은 엄밀한 연구로 영남패권주의 현상을 철저하게 입증하더라도 마찬가지 반응일 것이다. 그들의 목적은 학문적 진실이 아니라 영남패권주의에의 평화로운 순응에 있기 때문이다. 그렇더라도 여기서 나름의 노력은 하려고 한다. 내가 아래 제시하는 자료는 누구나 접근 가능한 일반 공개 자료다. 중요한 것은 그 자료의 희귀성이 아니라 그것을 보는 눈이다. 그 점을 상기해주기 바란다.

기본적인 질문부터 시작해보자. 우리나라에서 지역문제가 심각해진 이유가 뭘까? 쿠데타 이후 박정희가 조성해준 영남경제의 패권? 그게 갈등의 시원이라고 할 수는 있다. 하지만 많은 시간이 흐른 오늘에는 겉으로 드러난 '지역별' 지표만으로는 뚜렷하게 확인되지 않는다. 우선 2013년 현재 영남과 호남, 그리고 전국의 소득지표를 확인해보자.

〈2013년 행정구역별 1인당 소득〉[1]

행정구역(시도)별	1인당 지역총소득(천원)	행정구역(시도)별	1인당 개인소득(천원)
울산광역시	47,788	울산광역시	19,159
서울특별시	37,382	서울특별시	18,684
충청남도	34,484	부산광역시	16,111
경기도	28,742	**전국**	**15,865**
전국	**28,683**	대전광역시	15,773
전라남도	26,849	제주특별자치도	15,442
충청북도	26,238	경기도	15,371
경상북도	26,166	충청남도	15,128
경상남도	25,142	대구광역시	15,111
인천광역시	24,428	경상남도	14,982
제주특별자치도	23,801	광주광역시	14,750
부산광역시	23,687	인천광역시	14,731
대전광역시	22,625	전라북도	14,631
광주광역시	21,310	충청북도	14,573
대구광역시	21,249	경상북도	14,544
강원도	21,045	전라남도	13,657
전라북도	20,991	강원도	13,655

이 통계지표는 영호남의 경제력 격차보다는 수도권과 비수도권, 또는 대도시와 도시 외 지역의 경제력 격차를 오히려 잘 드러내고 있다. 이 도표에 의하면 오늘날까지 영호남 지역문제가 사라지지 않는 이유가 현 상태의 영호남 경제력 격차 때문이라고 주장하는 것은 무리가 있다. 물론 개인소득이 전부는 아니다. 개인재산도 비교해봐야 한다. 다음은 (외지인 소유 재산 상황을 무시하고 산정한) 수도권과 영호남 1인당 평균 재산세다.

〈2015년 1인당 평균 재산세〉[2]

행정구역(시도)별	인구수	재산세 총액	1인당 평균 재산세
서울특별시	10,103,233명	2791.6억 원	276,308원
경기도	12,357,830명	2397.3억 원	193,990원
부산광역시	3,519,401명	471.3억 원	133,915원
대구광역시	2,493,264명	303.7억 원	121,808원
울산광역시	1,166,377명	174.3억 원	149,437원
경상북도	2,700,794명	288.8억 원	106,932원
경상남도	3,350,257명	421.5억 원	125,811원
광주광역시	1,475,884명	146.2억 원	99,059원
전라북도	1,871,560명	160.5억 원	85,757원
전라남도	1,905,780명	167.1억 원	87,681원

영호남 간 소득에서는 보이지 않던 부의 차이가 재산에서는 상당히 큰 폭으로 나타난다. 하지만 수도권과 비교했을 때 영호남 간 재산 차이는 보잘 것 없을 정도다. 아예 사회간접자본SOC의 '권력적 흐름'까지 비교해보자.

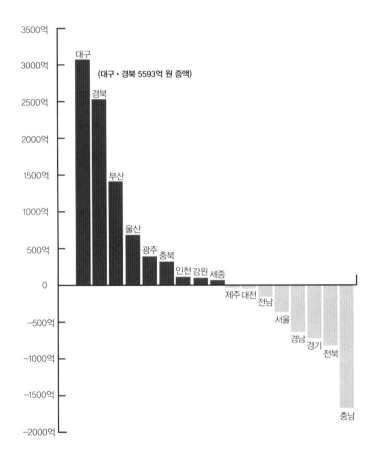

〈2016년도 주요 SOC사업 '부처안–정부안' 변동 상황〉[3]

영남패권주의적인 물질적 삶의 단서가 조금은 보인다. 하지만 이런 정도의 '사소한 현상'을 가지고 영남패권이 존재한다고 의심하는 게 합리적일까? 경제부총리 겸 기재부 장관 최경환은 "예를 들어 인천공항은 모든 국민이 이용하는데 관련 예산이 인천 지역 예산일 수 없다"며 "SOC의 경우 지역을 특정할 수 없다"고 일축한다. 그렇다면 어쩌다 올해만 이런 우연(?)이 있는 걸까? 다음은 2014년도 '우연'이다.

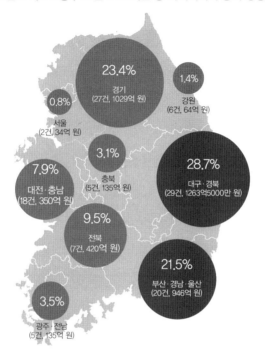

〈2014년도 국토교통부 소관 SOC예산 중 국회에서의 증액 상황〉[4]

23.4%
경기
(27건, 1029억 원)

1.4%
강원
(6건, 64억 원)

0.8%
서울
(2건, 34억 원)

3.1%
충북
(5건, 135억 원)

28.7%
대구·경북
(29건, 1263억5000만 원)

7.9%
대전·충남
(18건, 350억 원)

9.5%
전북
(7건, 420억 원)

21.5%
부산·경남·울산
(20건, 946억 원)

3.5%
광주·전남
(5건, 135억 원)

　　호남인들은 지난 수십 년을 이런 '사회간접자본의 우연한 권력적 흐름' 속에서 살아왔지만 여전히 적응하기가 힘들다. 최경환이 '무념무상의 경지' 속에서 뭐라고 주절거리든, 이런 '권력적 우연'이 지난 수십 년간 전방위적으로 지속돼 왔다면 나는 그것을 '영남패권주의'라고 규정할 수밖에 없다. 다만 나는 여기서 그동안 축적된 역사적 행태를 모두 소환해 그것으로 영남패권주의적인 물질적 삶을 입증하려는 것이 아니다.

　　사태를 조금 다른 측면에서 추적해보자. 지역간 경제력 격차는 가난한 지역에서 부유한 지역으로의 인구이동을 초래한다. 우리의 경우 비수도권 지역의 수도권 지역으로의 대규모 인구이동이 있었다. 다음은 이를 확인할 수 있는 영호남의 인구변화 비교표다.

〈영호남 인구변화 비교〉[5]

연도\지역	부산	대구	울산	경북	경남
1960년	–	–	–	3,848,424	4,182,042
	8,030,466				
1980년	3,159,766	–	–	4,954,559	3,322,132
	11,436,457				
2010년	3,414,950	2,446,418	1,082,567	2,600,032	3,160,154
	12,704,121				

연도\지역	광주	전북	전남
1960년	–	2,395,224	3,553,041
	5,948,265		
1980년	3,159,766	2,287,689	3,779,736
	6,067,425		
2010년	1,475,745	1,777,220	1,741,499
	4,994,464		

1960년에 호남 대비 영남 인구는 1.35배였다. 1980년엔 1.88배가 되더니 2010년엔 2.54배가 됐다. 수도권으로의 인구 대이동 와중에서도 영남은 인구가 늘었다. 반면 호남의 인구감소는 심각할 정도다. 이제 충청 인구가 호남 인구를 넘어섰다. 이를 어떻게 봐야 하는가? 영호남이 경제적 여건에서 비슷한 처지라고 주장할 수는 있지만, 울산·부산 등 영남 대도시의 존재와 인구 유입은 호남의 사정과는 상

당한 차이를 만들고 있다. 하지만 이 역시 결정적 문제는 아니다. 결정적 문제는 수도권에서 벌어지고 있는 것으로 보인다.

우리는 인구이동이 지역세를 반영한다고 막연히 판단하는 것으로 그쳐서는 안 된다. 그 지역의 내부를 다시 꼼꼼히 살펴야 한다. 하지만 유감스럽게도 인구이동 후 수도권에서의 영호남 출신, 그리고 그 2, 3세들의 경제적 지위는 통계숫자로 발표되지 않는다. 이 결정적인 수치가 공식적으로 조사·발표되지 않으므로 우리는 다른 정황으로 추론할 수밖에 없다. 다음은 2013년 현재 조사가 가능했던 500대 기업의 경영자 현황이다.

〈500대 기업 경영인 현황〉[6]

구분	영남	호남
오너경영인	40/122(32.8%)	11/122(9.0%)
전문경영인	140/373(37.5%)	34/373(9.1%)

정계는 어떨까? 충분히 상상 가능한 박근혜 정부의 상황을 수치로 확인하면 다음과 같다.

〈정계 및 산하기관 현황〉[7]

구분	영남	호남
박근혜 내각 1기	6/18(33.3%)	2/18(11.1%)
박근혜 내각 2기	7/18(38.9%)	1/18(5.6%)
청와대 수석	5/11(45.5%)	0/11(0%)
정부 산하 단체장	64/183(35%)	25/183(13.7%)

현재의 정재계 리더들이 출생했던 당시의 인구분포를 감안하면 영남출신의 패권적 지배현황이 어느 정도인지 대충 짐작이 갈 것이다. 호남출신 고위 공직자는 김대중 정부에서 34.7%로 최대치였다가 노무현 정부 24.3%, 이명박 정부 16.2%, 현 박근혜 정부에서 13.8%(30명)가 됐다.[8]

하지만 정작 더 중요한 것은 이런 단순한 수치가 아니다. 핵심은 현재 삼성을 정점으로 하는 영남부르주아의 패권적 지배구조다. 이 패권적 지배구조는 정계와 결탁하고, 사회를 피라미드식으로 통치한다. 우리나라의 이 피라미드 통치구조에서 전통적인 권력기관은 여전히 아주 중요하다. 국가정보원·검찰청·경찰청·국세청 등 '4대 권력기관' 주요 보직의 경우 영남이 한 치의 빈틈도 없이 장악하고 있다. 다음 『경향신문』 그래픽을 감상해보기 바란다.

〈4대 권력기관 주요 보직 출신 지역 (총 29명)〉[9]

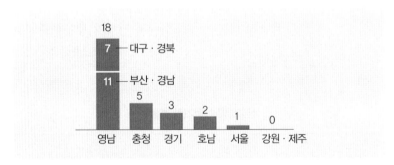

물론 호남도 부르주아가 있으며, 권력자가 있다. 하지만 그들도 최상위 영남패권권력자의 눈치를 보며 네트워크를 형성해갈 수밖에 없

다. 물론 이 패권적 지배구조는 단기간에 바뀔 수 있는 문제도 아니다. 지역적 패권구조에 대한 문제의식이 없다면 계급문제와 마찬가지의 끈질긴 생명력을 가질 수도 있다.

그렇다면 정치·경제적 지배구조가 전부인가? 이것만으로는 한 사회를 온전히 지배할 수 없다. 영남패권주의자들은 일베를 중심으로 표출되는 파시스트적 호남혐오 발언을 즐기며 영남패권구조를 공고히 하고 있다. 나아가 그들은 '영남패권주의'를 의제화시키지 않는 이데올로기를 학계·문화계에 확산시킨다. 노무현의 은폐된 투항적 영남패권주의 이데올로기인 '양비론'이 으뜸 도우미다. 이런 사회교양적 지배를 통해 영남패권주의는 대중적으로도 진지한 의제가 되지 못하고 못된 지역주의자들의 철지난 궤변으로 취급당한다.

이 이데올로기적 복마전 속에서 줄기차게 등장하는 흥미로운 변주가 있다. 그것은 영남 외 비호남 지역과 관련된 주장이다. 영호남을 뺀 나머지 지역은 충청, 강원, 제주가 있다. 모두 영남패권주의의 피해지역이다. 그래서 이런 주장이 나온다. "영남패권주의에 피해를 당했다면 모두가 피해를 당했는데 왜 호남만 피해를 당한 것처럼 유난을 떠는가?" 이런 주장으로 반영남패권주의 주장에 물타기를 하는 사람들의 공통점이 있다. 그들은 반영남패권주의 투쟁에 동조하지 않는다는 점이다. 그들의 주장이 옳고 그르고를 떠나서 그들이 반영남패권주의 투쟁에 동참하지 않는다는 사실 하나만으로 긴 얘기가 필요 없다. 반영남패권주의에 적극적으로 동조하지 않는 것은 그들의 생존전략이다. 그 전략으로 호남보다 더 많은 것을 얻어내는 것이

가능할지도 모른다. 하지만 그런 순응전략의 성공을 내세우는 것이 피해를 당해 투쟁하는 다른 지역 사람들에게 뭔가 큰소리칠 명분을 제공해주는 것은 결코 아니다.

다시 본론으로 돌아가 진짜 수수께끼를 풀어야 한다. 문제의 본질이 수도권 내 지배/피지배계층의 문제로 환원된다면 왜 수도권 바깥의 영호남지역을 포함한 영호남 갈등으로 분출되는가? 이것은 이해관계와 무관한 비논리적 감정의 문제이기 때문인가? 내 대답은 두 가지다. 우선 한 가지는 영호남 문제는 역사적인 맥락 속에서 이해해야 한다는 것이 한 가지고, 수도권과 비수도권의 영호남은 인적으로 연계돼 있다는 사실이 다른 한 가지다.

우선 역사적인 맥락에서 말하자면, 영남패권에 의한 정치·경제적 지배가 최악의 호남학살까지 불러왔다는 사실이 궁극적 난제다. 따라서 5·18의 비극을 초래한 영남패권주의의 본질을 뭉개고도 역사가 정상적으로 작동할 수 있을 것이라고 생각하는 한 문제는 절대 풀리지 않을 것이다. '전두환 공원'을 만들어 즐기고, 전두환에게 큰절을 하며 모시는 영남의 이데올로기적 민낯은 경제적 토대를 넘어서는 갈등의 근원이 된다. 자본가의 노동자에 대한 경제적 착취가 있다고 해서 노동자들이 90% 이상 반새누리당 투표를 하지는 않는다. 경제적 토대가 결코 전부는 아니다. 거꾸로 말하자면 이런 반동적 역사관이 저변에 뙤리를 틀고 있다는 사실이야말로 영남패권주의가 존재한다는 가장 강력한 입증이 될 것이다.

다른 한편, 수도권과 수도권 바깥 영호남의 인적 연계와 관련된 애기다. 혹자는 이 동조화同調化에 의한 영호남 갈등이 시간의 흐름에 따라 무의미해지거나, 혹은 영남패권주의가 아닌 수도권/비수도권의 문제로 제기될 것이라고 주장한다. 이에 대한 내 입장은 다시 논하기로 한다. 여기서는 현재에만 국한시키겠다. 생각해보면 충분히 이해할 수 있는 일이지만, 각 지역의 영호남인들에게 (각 지역에 미치는 영남패권주의적 영향이 아닌) '수도권의 영남패권주의' 현실도 곧 자신들의 현실이다. 영호남인들에게 수도권은 자신의 자식들이 출세를 위해 떠나는 기회의 땅이다. 이런 땅이 영남패권주의가 횡행하는 땅이라면 그것은 곧 시골 촌로들에게도 현실로 느껴야만 하는 중요한 문제가 된다. 실제로 자식들이 그 기회의 땅으로 떠날지 고향에서 머물지는 아무도 모른다. 설령 떠나는 자식들이 있다고 해도 과거에 비해 소수일 것이다. 하지만 숫자가 중요한 것이 아니다. 그것은 '희망이 있느냐 없느냐' 혹은 '패권을 유지할 수 있느냐 없느냐'의 문제이기 때문이다.

역사의 온갖 추악함 속에서 쟁취한 기득권을 지키려는 영남과 그것이 부당하다며 기어이 이의를 제기하는 호남으로 상징되는 우리나라 지역문제는 심연을 들여다봐야 한다. 그것을 들여다보는 것을 꺼리는 사람들은 현 구조하에서 요령껏 이익을 보고 있거나 절실하지 않은 사람들이다. 절실한 것은 영남패권주의를 벗어나려는 호남만이 아니다. 어쩌면 그 호남을 계속 제압하기 위한 영남의 지배본능도 그만큼 절실하다고 본다. 내가 평소에 상상만 하던 영남패권주의자들의 그런 절실함을 『경향신문』에 칼럼을 기고한 역사학자 전우용이 이렇게 생생하게 전해줬다.

> 이명박이가 부패할 기라는 거, 박근혜가 무능할 기라는 거, 누가 모르
> 고 찍었나? 우리 바보 아니대이. 오죽하면 돼도 걱정 안 돼도 걱정이라
> 했겠나? 하지만도 대안이 없었다 아이가? 조선왕조가 아무리 부패하고
> 무능했어도 일본 놈 통치보단 난 것 맹키로.[10]

전우용은 술자리에서 들은 이 발언의 화자를 밝히지는 않았다. 사실
이 인용문은 누구나 상상하는 발언을 옮겼을 뿐이니까 술자리의 영
남출신 인사라는 정보만으로도 충분하다. 어쨌든 이런 확고한 영남
패권주의 신념에 의하면 영남인들에게 비영남은 딴 나라다. 그래서
비영남출신에게 권력을 넘기는 것은 "일본 놈 통치"를 받는 것이나
마찬가지다. 이런 정도의 신념이라면 아마도 새누리당은 독도를 오
늘 일본에 팔아먹고 내일 선거를 치러도 영남의 절대적 지지를 받을
수 있을 것이다. 자, 이런데도 영남패권주의가 허상으로만 존재하는
신기루로 보이는가?!

2

'호남 없는 개혁'은
왜 실패하는가

호남은 개혁에 걸림돌인가? 투항적 영남패권주의 이데올로기에 의하면 호남이라는 지역관념은 사라져야 할 우리 정치의 병폐다. 그들에게 지역관념이란 영남패권주의든 호남의 반영남패권주의든 구별할 필요도 이유도 없으며, '공평하게' 우리 사회를 병들게 하는 반개혁적 장애물이다. 그들은 하루빨리 우리 정치가 지역관념이 아닌 계층·계급관념에 의해 좌우되기를 원할 뿐이다. 그것만이 유권자가 선거를 통해 자신의 이익을 관철시킬 수 있는 유일한 수단인 것이다. 한마디로 자신들을 개혁적이라고 생각하는 이들일수록 호남이라는 지역관념이 없는 개혁, 즉 '호남 없는 개혁'을 원한다.

이 '호남 없는 개혁' 이데올로기는, 호남이 설령 대한민국을 지배하는 영남패권주의 극우정당 새누리당을 100%의 의지로 인정하지 않는다고 해도 투표가 지역관념으로 행해지는 것은 반개혁적이라는 관념이다. 이런 관념은 그 자체로 어불성설이지만 한 가지 그럴 듯한 논리는 있다. 그것은 호남이 지역적으로 해체되지 않는다면 영남의 패권주의를 해체할 수 없다는 논리다. 노무현의 양비론이 이런 의식을 상징적으로 대표한다.

하지만 과연 호남이 개혁의 장애물일까, 아니면 '호남 없는 개혁' 이데올로기가 더 개혁의 장애물일까? 나는 '호남 없는 개혁' 이데올로기가 더 심각한 개혁의 장애물이라고 생각한다. 그것은 단순히 영남패권주의에 투항하자고 선전하는 것이 아니라 개혁의 탈을 쓰고 영남패권주의를 지양한다는 시늉을 하고 있다는 점에서 오히려 더 음침하고 심각한 개혁의 장애물이라고 생각한다.

노무현이 민주당 분당의지로 온 에너지를 낭비하고 있던 2003년, 나는 이와 관련해 "우리는 지역패권주의의 이기적 욕망을 제어할 만한 이성적 능력을 가지고 있는가?"[11]라는 질문을 제기한 바 있다. 이 질문에 대한 대답은 유감스럽게도 피패권지역민들에게서 들을 수는 없다. 왜냐하면 피패권지역민들은 "지역패권주의의 이기적 욕망을 제어할 만한 이성적 능력" 없이도 그저 '자신들의 이해관계에 따라' 반패권주의를 부르짖을 수 있기 때문이다.

문제는 패권지역민들이다. 그래서 위 질문은 패권지역민들에게는 다음과 같이 바뀌어야 한다. '우리는 지역적 패권 행사가 가능한데도 그 이기적 욕망을 왜 포기해야 하는가?' 아마도 그 이기적 욕망을 굳이 포기해야 한다고 생각하는 사람들이 내놓는 답은 대체로 이런 것들일 것이다. 양심 때문에, 혹은 나쁜 짓을 하면 지옥에 갈지 모르므로, 그것도 아니라면 훌륭한 사람들이 그래서는 안 된다고 열심히 계몽하므로. 나는 양심, 지옥, 계몽 등이 우리나라의 영남패권주의 현실을 바로잡을 수 있다고 믿지 않는다.

나는 지금 양심, 지옥, 계몽 등등의 역할을 송두리째 부정하는 것이 아니다. 단지 나는 우리나라에서 영남패권주의가 극복된다면 양심, 지옥, 계몽 등등의 역할은 가장 마지막 이유일 것이고, 그렇게 살고 싶어도 그렇게 살 수 없는 사회적 조건의 강요가 그 일차적 원인일 것이라고 믿는 것뿐이다. 이는 나의 근거 없는 독단이 아니라 역사의 경험칙에서 나온 확신이다. 그 사회적 조건이 무엇인지는 후술하기로 한다.

여기서 내가 강조하고 싶은 것은 '호남이 지역적으로 해체되지 않는다면 영남의 패권주의를 해체할 수 없다'는 투항적 영남패권주의 주장은 경험칙에 비춰볼 때 아무 근거가 없다는 사실이다. 호남이라는 지역관념이 해체되거나 말거나 영남이 패권을 '행사할 수 있다면' 그것을 행사하지 않을 이유가 없다. 오히려 호남이라는 지역적 저항이 없는 상태야말로 영남패권주의가 기승을 부릴 수 있는 가장 좋은 조건이 될 것이다.

관점을 조금 바꾸면, 만약 호남이 패권을 행사할 수 있는 여건이 된다면 패권을 행사하지 않을 이유도 없다는 말과 유사하다. 한마디로 지역이든 계급이든 패권적 지배를 행사하려는 경향은 어떤 특정 지역이나 계급의 인간성의 문제라기보다는 조건의 문제라고 봐야 한다. 그러니 내가 영남의 패권주의를 신랄하게 지적한다고 해서 영남인들이 다른 지역민들보다 특별히 더 인간성이 미개하다는 공격을 하고 있는 것으로 오해할 필요는 없다. 영남패권주의자들은 단지 그들에게 유리한 사회적 조건을 애써 유지하고, 조작하고, 즐기는 것뿐이다. 어떤 계급이든 어떤 성별이든 어떤 지역민들이든, 유사한 조건에선 유사하게 행동할 가능성을 가지고 있는 것이 인간이다. 그런 의미에서 나는 인간에 대해 지나치게 낙관적인 기대를 품거나 부질없는 계몽을 시도할 것이 아니라 어떤 인간성의 발현이라도 사회가 합리적으로 통제할 수 있도록 제도를 갖추고 효율적으로 관리해나가는 것이 훨씬 현실적이라고 본다. 그리고 그것이야말로 바로 민주주의의 정신이다.

그런데 이 집요한 영남패권주의는 그저 시간이 조금만 더 지나면 인위적인 노력 없이도 자연스럽게 사라질 한시적이고 지엽적인 모순일까? 그러므로 호남, 영남 따위의 지역관념을 따지지 않는 것이 오히려 그런 시류 발전에 도움을 주는 세련된 전략일까? 우선 그것이 가능하다고 보는 낙관적 관점부터 들어보자. 주기적으로 미디어에 등장해 새누리당 마스코트 같은 역할을 하는 젊은 세대 이준석은 이런 말을 했다.

저만 해도 저희 아버지 어머니 영남 출신이시지만 어렸을 때 보면 동네 어르신들 모이면 호남 영남 갈등 같은 게 많이 들리긴 했습니다. 저는 반대로 서울에서 모든 교육을 받았기 때문에 저희 세대는 전혀 이런 거 모르거든요. 자연적으로 10~20년 지나면 없어질 현상이기도 한데

이런 것들로 너무 민감하게 반응하는 거 아닌가 하는 생각이 듭니다.[12]

이준석은 영남출신 부모를 가졌지만 "전혀 이런 거 모"른다고 말한다. 그러면서도 새누리당의 마스코트 역할을 하는 모습이 상당히 코믹하다. 어쨌든 그의 말에 고개를 끄덕이는 사람들도 있을 것이다. 우리나라는 수도권에 각 지역민들이 올라와 밀집해 사는 인구가 압도적으로 많은 나라다. 그 수도권 인구는 길게 잡아도 2~3세대 지나면 모두 수도권을 고향으로 갖는 수도권 주민이 될 것이다. 따라서 단순히 보면 시간은 모든 문제의 해결책으로 보일 수도 있다. 그래서 이제 어쩌면 수도권과 비수도권의 문제가 더 심각한 지역문제라고 주장할 수도 있다. 하지만 이런 관점은 문제의 본질을 이해하지 못한 피상적 주장이다. 앞에서 영남패권주의의 현재 상태에 대해서는 언급한 바 있다. 이제 여기서는 영남패권주의의 미래 문제에 대해 부연하겠다.

얼핏 우리나라 영남패권주의는 '살아가는 영역의 문제'이므로 '수도권/지방' 혹은 시간문제라고 생각할 수 있다. 이런 관점에서 보면 영남패권주의와 그에 따른 호남의 반영남패권주의적 저항도 시간이 갈수록 의미가 없어질 수밖에 없는 기껏 시간문제로 보일 것이다. 과연 그런가? 극단적인 가정을 해보자. 미래 어느 날 대한민국 국민 모두가 수도권에 모여 살고 수도권 바깥 지역은 아무도 살지 않는 빈 땅이 됐다고 가정해보자. 심지어 수도권 내에서조차 호남출신은 모두 멸종했다고 가정해보자. 이제 영남패권주의는 사라졌는가? 호남

땅의 저항이 없으므로, 그리고 호남인이 없으므로 이제 영남패권주의는 사라졌는가? 정말 그렇게 생각하는가? 사라지지 않았다! 영남패권주의는 사라지지 않고 영구적인 승리를 쟁취했을 뿐이다!!

영남패권주의가 영구적인 승리를 쟁취한다는 것은 무슨 의미인가? 오늘을 지배하는 영남패권주의의 실체와 이데올로기가 영구적인 승리를 쟁취했다는 의미다. 그렇다면 '당연히!' 그들은 그 영구적인 승리를 만끽할 것이다. 즉 대한민국 영남패권주의의 역사를 국정화해 '올바른 역사!'의 지위에 올려놓을 것이고, 호남이 사라진 공동체에서 패권 행사를 위한 또 다른 '희생양'을 찾을 것이며, 이 땅을 끝없는 패권적 분열의 땅으로 만들어갈 것이다. '가능하기만 하다면' 영남패권주의적 정체성을 가진 단 한 사람이 남을 때까지 그럴 것이다. 설령 그 한 사람의 영남인이 사라져도 또 다른 부족주의적 패권집단이 떨쳐 일어날 것이다. 역사 속에서 승리한 영남부족의 모습을 확인했는데 왜 그러지 않겠는가!? 민주주의가 역사 속에서 패배하는 모습을 보았는데 왜 그러지 않겠는가!?

최근 박근혜가 전투적으로 추진하고 있는 역사교과서 국정화는 상징적 예다. 한국갤럽이 실시한 여론조사[13]를 참조하면, 처음 2015년 10월 2주엔 국정화 반대의견이 광주·전라 45%, 대구·경북 35%, 부산·울산·경남 37%였지만, 2015년 11월 1주엔 광주·전라 68%, 대구·경북 42%, 부산·울산·경남 47%의 변화가 있었다. 그나마 재빨리 사태를 간파하고 별나게 맞서주는 '호남과 수도권 호남'의 이런 저항이 시간의 흐름 속에서 0이 되면 어떻게 될까? 그럼 그제야 영남패권주의자들이 뒤늦게 철들어 반성하고 곱게 사라지는 것일까? 정의롭진 않지만 자신들에게 이익이 되는 사안에서, 부정적인 여론이라는 게 사실 얼마나 공허한 것인가는 3당합당과 이후 정치질서에 대한 영남여론의 흐름을 상기해보면 안다. 난 이 정도의 상상만으로도 우리나라 영남패권주의의 역사적인 '영구 승리' 결과를 두렵게 인식하기에 충분하다고 본다. 하지만 상상력이 부족한 사람들을 위해 조금만 더 첨언해보자.

2015년 11월, 국방부장관 한민구는 국회에서 "우리 군에서 그 교과서 집필에 참여할 수 있도록 좀 협조하고 있"다고 말했다. 실제로 국방부는 지난 2008년 전두환 정권을 미화하는 내용으로 교과서를 수정해달라고 교육부에 요구한 사실이 드러난 바도 있는데, 당시 국방부는 박정희에 대해서는 "'헌법 위에 존재하는 대통령'으로 돼 있던 교과서를 '민족의 근대화에 기여한 박정희 대통령'"으로 수정할 것을 요구했었다.[14] 그런데 만약 위 국정화 여론조사 설문을 '박정희가 민족의 근대화에 기여했다고 보느냐'란 식으로 물으면 그 결과가 어떨까? 여론조사란 사실 (대선후보 단일화 때 너무나 잘 봤듯이) 설문의 토씨 하나에도 그 결과가 엄청나게 달라질 수 있다. 박근혜가 2015년 10월 국회 시정연설에서 "집필되지도 않은 교과서, 일어나지도 않을 일을 두고 더 이상 왜곡과 혼란은 없어야 한다"[15]고 주장한 건 다 믿는 구석이 있어서다. 그녀가 믿는 건 두말할 필요도 없이 이제 마음껏 사회의식과 역사까지 지배하려 드는 영남패권주의 이데올로기다.

그래서 말하는 것이다. 호남의 저항이 없기만 하면, 모두가 수도권에 모여 살기만 하면, 그렇게 시간이 흘러가기만 하면, 영남패권주의가 안개처럼 아무 노력 없이도 사라진다고 보는가? 우리 모두 그런 역사, 그런 세상을 손꼽아 기다려야 하는가? 그렇게 시간이 흐르면 영남패권주의가 사라질 것이라고 주장하는 건 자본주의에 저항하는 공산주의가 사라졌으니 자본주의가 당연히 '사라졌다'고 생각하는 것과 같다. 맘 편히 세상을 그렇게 보자고, 시간이 흐르면 모든 것이 해결된다고 주장하는 건 영남패권주의의 영구 승리를 돕는 반역사적·투항주의적 이데올로기일 뿐이다.

우리는 익숙한 관행엔 뻔한 사실도 눈에 잘 보이지 않고 무뎌지는 경향이 있다. 예컨대 선거결과를 분석하는 경우를 보자. 선거가 끝날 때마다 눈에 보이는 건 영호남의 일방적 투표성향이다. 이 결과를 두고도 영남패권주의가 또다시 공고한 승리를 거두었다는 분석은 결코 없다. 그것은 그저 너무나 익숙한 지역주의 투표행태일 뿐이고, 그래서 무슨 분석의 대상이고 자시고 할 필요도 없는 식상한 장면일 뿐이다. 전문가들은 즉각적으로 '계급적 정책' 분석에만 열을 올린다. 새정치민주연합을 포함해 스스로를 개혁·진보적이라고 생각하는 정당일수록 그런 태도는 더하다. 계급적 정책이 좌우하는 투표성향보다 영남패권주의적 사태 때문에 발생하는 투표성향이 결정적으로 승패를 좌우하고 있음에도 불구하고 공식적인 투표결과 분석은 언제나 '정책'적이다. 좌클릭 우클릭하면서 요란을 떤다. 영남패권주의라는 치명적인 사태는 어쩔 수 없다는 이유(?)로 저리 치워두고 주변부 현상만을 집적거리며 계급적 위선을 떨고 있는 것이다.

이런 계급적 위선은 과거 민주화 역사를 해석하는 데 있어서도 유감없이 발휘된다. 우리나라 민주화 역사는 영남패권주의에 저항한 호남의 몰표가 절대적으로 기여했다. 많은 세력이 투쟁하고 희생했지만, 어쨌든 결과적으로 선거를 통한 민주화라는 측면에서 볼 때 호남몰표가 압도적으로 기여했다는 의미다. 하지만 그들 '계급적 위선자'들은 그 결과를 있는 그대로 받아들이고, 분석하고, 존중하려 하지 않는다. 그것을 인정한다는 것은 호남의 지역적 저항이 절대적으로 기여했음을 인정하는 것이고, 또 그것을 인정하면 영남패권주의의 실체를 인정하는 것이고, 그것은 또한 앞으로의 계층·계급투쟁 이데올로기에 장애가 될 수 있다고 믿기 때문이다. 오래전이지만 손호철은 『3김을 넘어서』라는 책에서 이런 넋두리를 했다.

역사적으로 현대 한국정치의 특징은 한마디로 민주·반민주의 투쟁이다. (…) 한마디로 한국정치는 모든 권력이 3김에게 있고 3김에게서 나오는 '3김공화국'에 불과하며 '3김의 지역분할독재'에 불과하다.[16]

잘 들여다보기 바란다. 손호철은 지역투쟁을 부정적으로 묘사하려 했지만 결과는 오히려 정반대다. 그의 표현은 '3김의 지역분할독재'가 '민주/반민주' 투쟁을 이끌었다는 고백에 다름 아니다. 즉 그에 따르면 우리나라 민주화 투쟁의 핵심적 성과는 계급투쟁이 아닌 지역투쟁의 결과물이었던 것이다! 물론 아직 끝나지 않았다. 하지만 부정하고 싶어도 부정할 수 없는, 있는 그대로의 역사는 인정해야 한다. 이를 인정하지 못하므로 '호남 없는 개혁'이라는 은폐된 투항적 영남 패권주의의 당위적 주장만이 판을 치게 된다.

이제 이야기를 정리해보자. 나는 '호남 없는 개혁은 왜 실패하는 가'라고 물었다. 사실 '호남 없는 개혁'이 무엇이건 간에 그 결과가 개혁의 성공으로 나타날 수만 있다면 이런 논리적 공세는 부질없다. 하지만 내가 그런 질문을 했던 이유는 '호남 없는 개혁'은 필연적으로 실패할 수밖에 없다는 전제가 있어서였다. 이 질문과 관련해 입장을 들을 수 있는 주요 정파는 크게 두 세력이다. 하나는 전통적인 진보 그룹이고, 다른 하나는 새정치민주연합이다. 이들 주장은 비슷한 측면이 있지만 내색은 조금 다르다.

우선 진보부터 살펴보자. 진보가 호남 없는 개혁에 집착하는 이유는 호남을 해체해 진보로 흡수하려는 목적 때문이다. 물론 '지역 관념 없는 개혁'이라는 모토는 표면적으로는 영호남 모두를 향한다. 하지만 현실적으로 패권지역 영남의 새누리당 지지를 뚫을 가능성보다는 그 새누리당에 결사반대하는 피패권지역 호남에서 새정치민주연합의 지지를 진보로 돌릴 수 있는 가능성이 더 크다고 생각하는 것 같다. 그래서 그런 노림수의 성공여부와는 상관없이 일단 그런 전략이 횡행한다. 예컨대 지역주의를 비판하며 새로운 진보정당을 결성하겠다는 (최근 정의당과 합치기로 한) '국민모임'도 일단 "호남민심을 일차적 공략 대상으로 삼고 있는 듯하다"[17]는 위선적 인상을 줄 수밖에 없는 것이다.

어쨌든 진보그룹의 '호남 없는 개혁' 전략은 근시안적인 정략일 뿐이다. 우리나라 진보정당세력의 현실적 한계를 무시하는 자당 중심의 정략이라는 것도 문제지만, 그보다는 그것이 개혁이라는 관점에서 볼 때 자멸적이라는 것이 더 큰 문제다. 우리나라 정치의 가장 큰 과제는 구조적으로 새누리당의 극우적인 영남패권주의를 막는 것이다. 이를 위해서는 우선 반새누리당 연대가 이루어져야 한다. 과거 유시민은 2004년 총선을 앞두고 김근태가 주장한 '반한나라당 연합'에 대해 "(노무현의 입당을 바라는-필자 주) 그런 집권당이 특정 야당에 반대하는 연합을 하겠다는 것은 무책임한 태도"[18]라고 일축한 바 있다. 하지만 그의 '책임 있는' 태도는 노무현의 '양대산맥'론의 앞길을 깨끗이 쓸어주는 부지런에 불과했다. '반새누리당 연대'라는 것이 아무 생각 없이 그저 새누리당만 맹목적으로 반대하자는 말은 아니다. 2차 대전의 반파시즘연합이 아무 이념이나 생각 없이 궁극적으로 독일 등만 반대하면 된다고 생각했던 무리는 아니었다. 그것은 비정상에 반대하는 반反비정상연대였다. 반새누리당연대가 추구하는 정상적인 이념이 무엇인지는 모두 알고 있다.

그런데 '호남 없는 개혁' 이데올로기는 반새누리당으로 이미 90% 이상 조직돼 있는 호남을 해체한 뒤 다시 진보/보수 전선을 만들자는 얘기다. 영남이 이 전선으로 해체될 이유가 없는 것은 차치하고라도 호남이 이 전선으로 재편되면 몇 %나 진보쪽에 서게 될까? 90%? 지역을 배제한 일관된 논리라면 진보/보수로 재편된 호남의 진보 지지율은 '반드시!' 전국 평균에 머물러야 한다. 결국 진보 입장에서 '호남 없는 개혁'을 주장하는 건 연대 가능한 90%의 호남조직을 해체한 뒤 현재 10%도 안 되는 전국 평균 지지율의 단일진보조직으로 재구성하자는 의미다. 진보의 소원대로 호남이 해체된 후 그 지지율이 10% 이하여도 좋다면 그것은 자멸적 바보의 논리고, 여전히 90% 이상의 진보'지역'을 꿈꾼다면 위선의 논리일 뿐이다.

다른 한편, 새정치민주연합이 '호남 없는 개혁'을 주장하는 건 그냥 위선의 논리에 가깝다. 이에 관해서는 앞에서도 언급했으므로 반복을 피하기 위해 오래전 내가 정리했던 주장을 다시 인용하는 것으로 대체하고자 한다. 유감스럽게도 그때나 지금이나 달라진 것은 하나도 없다. 나는 노무현의 '호남 없는 개혁'이 실패할 수밖에 없는 이유를 이렇게 정리했다.

비정한 현실은 아둔한 관념을 냉혹하게 검증한다. 노무현이 '호남 없는 개혁'을 입증하기 위해 현실 속에서 취한 행동들을 보라. 그의 생각대로라면 이제 노무현은 지역관념 없이 오직 개혁에만 일로매진하면 될 일이었다. 그러나 기득권과 함께 보수화된 영남은 꿈쩍도 하지 않았다. 그들을 어떻게 달랠 수 있을까? 노무현은 그들에게 끊임없이 '부산정권'이라는 당근만을 제공했을 뿐이다. '호남 없는 개혁'을 성공시키기 위해 한 일은 결국 '영남 있는 보수' 이상 아무것도 아니었다.[19]

이런 맥락에서 볼 때 '호남 없는 개혁' 이데올로기는 결과적으로 은폐된 투항적 영남패권주의의 성격을 갖는다. 피패권지역의 지역단위 저항을 해체시키고 패권지역 영남인들의 양심에 호소하자는 전략은 사실상 순교의 전략에 가깝다. 종교나 양심의 영역을 정치의 영역으로 승화시키려는 노력은 가상하지만 결과적으로 패권 상태를 공고히 하는 것을 도울 뿐이다. 그리고 이는 두말할 필요도 없이 개혁의 실패를 의미한다. 노무현의 양비론이 어떻게 투항적 영남패권주의로 전락하며 반개혁적 결과를 낳았는지 성찰할 필요가 있다. 그 위선적 결과는 특정 집단의 인간성 피폐에서 나온 것이 아니라 잘못된 이데올로기적 확신의 문제였다. 그럼에도 불구하고 실패에서 아무런 교훈도 얻지 못하고 그 실패를 다시 반복하려 한다면 그것은 무능을 넘어 죄악이라고 봐야 한다.

3

상상된 해결책:
우리나라 지역주의는
지역주의가 아니다?

중국 전국시대 조趙나라 인물인 공손룡(BC 320?~BC 250?)은 명가의 대표적인 변론가다. 그의 변론 중에 특별히 잘 알려져 있는 것이 '백마는 말이 아니다(白馬非馬)'는 명제[20]다. 삼척동자라도 이의를 제기할 만한 아리송한 주장이지만 배울 만큼 배운 어른도 웬만해선 반박할 수 없는 명쾌한 논리를 장착하고 있다. 그래서 흔히 궤변으로 치부되기도 한다. 그는 무슨 배짱으로 이런 주장을 했을까?

공손룡에 따르면 말은 특정 동물의 형태'만'을 지칭한다. 그 형태 속엔 백마도 있고, 흑마도 있고, 갈색 말도 있을 수 있다. 모두 말이다. 즉 우리가 '말'이라는 말을 할 때 특정 색깔의 말을 배제하지 않고 말의 형태를 지닌 것을 모두 일컫는 보편성을 상정한다. 그런데 백마는 '하얗다'는 색깔과 '말'이라는 형태가 합해진 명칭으로써 특수한 종류의 말만을 지칭한다. 즉 백마는 말이라는 보편개념에 포함되는 특수개념이다. 우리가 여기서 이 특수개념을 보편개념과 같다고 주장하면 오류다. 즉 '백마(특수)는 말(보편)이다'고 주장하면 오류가 된다. 이런 논리로 그는 '백마는 말이 아니다'라고 주장한 것이다.

그럴듯한가? 사실 이 주장이 '맞다/틀리다'를 따지는 건 대화상대와의 언어적 약속을 확인하는 일에 불과하다. 누군가 '백마는 (말에 포함되는) 말이다'고 했다면, 그런 그 앞에서 '백마는 말이 아니다'고 해봐야 시간낭비일 뿐이다. 상대로부터 "누가 백마라는 말과 말이라는 말이 똑같다고 했냐고?!"라는 짜증 섞인 핀잔만 돌아올 것이다. '백마는 말이 아니다'는 공손룡의 주장이 공허한 말장난이 아니라 어떤 의미가 있으려면 누군가 '백마(특수)는 말(보편)이다'고 주장했을 때다. 하지만 이런 식의 변증법적 모순론으로 형식논리학적 문제제기에 천착하고 있는 공손룡을 헷갈리게 한 사람이 있기나 했을까?

우리나라에서 누군가 '우리나라 지역주의는 지역주의가 아니다'고 주장하면 사람들의 반응이 어떨까? 아마도 전국시대 사람들이 공손룡을 바라보는 눈빛으로 그를 바라볼 가능성이 크다. 그런데 실제로 그런 주장을 하는 사람이 있을까? 있다! 정치학박사 박상훈이 그런 인물이다. 그는 『만들어진 현실』이란 책에서 공손룡과 유사한 주장을 펼친다. 그의 명제부터 들어보자.

권위의 중앙 집중화와 지방의 강권적 통합을 동반하면서 지역 균열을 만들어 냈던 서구의 근대 민족국가 성립 과정과는 달리, 한국의 경우는 근대 이전에 이미 강한 중앙 관료 체제하에서 오랫동안 통합되어 있었고, 긴 식민 지배와 냉전 체제에서 분단과 전쟁을 경험함으로써 지역적 정체성을 자극할 수 있는 역사적 계기를 갖지 못했다. 자율적 시민사회의 영역에서 지역주의가 집단적 갈등 내지는 물리적 폭력을 동반한 사례는 없으며, 지역주의 강령을 갖는 지역정당이 존재한 적도 없다.[21]

그가 보기에 우리나라에 지역주의는 없다! 이 난데없는 주장의 근거는 ①서구와 같은 근대적 의미의 지역주의 현상이 우리나라엔 없었고, ②자율적 시민사회의 물리적 폭력도 없었으며, ③지역주의 강령을 갖는 지역당 또한 없었다는 사실이다. 말하자면 우리나라의 지역주의는 그가 규정해 놓은 지역주의 개념에 포함되지 않으므로 지역주의가 아니라는 것이다. 얼핏 그의 주장이 공손룡을 연상시키지만(조금 다르긴 하다. 공손룡은 '특수는 보편이 아니다'는 주장이지만 박상훈은 아예 '우리나라 지역주의[특수]는 서구적 지역주의[보편]에 포함되지 않는다'는 주장이다) 일단 차분히 들어볼 필요는 있다.

우선 박상훈이 보기에 '어떤 지역주의가 지역주의다'라고 말할 수 있으려면 "언어·종교·인종·문화·전통·역사적 차이"처럼 "근대 이전에 역사적 기원을 갖는 원형적 지역성proto-regionalities에 토대를 두고 있으며 다른 지역 집단과 객관적으로 구분되는 문화적 특성"이 전제돼 있어야만 한다.[22] 하지만 그가 보기에 우리나라엔 그런 특성으로 구분할 수 있는 "원형적 지역성"이 없다. 그래서 우리나라엔 원래적 의미의 지역주의가 없다고 주장하는 것이다. 이 주장의 사실관계 자체도 의심스럽지만 차치하고, 그가 보기에 우리나라엔 그런 "원형적 지역성"이 없으므로 ①나라의 정치·경제·사회·문화적 패권을 영남이 장악하고, ②영남패권 군부가 광주양민을 집단학살하고, ③영남중심의 패권주의 정당과 호남중심의 반패권주의 정당이 수십 년을 대치해도 그것은 원래적인 의미의 '지역주의'가 아닌 것이다!

사실 세상의 온갖 문제를 해결하는 가장 좋은 방법은 문제 그 자체를 없애는 것이다. 히틀러는 유대인을 멸종시키는 것을 유대인문제의 최종 해결책으로 생각했지만 박상훈식으로 생각하면 그건 차선책일 뿐이다. 민족으로서 '원형적 유대인'은 없다고 선언하는 순간 유대인문제는 아주 손쉽게 해결할 수 있었다. 헤어진 사랑 때문에 비탄에 빠진 젊은이의 고민을 해결하는 가장 좋은 방법은 뭘까? 그들의 사랑은 '원형적 사랑'이 아니었다고 말해주면 된다. 치고받는 형제들의 싸움을 해결하는 가장 손쉬운 방법은 뭘까? 그들의 싸움은 '원형적 싸움'이 아니라고 말해주는 것이다. 얼마나 깔끔한 해결책인가?

도대체 '원형적'이란 무엇일까? 서구의 근대화 과정에 존재하는 것? 변치 않는 것? 어디에선가 그 근원을 알 수 없는 무엇으로부터 발생한 것? 박상훈은 '원형적'이란 수식으로 지역주의를 초경험적인 신비한 개념으로 바꿔버린다. 그런 의미에서 그는 어떤 역사적 이유 속에서 변화해온 우리 근대사의 지역문제를 지역문제가 아니라고 주장하는 것이다. 그리고 우리가 현실 속에서 경험하는 최근사의 영남패권주의를 지역주의적 현상이 아닌 어떤 것으로 설명하려 한다. 그는 정확히 이렇게 말한다.

반호남 지역주의는 호남이라는 지역적 특성으로부터 만들어진 것이 아니라는 점에서 우리는 이를 '2차적 균열' 혹은 냉전 반공주의의 기초 위에서 이루어진 권위주의 산업화가 만들어 낸 '파생적 균열'로 정의할 수 있다.[23]

박상훈이 덫을 쳐놓고 기다리는 질문은 이런 것이다. "어쨌든 균열은 일어난 것 아닌가? 당신 주장대로 우리나라 지역문제가 '원형적 균열'이 아니라 '2차적 균열'이라고 한들 뭐가 달라지는가?" 달라진다! 박상훈의 주장대로라면 우리나라에서 지역투쟁은 본질적인 것이 아니며 본질적인 것이 되어서도 안 된다. 2차적 균열을 일으킨 1차적 원인에 대해 대책을 세워야 하는 것이지 2차적 균열을 보고 그것에 집착하면 안 되는 것이다. 그래서 이렇게 주장한다.

중요한 것은 지역주의 문제를 파생시킨 우리 사회의 정치경제적 구조의 문제를 개선하는 데 있지, 사람들의 머릿속에서 몹쓸 지역주의를 없애겠다고 흥분할 일이 아니기 때문이다.[24]

이런 논리전개는 이중의 전략을 내포한다. 첫째는 2차적 균열의 지역투쟁에 집착하는 호남을 우선 격파하고, 둘째는 1차적 원인인 권위주의 산업화가 만들어낸 전형적인 계급적 정책투쟁을 북돋는 것이다. 말을 바꾸면 첫째 전략은 영남패권주의를 공격대상으로 삼지 않는 것이며(따라서 앞서의 유시민처럼 '반새누리당 연대' 같은 건 전략이 될 수 없다), 둘째 전략은 지역당 모두를 똑같은 보수정당으로 몰아붙이고 진보정당의 운신의 폭을 확장시키는 것이다. 간단히 말해 이 전략적 실천을 위해 '우리나라 지역주의는 지역주의가 아니다'는 '상상된 해결책'을 내놓은 것이다.

좀 더 자세히 들여다보자. 박상훈은 우리나라 지역문제를 지칭하는 용어와 관련해 "더 나은 대안이 있는 것도 아니"[25]라면서 그냥 '지역주의'라고 부른다. 그러면서 "한국 지역주의 문제의 핵심을 반호남주의"[26]라고 규정한다. 하지만 이는 '우리나라엔 원래적 의미의 지역주의가 없다'는 박상훈 자신의 논리를 스스로 위협한다. 그래서 그는 "적어도 1960년대 초까지는 호남 출신을 중심으로 한 배제와 소외의 갈등 구조가 존재하지 않았다"는 점을 강조하면서 "결국 문제의 반호남주의는 1960~70년대의 권위주의 산업화와 그것이 가져온 사회 변화의 맥락에서 부각된 것"[27]이라는 결론을 내린다.

어쨌든 자가당착이다. 설령 반호남주의가 '1초 전'에 생겨서 그의 주장대로 '원래적 의미의 지역주의가 아니다'고 하자. 그렇더라도 그 반호남주의가 '권위주의 산업화'를 만든 것이 아니라 '권위주의 산업화'가 반호남주의를 만든 것이라면 '반호남주의'는 2차적이며 현상적일 뿐이고, '권위주의 산업화'야말로 1차적이며 근원적인 문제다. 말하자면 반호남주의는 영남패권주의가 발생한 근원이 아니라 그것을 유지하기 위한 수단으로 발호하는 것뿐이다. 따라서 그 자신의 주장처럼 1차적인 근원에 초점을 맞춰야 한다면 우리나라 지역문제의 핵심은 '반호남주의(호남문제)'라고 해야 할 것이 아니라 '권위주의 산업화＝영남패권주의(영남문제)'라고 말해야 한다.

그럼에도 불구하고 박상훈이 지역문제의 핵심을 영남패권주의가 아닌 반호남주의라고 지칭하며 강조하는 건 자신의 이론적 결론을 인위적으로 도출하기 위한 의도라고 본다. 즉 그런 식의 지칭은 반호남주의를 선동하는 패권적 주체가 영남인지, 충청인지, 강원인지, 혹은 제주인지를 알 수조차 없게 만든다. 그 결과 반영남패권주의 투쟁논리는 당연히 모호하게 된다. 그리고 이는 자신의 이론적 결론인 '지역투쟁 대신 계층·계급투쟁을 해야 한다'는 주장을 자연스럽게 뒷받침하게 된다.

이것이 전부가 아니다. 우리나라 지역문제를 '영남패권주의'가 아닌 '반호남주의'라고 호명하는 것은 (애초 의도의 부작용으로 보이는) 불순한 결과를 낳는다. 즉 논의가 '반호남주의'에 초점이 맞춰질 경우 자연스레 '호남에 무슨 잘못이 있는가 없는가'에 대한 불순한 검증문제로 이어질 수밖에 없다. 박상훈처럼 '알고 보니 호남은 아무 잘못이 없더라'며 논의를 끝낸다 하더라도 호남은 이미 피의자 신세로 전락한 뒤다. 하지만 문제의 근원을 영남패권주의라고 보면 얘기가 180도 달라진다. 영남패권주의의 피해자는 호남일 수도 있고, 충청일 수도 있고, 통일 후엔 북한 땅일 수도 있다. 따라서 근원적 문제를 제거해야 한다는 목적에 동의하는 우리는 당연히 '영남이 무슨 잘못을 했는가 안 했는가'에 초점을 맞춰야 한다. 그게 정상적 사고방식이다.

박상훈식 피해자 중심 검증방식의 가장 큰 문제는 초점을 피해자에 맞춰 이러쿵저러쿵하고 있는 사이 가해자를 놓치는 일이다. 웬만

한 교양을 지닌 사람이라면 성폭행 문제의 핵심을 '피해자문제'라고 주장하며 피해자가 무슨 잘못이 있는지 없는지 따지는 일에'만' 온 심혈을 기울이진 않는다. 누군가 그러고 있다면 그것은 틀림없이 가해자를 돕는 일이다. 반복하지만 이런저런 적나라한 분석 자체가 피해자의 상처를 덧내는 그럴듯한 연구 끝에 '알고 보니 피해자는 아무 문제가 없었다'고 마치 위대한 발견이나 한 것처럼 착한 결론을 내려도 마찬가지다. 그것은 자신이 이미 남성패권주의(우리의 주제에 따르면 영남패권주의) 이데올로기에 심각하게 중독돼 있다는 것을 드러내는 고백일 뿐이다.

어쨌든 그렇게 박상훈이 보기에 우리나라엔 지역주의가 없음에도 불구하고 우리나라 유권자는 왜 1차적 근원이 아닌 2차적 균열에 집착하는 투표행태를 보이는 것일까? 그는 물론 이것도 지역주의 때문이 아니라고 주장한다. 이런 식이다.

> 요컨대 지역주의 극복이 사회적 합의처럼 주장됨에도 불구하고 지역 정당체제가 지속되고 있는 것은 유권자가 지역주의적 투표 결정을 하기 때문이 아니라, 경쟁의 절차와 제도만 민주화되었을 뿐 오랜 권위주의 체제하에서 주조된 정치적 대표 체제의 구성적 특징들이 그대로 유지되고 있기 때문이다.[28]

이제 "유권자가 지역주의적 투표 결정을 하기 때문이 아니라"는 박상훈의 주장이 무슨 말뜻인지 쉽게 이해할 수 있을 것이다. 우리나라 지역주의는 (그의 언어적 정의에 의해서) 지역주의가 아닌데 무슨 지역주의 투표 결정이 있고 없고 하겠는가? 문제는 유권자의 지역주의가 아니라 정당구조나 구태의연한 정치인들을 어떻게 할 수 없는 체제 때문인 것이다. 박상훈에 따르면, 예컨대 "영호남 사이의 거리감 내지 투표 패턴의 상이함은 상호 지역민이 갖는 본래의 지역감정 때문이 아니라 민주화 직후 야당의 분열이 만들어 낸 정당체제의 구조를 반영했던 결과"[29]이며, 이후로도 "좁은 이념적 범위 안에서 조직되고 계층적 차이에 의해 차별화되지 못한 보수 독점적 정당체제"[30] 등이 문제인 것이다.

나는 지역대립이든 계급대립이든 물적 토대가 아닌 상부구조적 체제에서 정치적 대립의 일차적 원인을 찾는 것을 별로 신뢰하지 않는다. 민주화 직후 김대중·김영삼의 분열은 그들 정치인들의 개인적 야욕의 문제가 아니라 박정희의 영남패권주의와 1980년의 전두환의 광주학살에서 그 근원적 이유를 찾아야 한다. 이후로도 정당구조와 정치인들은 기본적으로 그런 조건을 이차적으로 반영하는 것이지 일차적으로 결정하는 것이 아니다. 박상훈은 "협애한 이념적 대표체계"[31]를 강조하는 최장집과 유사하게 "좁은 이념적 범위" 안에서 조직되는 정당구조를 강조하고 있지만, 이는 원인과 결과를 뒤바꾼 것이다. 우리나라 정당구조는 우리 정치현실을 감안할 때 비교적 넓은 이념적 범위 안에서 조직되어 왔지만 영남패권주의 질서로 인해 유권자들이 좁은 이념적 범위 안에서 선택하고 있을 뿐이다.

참고로 박상훈은 5·18과 관련된 짧은 코멘트를 하는데, 그는 "권위주의에 대한 저항을 지역주의 때문으로 치환하려는 이들의 해석"에도 불구하고, "그것은 여전히 지배의 욕구를 공유하는 집단 사이의 문제였을 뿐, 사회 대다수의 의식 세계를 지배하는 정도의 효과를 가졌던 것은 아니다"고 주장한다. 즉 그가 보기에 반호남주의가 "반권위주의 저항 연합의 전국적 확대를 막지는 못했다"는 것이다.[32]

하지만 내가 보기에는 "반권위주의 저항 연합의 전국적 확대"는 운동권 얘기일 뿐이고, 호남을 제외한 "사회 대다수의 의식 세계를 지배"한 것은 영남패권주의 이데올로기였다. 이에 대해서는 이미 충분히 얘기했으므로 더 이상 언급하지 않겠다.

결론적으로 나는 박상훈이 "정치 이념화된 '반지역주의' 내지 거꾸로 전도된 저항적 지역주의로 다시 부추기고 자극할 일은 아닌 것이다"[33]는 충고에 전혀 동의할 수 없다. 나는 오히려 '우리나라에 지역주의는 없다'는 식으로 '만들어진 해결책'을 동원해 영남패권주의를 감추고, 피하고, 등한시할 일이 아니라고 본다. 즉 계층적 정당구조의 확립이라는 목적을 위해 있는 현실을 없다고 관념적으로 조작할 일이 아니라 있는 현실을 인정하고 지양함으로써 바람직한 당위질서를 이뤄가야 한다는 얘기다. 단언컨대 영남패권주의 현실은 반영남패권주의 투쟁을 통해 실질적인 해결책을 찾아가야 할 문제다.

앞의 공손룡 얘기엔 후일담이 있다. 한비자는 전국시대 송宋나라 변설가 아열의 얘기를 전해준다. 아열은 공손룡처럼 '백마는 말이 아니다'는 논변으로 제齊나라의 변설가들을 설복시켰다. 그런데 당시에도 관문을 지나갈 땐 지금의 자동차 통행료처럼 말에 통행료를 부과

했던 모양이다. 당연히 사람들은 백마를 타고 다니던 아열이 관문의 문지기에게 통행료를 내는지 안 내는지 궁금해 했다. 과연 '백마는 말이 아니다'는 아열의 관념적 논변이 현실적 문지기에게 통했을까? 어림없는 수작이었다. 백마를 탄 변설가 아열은 '백마는 말이 아닌데도 불구하고' 어이없게도 통행료를 내지 않고는 그 문을 통과할 방법이 없었다. 그래서 한비자는 우리에게 이렇게 충고한다.

그러므로 허사虛辭에 의지할 경우는 온 나라 사람을 능히 이길 수 있지만 실제 일을 조사하여 사실을 확인할 경우는 한 사람도 속일 수가 없다는 것이다.[34]

4

영남패권주의의 비밀:
영남패권주의 선거제도

영남은 과반수에 훨씬 못 미치는 인구분포로 절대적 패권을 행사하고 있다. 그 비밀이 뭘까? 영남패권주의 선거제도다. 이는 우리 정치현실을 굳이 상세히 들여다보지 않더라도 우리나라 인구 분포상 아주 쉽게 추론할 수 있는 논리적 정황이다. 물론 영남패권주의 선거제도는 민주주의 선거제도가 아니다. 우리는 민주주의 원리를 간단하게 상기하는 것만으로도 그 문제점을 드러낼 수 있다. 반영남패권주의 투쟁은 민주적 선거에서 패배한 패자의 이유 없는 넋두리가 아니라 민주주의 그 자체를 확립하기 위한 투쟁이다.

자본주의 국가에서 선거는 단지 정파 간의 대립을 평화적인 수단으로 해결하기 위한 수단일 뿐만 아니라 정당성의 근거이기도 하다. 따라서 정권을 장악한 세력은 어떻게든, 즉 부정이든 강권이든 협잡이든 선거를 이겼다는 사실만으로 충분한 것이 아니라 상대방으로부터 패배를 인정받는 것도 대단히 중시한다. 그 인정을 받지 못하면 권력의 행사가 불안해지기 때문이다.

그런데 선거 패배를 인정한다는 것도 단순한 일이 아니다. 그건 단순히 후보자 개인의 판단문제가 아니라 지지자를 포함한 국민 모두의 공감을 필요로 하기 때문이다. 그렇더라도 선거가 공정하게 치러졌는지 아닌지를 판단하는 게 그렇게 어려운 문제일까? 어려운 문제다! 민주국가에서 불공정한 선거라는 건 그저 부정한 투·개표, 선거자금의 불균형, 선거운동 과정에서의 공권력 개입, 후보자 탄압과 협잡, 유권자 매수와 협박 등등 눈에 보이는 문제만이 아니다. 선거에서 불공정을 판단하는 데 있어 진짜 어려움은 불공정한 선거제도 그 자체에 있다. 그리고 그 어려움의 핵심엔 평등선거의 문제가 있다.

우리 선거제도는 과연 평등한 선거제도일까? 단언컨대 불평등하다. 그 불평등한 선거제도로부터 어떤 집단은 이익을 얻고 어떤 집단은 손해를 본다. 그러므로 눈에 잘 띄지 않는 이 불평등을 바로잡는 것으로부터 민주국가의 기틀을 세워야 한다. 제도 차원으로 국한할 때, 평등선거의 조건은 크게 다음 4가지라고 할 수 있다. 차례로 살펴보기로 하자.

첫째, 1인1표 문제다. 보통선거와 평등선거의 관계를 혼동하는 경우도 있는데, 보통선거가 실시되지 않으면 당연히 불평등선거일 수밖에 없지만 보통선거가 실시된다 하더라도 평등선거가 당연히 보장되는 건 아니다. 보통선거, 즉 전국민의 선거권을 보장하는 선거제도 하에서도 특정 계층에 2표의 권리를 보장한다든가 하는 불평등선거

1812년 미국 정치인 에드먼드 게리가 분할한 선거구 모양을 풍자한 그림. 이후 게리맨더링은 특정 후보자나 특정 정당에 유리하도록 기형적이고 불공평한 선거구를 획정하는 것을 가리키는 말로 쓰인다.

가 치러질 수 있기 때문이다. 영국의 노동당 정권이 1950년 선거부터 폐지한 12개 대학 선거구와 기업인을 위한 복수투표제도는 그런 구시대적 사례라고 할 수 있다. 하지만 이런 식의 불평등선거는 더 이상 현대의 문제는 아니다.

둘째, 게리맨더링 문제다. 게리맨더링은 1812년 미국 매사추세츠주 주지사 E.게리가 상원선거법 개정법의 강행을 위하여 자기당인 공화당에 유리하도록 선거구를 분할했는데, 그 모양이 샐러맨더 salamander(도롱뇽)와 같다고 하여 반대당에서 게리의 이름을 붙여 게리 맨더라고 야유하고 비난한 데서 유래한 말이다.[35]

이 게리맨더링은 우리나라 헌법재판소 결정[36]에도 등장한다. 충북 옥천군을 사이에 두고 접경지역 없이 완전히 분리되어 있는 충북 보은군과 영동군을 "충북 보은군·영동군 선거구"라는 1개의 선거구로 획정한 것에 대해 헌법재판소는 재량의 범위를 일탈한 자의적인 선거구 획정이라고 결정했다. 그 이유는 "선거구의 획정은 사회적·지리적·역사적·경제적·행정적 연관성 및 생활권 등을 고려하여 특단의 불가피한 사정이 없는 한 인접지역이 1개의 선거구를 구성하도록 함이 상당하"다는 것이었다.

우리는 헌법재판소가 '지역'문제를 따지고 있음을 주목해야 한다. 만약 지역을 따지지 않는다면 예컨대 호남의 각 지역구를 잘게 분해해 영남의 지역구에 30~40% 이하의 범주에서 갖다 붙인다면 '지역적 의지'는 분해돼버리고 말 것이다. 지역적 의지를 유지하는 것은 단지 지역구간 인구편차의 문제를 평등하게 하는 것으로 해결될 수 없다. 만약 정치에서 계급모순만을 유일한 쟁점이라면 이런 식의 지역적 게리맨더링에 민감하게 반응할 이유는 거의 없다. 어쨌든 헌법재판소의 결정으로 우리나라의 게리맨더링은 통제대상이 되고 있다.

다음은 선거구간 인구편차 문제다. 헌법재판소는 선거구간 인구편차 때문에 발생하는 투표가치의 불평등을 해소하기 위해 그 조건을 계속 강화해왔다. 1995년엔 4:1[37], 2001년엔 3:1[38], 다시 2014년엔

2:1^{39} 이내로 시행해야 한다고 결정했다. 여기서도 왜 그 편차가 1:1이 아니고 2:1이 허용되느냐는 의문을 가질 수도 있다. 이 역시 선거란 단순히 계급적 인구비례에 맞는 대표를 선출하는 작업이 아닌 "사회적·지리적·역사적·경제적·행정적 연관성 및 생활권 등"을 모두 고려해야 한다는 전제가 없으면 대답하기 힘들다. 그래서 과연 단원제 국회를 가지고 있는 우리나라가 지역문제를 도외시하고 단순히 인구편차 문제만을 이렇게 강화하는 것이 타당한 것인가 하는 강한 의문이 있다. 하지만 어쨌든 이 문제는 뚜렷한 문제의식 속에 강한 통제대상이 되고 있다.

이제 마지막으로 정당득표율과 의석점유율의 비례라는 문제가 남았다. 이는 거의 통제되지 않고 있으며, 오히려 새누리당에서 결사적으로 민주적 통제를 거부하고 있는 불평등 선거문제다. 영남패권주의는 바로 이 불평등선거 제도에 의해서 유지되고 있으며, 이에 의해서만 유지될 수 있다. 박정희 쿠데타 이후 역대 선거에서 영남정권하의 여당(심지어는 야당이 됐을 경우에도)이 정당득표율보다 더 적은 의석점유율을 가져간 경우는 단 한 번도 없다.

제6대(1963년) 총선에서 민주공화당은 33.5%의 정당득표율로 110/175 =62.9%의 의석점유율을, 제7대(1967년) 총선에서 민주공화당은 50.6%의 정당득표율로 129/175 =73.7%의 의석점유율을, 제8대(1971년) 총선에서 민주공화당은 48.8%의 정당득표율로 113/204 =55.4%의 의석점유율을, 제9대(1973년) 총선에서 민주공화당은 38.7%의 정당득표율로 73 +유정회73/219 =66.7%

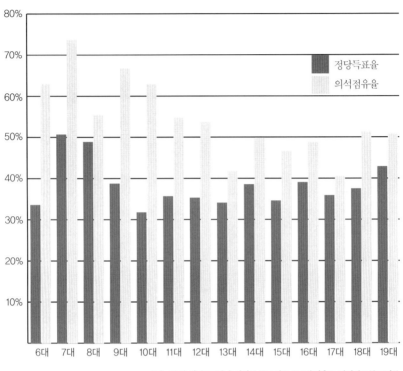

〈새누리당 계열 정당의 역대 정당득표율과 의석점유율〉

*6대~16대 정당득표율은 지역구 득표 기준 / 17대 이후는 비례대표 득표 기준

의 의석점유율을, 제10대(1978년) 총선에서 민주공화당은 31.7%

의 정당득표율로 68＋유신정우회 77/231＝62.8%의 의석점유율

을, 제11대(1981년) 총선에서 민주정의당은 35.6%의 정당득표율

로 151/276＝54.7%의 의석점유율을, 제12대(1985년) 총선에서 민

주정의당은 35.2%의 정당득표율로 148/276＝53.6%의 의석점유

율을, 제13대(1988년) 총선에서 민주정의당은 34.0%의 정당득표율

로 125/299＝41.8%의 의석점유율을, 제14대(1992년) 총선에서 민

주자유당은 38.5%의 정당득표율로 149/299＝49.8%의 의석점유율을, 제15대(1996년) 총선에서 신한국당은 34.5%의 정당득표율로 139/299＝46.5%의 의석점유율을, 제16대(2000년) 총선에서 한나라당은 39.0%의 정당득표율로 133/273＝48.7%의 의석점유율을, 제17대(2004년) 총선에서 한나라당은 35.8%의 정당득표율로 121/299＝40.5%의 의석점유율을, 제18대(2008년) 총선에서 한나라당은 37.48%의 정당득표율로 153/299＝51.2%의 의석점유율을, 제19대(2012년) 총선에서 새누리당은 42.80%의 정당득표율로 152/300＝50.7%의 의석점유율을 차지했다.[40] 이것이 민주주의인가!!!

　민주주의가 선거제도를 기초로 유지되고 있음에도 선거제도를 민주적으로 유지하는 것은 무척 힘들다. 대중들이 그 비민주성을 한눈에 이해하는 것은 더 힘들다. 1987년 6월항쟁이 성공한 것은 대중들이 '대통령을 내 손으로'라는 아주 단순한 민주주의 명제에 동참했기 때문이다. 하지만 1987년 헌법에도 대통령 결선투표제도는 도입하지 않았다. 아마도 당시 유력 대선후보들은 모두 결선투표 없이도, 혹은 없어야만 자신들이 승리하는 데 유리하다고 판단했을지 모른다. 어쨌든 이러한 상대다수선거제도는 지금껏 영남패권주의의 강력한 기초로 잘 활용되고 있다.

　우리 국민들은 아주 단순하게 모든 정치인을 내 손으로 뽑는 것에만 집착하고 있다. 그래서 총리를 내 손으로 뽑을 수 없는 내각제도 별로 좋아하지 않는다. 심지어 비례대표제도에 대한 대중적 거부감도 강하게 존재하다. 하지만 '내 손으로'라는 명제 안에서도 선거제도가 얼마나 심각하게 반민주적으로 왜곡될 수 있는지를 알아야 한다. 그 가장 심각한 왜곡은 인구의 과반도 되지 않는 한 지역집단이 수십 년 동안 대한민국 패권을 고스란히 행사하고 있는 것이다. 만약 우리나라 영남패권주의가 절대다수 인구를 바탕으로 소수를 탄압하는 상황이었다면 이건 민주제도의 문제라기보다는 법치주의적 정의의 문제로 제기됐을 것이다. 하지만 우리나라 영남패권주의는 정치적·법적 제도를 민주적으로 잘 정립하기만 해도 얼마든지 극복할 수 있다. 그나마 불행 중 다행인 여건이다.

우리나라에는 공공연한 반영남패권주의적 주장이 아니더라도 '지역'문제 논의 자체에 대해 상당히 부담스러워하는 분위기가 있다. 기본적으로 영남패권주의 이데올로기의 작동이겠지만, 지역에 대한 근원적 이해부족에서 나온 것이기도 하다. 위 헌법재판소 결정에서도 본 바와 같이 게리맨더링이나 선거구간 인구편차, 그리고 지역당체제 하에서 정당득표율과 의석점유율의 불비례 문제 모두 지역문제를 떠나서는 이해할 수 없다. 우리가 만약 실질적으로 지역을 떠나서 사고할 수 있다면 애초에 전국을 하나의 지역구로 해 전국대표만을 뽑으면 될 일이다. 지역관념을 떠날 수 있다면 전국을 지역으로 나눠 대표를 뽑을 이유는 전혀 없다.

물론 선거가 영남패권주의와 그 저항이라는 테제에 파묻혀 계층·계급적 정책토론이 파묻히는 데 대한 문제제기는 있을 수 있다. 그렇다면 그것도 영남패권주의를 여하히 통제하면서 계층·계급적 정책문제를 제기할 것인가를 고민해야지, 유권자가 자기 계층·계급의 이익도 모르는 바보여서 지역문제에 빠져 있다고 비난만 할 일은 절대 아니다. 실질적으로 그런 유의 담론은 영남패권에 대해 타격을 주기보다는 호남의 저항에 더 막대한 타격을 줄 수밖에 없다.

우리나라의 지역문제가 제도적으로 해결되지 못하는 이유 중의 하나는 아마도 단원제 국회에 있지 않나 하는 생각도 있다. 헌법재판소도 선거구제 결정과 관련해 "양원제를 채택하여 양원 중 어느 하나를 지역대표성을 가진 의원으로 구성하고 있는 나라들과는 달리, 우리나라는 단원제를 채택하고 있어, 국회의원이 법리상 국민의 대표이기는 하나 현실적으로는 어느 정도의 지역대표성도 겸하고 있다는 점"[41]을 진지하게 고려한 바 있다. 그런데 이 단원제 국회에서조차 지역은 잊고 대한민국 전체의 계층·계급적 정책만을 얘기하라는 (영남패권주의에 복무하는) 대의제 이데올로기가 작동되니, 사실상 지역문제에 대한 공개적이고 건전한 논의의 통로가 없다. 여기에 친노와 진보까지 적극적으로 거들고 나서 지역담론에 대한 혐오를 부추긴다. 그리고 그 달콤한 과실은 고스란히 영남패권주의자들의 몫으로 돌아간다.

우리는 세계적으로 많은 나라에서 왜 연방제와 양원제가 시행되고 있는지를 숙고할 필요가 있다. 이는 나라의 크기와 무관하다. 심지어 연방제 국가가 아닌 프랑스에서조차 헌법 제74조 제1항은 "지방자치단체들은 공화국 내에서 각각의 고유한 이익을 감안한 지위를 가진다"고 규정하고 있다. 우리가 사는 세상은 계급모순만으로 설명할 수 없다. 유사 이래 지역모순과 계급모순은 병존해왔다. 우리 제헌헌법 제정과정에서도 헌법기초위원을 추천할 10명의 전형위원을 당파별 혹은 무작위 연기명 다수득표자가 아닌 각 도별로 호선(재적 194명 중 가180명, 부1명)하고, 큰 도, 작은 도에 대한 구별도 없이(만장일치) 선출하기로 의결한 바 있다.[42] 그런데도 모든 의원은 지역을 잊으라는 '진보적' 공세는 부르주아 대의제 이데올로기를 확립한 에드먼드 버크의 극히 관념적인 주장을 연상케 한다.

> 의회는 지역적 목적이나 지역적인 편견이 아니라 전체의 일반적 이성으로부터 나온 일반적 선이 이끌어 가야 하는 하나의 이익을 가진 하나의 국가의 신중한 회의다.[43]

의회가 "지역적 목적이나 지역적인 편견이 아니라 전체의 일반적 이성으로부터 나온 일반적 선"을 추구한다고? 의회가 실제로 그러고 있다면 낙원이다. 실제로 그러고 있지 않다면 그건 '그래야 한다'는 당위로 위선적 수다를 떤 것뿐이다. 이런 위선적 수다로 현실에서 사는 유권자들을 세뇌시키려 한다면, 그건 기득권을 누리는 부르주아의 진부한 이데올로기거나 천상의 공익을 대의하고 싶어 하는 좌익 소아병 증상이라고 할 수밖에 없다.

나는 우리나라가 영남패권을 행사하는 데 필요한 음침한 선거제도가 아닌 민주주의를 실현하는 데 적합한 올바른 선거제도를 갖추기를 바란다. 그렇게 해서 의회에서 계급, 지역, 성별, 기타 어떤 이해관계라도 서로 대립하고 의존하면서 해결되기를 바란다. 하늘에 있는 공공선과 그것을 대의한다는 관념이 아니라 세상의 다양한 모순 속에서 현실적으로 지양된 공공선을 원한다. 그러므로 나는 지역이 아닌 어떤 유의 다른 이해관계를 주장하는 사람들에 대해서도 하등 유감이 없다. 나는 그들에게도 자신들 지분만큼의 정치적 이익이 돌아가기를 원한다. 거기에 약간의 욕심을 부리자면 공공선에 대한 이성적 합의를 위해 자신의 지분을 조금 더 타협적으로 행사하기를 바랄 뿐이다. 이것이 내가 생각하는 민주주의다.

5

지역 없는 지역투쟁: '호남 없는 개혁' 이데올로기

작가 박완서는 「도둑맞은 가난」[44]이라는 단편에서 소통이 불가능한 부르주아적 행태에 대한 재치 있는 야유를 보여줬다. 가난이란 무엇인가? 물질적 삶의 고통이다. 하지만 이는 가난 속에 살아가는 가난한 자들의 자기 이해일 뿐이다. 부자들에게 가난이란 무엇인가? 교훈을 얻어야 하는 타인의 고통이다. 그들은 가난의 교훈을 어떻게 얻어야 할까? 돈을 주고 살 수는 없다. 너무 비싸기 때문이다. 부자들에게 가난이란 자신의 가진 것을 몽땅 내주어야만 겨우 살 수 있는 비현실적 사치품이다. 그러므로 그들이 굳이 그 가난을 원한다면 다른 수단을 택할 수밖에 없다. 그것은 가난을 훔치는 것이다.

「도둑맞은 가난」의 주인공 '나'는 인형 옷 만드는 집 미싱사다. 나는 풀빵을 먹다가 상훈을 만났다. 얼간이 같은 그가 차츰 마음에 든 나는 '경제적인 이유'를 핑계로 그에게 동거를 제안한다. 그렇게 시작된 한 방에서의 동거는 그런대로 성공적이었다. 어느덧 나의 마음 속엔 '사랑'이 자리 잡고, '남녀가 하는 짓'도 자연스럽다. 하지만 나는 그에게 먼저 마음속 사랑을 고백받고 싶은 욕심이 있다.

생각해보면 상훈은 처음부터 뭔가 좀 이상했다. 우선 그는 풀빵 먹는 사람답지 않게 풀빵을 먹었다. 폐병에 걸려 입원한 그의 멕기(도금) 공장 동료에게 돈을 갹출해 위로금을 줘야 한다는 내 말을 듣고는 우리 생활비를 몽땅 줘버린 일도 있었다. 가난한 공장 동료들에게 돈을 갹출할 수 없었다는 게 그 이유였다. 하지만 정작 나를 불안에 떨게 한 건 돈에 대한 절실함이 없는 그의 태도였다.

그러던 어느 날 그가 사라졌다. 그리고 한참 뒤 이상한 차림새를 하고는 방에 있었다. 그는 대학생 배지가 달린 좋은 옷차림새에, 옆엔 두꺼운 책까지 있었다. 나는 그가 가짜 대학생 차림까지 하고 '도둑질'을 했다고 생각했다. 한데 그 정도가 아니었다. 그가 내게 한 말은 청천벽력이었다.

나는 부잣집 도련님이고 보시는 바와 같이 대학생이야. 아버지가 좀 별난 분이실 뿐이야. 아들자식이 너무 고생을 모르고 자라는 걸 걱정하셔서 방학 동안에 어디 가서 고생 좀 실컷 하고, 돈 귀한 줄도 좀 알고 오라고 무일푼으로 나를 내쫓으셨던 거야. 알아듣겠어?[45]

상훈은 나를 생각한답시고 이런 얘기까지 들려줬다. 그는 자신의 부자 아버지에게 남의 얘기처럼 내 얘기를 흘렸는데, 아버지가 나를 집에 데려다 잔심부름이라도 시키다가 야학이라도 보내자고 했다는 것이다. 그러면서 상훈은 이런 말을 입에 올렸다.

좋은 기회야. 이 기회에 이런 끔찍한 생활을 청산해. 이건 끔찍할뿐더러 부끄러운 생활이야. 연탄을 애끼기 위해 남자를 끌어들이는 생활을 너도 부끄러워할 줄 알아야 돼.[46]

얼마나 도덕적인 부자인가!? 부자가 가난한 자를 도덕적으로 훈계하는 일은 아주 쉽다. 그렇게 살면 안 된다! 누군들 처음부터 그렇게 살고 싶었을까? 이런 도덕적 훈계는 비단 생활의 문제에서만 발견되는 건 아니다. 김대중이 김종필과 DJP연대를 시도했을 때 동지라고 생각했던 많은 사람들조차 이를 부도덕한 짓이라고 비난했다. 김대중이 얼마나 '그런 지역연대'를 꺼렸는지 아무도 관심이 없었다. 돈으로 도덕을 실현하는 부자들이 돈이 없어 부도덕에 빠지는 가난뱅이를 비난할 때, 힘으로 도덕을 구현하는 강자들이 힘이 없어 부도덕함을 뒤집어쓰는 약자들을 공격할 때, 우리는 그 도덕적 자만심의 근원을 의심해볼 필요가 있다.

나는 악에 바쳐 목이 터지게 악다구니를 치고 갖은 욕설을 퍼부어 상훈이 혼비백산 도망치게 만들었다. 문제는 그 다음이었다.

나는 그를 쫓아보내고 내가 얼마나 떳떳하고 용감하게 내 가난을 지켰나를 스스로 뽐내며 내 방으로 돌아왔다. 그런데 내 방은 좀 전까지의 내 방이 아니었다. (…) 그것들(방안의 세간살이—필자 주)은 다만 무의미하고 추했다. 어제의 그것들은 서로 일사불란 나의 가난을 구성하고 있었지만, 지금 그것들은 분해되어 추한 무용지물일 뿐이었다. (…) 나는 그것들을 다시 수습할 수 있을 것 같지가 않았다. 내 방에는 이미 가난조차 없었다. 나는 상훈이가 가난을 훔쳐갔다는 걸 비로소 깨달았다.[47]

나는 노무현이 새천년민주당을 '지역주의 부패정당'이라고 규정하며 열린우리당을 창당했을 때 내 마음속 가난이 송두리째 무너지는 걸 느꼈다. 거의 모든 호남인들은 그때까지 기나긴 세월을 "떳떳하고 용감하게" 김대중당을 지지하며 반영남패권주의 투쟁을 해왔다. 그런데 어느 날 함께 살던 노무현이 대통령이 돼 나타나더니 훈계하며 말했다. '그렇게 살면 안 된다!' '부끄러운 줄 알아야 한다!' '지역주의 부패정당을 지지하면 안 된다!' '과거를 청산하고 새출발할 좋은 기회니 열린우리당을 지지하라!' 얼마나 도덕적인 부자의 마음인가? 노무현은 호남의 반영남패권주의 투쟁을 훔쳐가버린 것이다. 이렇게 '호남 선도 개혁'을 믿고 영남패권주의에 당당히 맞섰던 호남은 '호남'을 도둑맞고 '호남 없는 개혁'이 돼야 한다는 도덕적 훈계나 듣는 신세로 전락했다. 그간 온 힘을 다해 호남을 지켰던 호남인들의 삶이 "무의미하고 추"하게 돼버린 것이다.

물론 상훈이 나쁜 부르주아가 아니듯이 노무현도 나쁜 영남패권주의자가 아니라고 믿는다. 하지만 상훈도 부르주아인 것은 틀림없고, 노무현도 영남 사람인 것은 틀림없다. 우리는 이 사실을 부정하면 안 된다. 놀랍게도 이런 이슈와 관련해 아픈 곳을 찌른 작품이 세계 문학계에도 요란하게 등장했다. 하퍼 리의 '『파수꾼』 소동'이다.

하퍼 리는 『앵무새 죽이기』라는 단 한 편의 소설로 (적어도 미국에서는) 20세기의 전설이 되었다. 이후 그녀는 더 이상 작품을 쓰지 못하고 노년을 은둔 속에 보내고 있는데 난데없이 그녀가 썼다는 『파수꾼』이라는 소설이 등장한 것이다. 정확히는 새로 쓴 소설이 아니라 『앵무새 죽이기』를 발표하기 전에 쓴 원고가 발견됐다는 것이다. 난감한 것은 『파수꾼』의 등장인물·무대 등이 『앵무새 죽이기』와 거의 일치하는데 정작 『앵무새 죽이기』의 영웅이었던 애티커스 핀치의 캐릭터가 경천동지하게 바뀌어버린 것이다.

『앵무새 죽이기』의 애티커스 핀치는 1930년대 미국 남부마을의 편견과 싸워가며 억울하게 강간죄로 기소당한 흑인 청년을 정성껏 변호했던 변호사였다. 당시 6살이었던 그의 딸 스카웃의 기억 속에 있는 아빠는 백인의 흑인에 대한 차별과 싸우는 정의의 투사였다. 인격적으로도 좋은 아빠에 점잖은 신사 그 자체였다. 그랬던 애티커스가 『파수꾼』에서는 '주민협의회'라는 인종주의적 극우단체 이사로 등장한다. 이제는 성장해 26살이 된 진 루이스(스카웃)는 감당하기 힘든 혼란에 빠진다. 혼란에 빠진 것은 진 루이스만이 아니었다. 미국 나아가 전세계의 독자들도 혼란에 빠지는 건 당연했다. 왜 이런 일이 생긴 걸까? 도대체 이를 어떻게 이해해야 할까?

사실인즉 하퍼 리는 『파수꾼』 원고를 출판사에 보냈는데 편집자가 이 원고보다는 원고 속에서 진 루이스가 아버지를 공격하며 스치

듯 회상하는 에피소드, 즉 애티커스가 흑인 강간 피고인을 변호하는 사건에 더 큰 흥미를 느낀다. 그는 민감한 시대상황을 고려하여 하퍼 리에게 이 에피소드를 중심으로 다시 쓸 것을 제안한다. 이렇게 해서 탄생한 작품이 『앵무새 죽이기』다. 그런데 『앵무새 죽이기』가 감당하기 힘들 만큼 큰 성공을 거두자 『파수꾼』은 사장된다.

이제 문제는 이 사태의 해석이다. 하나의 작품이 세상에 끼친 영향력이 크면 클수록 그 작품은 작가 개인의 것을 넘어선다. 『파수꾼』에 충격 받은 독자들은 길을 잃고 당황해하고, 일부에서는 『앵무새 죽이기』와 '별개의 작품'으로 이해할 것을 권유하기도 한다. 하지만 '별개의 작품'으로 이해한다고 해도 그것은 같은 작가의 작품임에는 틀림없다. 한 작가가 상반된 이데올로기로 뼈대가 같은 두 개의 작품을 썼을 수는 없다. 더군다나 하퍼 리가 『파수꾼』을 『앵무새 죽이기』의 '부모'(parent)"[48]라고 확인했다는 보도도 있다.

나는 『앵무새 죽이기』와 『파수꾼』이 별개의 상반된 이데올로기에서 나왔다고 생각하지 않는다. 심지어 이데올로기적인 측면에서는 『파수꾼』이 『앵무새 죽이기』보다 더 깊은 아이러니를 함축하고 있다고 생각한다. 무엇보다 두 작품의 주요 모순은 애티커스의 흑인 변호 문제에 있다. 그러므로 우리는 이 모순부터 우선 살펴야 한다. 진 루이스는 애티커스와 논쟁하면서 그 모순을 이렇게 정리한다.

저는 아빠가 변호한 그 강간 사건을 기억하고 있지만, 그 의도를 잘못 이해하고 있었어요. 아빠는 정의를 사랑해요, 그건 틀림없어요. 그런데 그건 사건 적요서에 항목별로 열거된 추상적인 정의인 거죠. 그 흑인 청년과는 아무 상관이 없고, 그저 정연한 사건 적요서를 좋아하신 거죠.[49]

진 루이스에 따르면 애티커스가 당시 사건을 변호했던 건 피고인이 흑인이건 백인이건 상관없었다는 얘기다. 오직 법치주의적 일관성이 중요했다는 의미다. 그렇다면 문제는 이렇게 제기된다. '법치주의적 일관성을 가진 인종주의자'가 가능한가? 물론 가능하다. 법이 인종(차별)주의를 허용할 경우 그렇다. 예컨대 무고한 흑인을 강간죄로 사형시키는 건 안 되지만, 주의 자치권(노예제)을 위해 주가 연방을 탈퇴할 수 있으며, 흑인과 백인은 '분리하되 평등'을 허용하는 법치주의도 얼마든지 가능하다. 이제 와서 이런 사례가 흥미롭게 들리겠지만 법치주의는 이런 과정을 겪으며 진보해왔으며, 지금도 그러고 있으며, 앞으로도 그럴 것이다. 이것이 현실이다. 딸의 격정적인 비난을 받은 뒤에 보인 애티커스의 반응이 흥미롭다. 그는 침착하게 이렇게 말한다.

진 루이스, 현실로 돌아와.[50]

진 루이스는 자신의 아버지 애티커스가 '정연한 추상적인 정의'를 좋아할 뿐이라고 말했지만, 어쩌면 진 루이스야말로 그런 인간의 전형인지도 모른다. 그녀는 '현실이야 어떻든' 백인과 흑인을 피부색으로 구별할 수 없는 척하고, 오직 인간으로서만 바라보기를 원한다.

그녀는 어릴 적 자신을 키워줬던 흑인 가정부 캘퍼니아를 찾아갔지만 '흑인의 눈으로 백인을 바라보는 시선'에 경악하기도 한다. 진 루이스는 이 이해할 수 없는 '비인간적'인 현실에 대한 보충설명을 삼촌인 존 헤일 핀치 박사에게 듣는다. 핀치 박사는 진 루이스에게 "너는 색맹이야"[51]라며 이렇게 말한다.

> 너는 언제나 그랬고, 또 앞으로도 언제나 그럴 거야. 네가 보는 사람들 간의 차이는 오직 생김새나 지력, 인격 같은 것들에 있지. 너는 한 번도 사람을 인종으로 보도록 부추김을 당한 적이 없기 때문에, 인종 문제가 현재 가장 논란이 많은 시급한 사안인데도 아직까지 인종적으로 사고하지 못하고 있어. 네게는 사람만 보이는 것이지.[52]

정확히 말하면 애티커스는 수적으로 열세인 백인들의 공포심을 반영하고 있다. 그에겐 자신의 마을에서 무능력한 다수 흑인의 권리와 기득권을 가지고 있는 소수 백인의 권리 간의 균형을 맞추는 일이 중요하다. 핀치 박사는 진 루이스를 거울 앞에 세우고 "네 눈을 봐. 너의 코를 봐. 네 턱을 봐. 뭐가 보이니?"[53]라고 묻는다. 진 루이스가 아무리 보지 않으려 해도 자신은 백인에 속해 있으며, 캘퍼니아는 흑인에 속해 있다.

이제 근원적 질문을 해야 한다. 백인과 흑인의 현실을 구별하여 대책을 세우는 것이 더 진보적일까, 아니면 어떤 구별도 없이 인간으로만 바라보는 것이 더 진보적일까? 난해하다. 전자가 더 진보적이라고 하는 순간 '분리하되 평등'이라는 유령이 나타날 수 있으며, 후자가 더 진보적이라고 하는 순간 '할당제', 예컨대 여성채용목표제나 농어촌학생특별전형 같은 소수·약자를 위한 현실적 배려도 정당성을 잃는다. 더 나가보자. 우리가 지역문제를 다룰 때 '호남 선도 개혁'을 말하는 건 영남패권주의 현실을 철저히 바탕에 깔면서 전략을 세우는 것이며, '호남 없는 개혁'을 말하는 건 영남패권주의라는 현실이 없는 척하고 대한민국엔 그저 대한민국 국민만이 존재해야 한다는 당위를 밀고 나가자는 주장이다. 나는 전자를 주장하고 있지만 물론 어느 노선이나 위험이 없는 것은 아니다. 나는 결론 부분에서 위험을 최소화한 나름의 해결책을 제시할 것이다. 여기서는 다만 전자는 현재고, 후자는 미래여야 한다는 것만 확인하겠다.

『파수꾼』의 애티커스와 진 루이스의 시각 차이도 바로 그런 문제다. 사람들은 대체로 현실에 토대해 살면서도 현실에 토대해 사고하기보다는 현실의 모순이 없는 척하고 말하기를 더 좋아한다. '피해자 선도 개혁'과 '피해자 없는 개혁'이 대립할 때 사람들은 대체로 후자를 더 편하게 생각한다. 즉 흑인이 선도하는 인종투쟁보다는 백인의 흑인변호를, 여성이 선도하는 페미니즘보다는 남성이 옹호하는 양성평등운동을, 노동자가 선도하는 계급투쟁보다는 빌 게이츠가 앞장서는 기부운동을, 호남의 김대중이 선도하는 반영남패권주의투쟁보다는 영남의 노무현이 주장하는 무지역주의운동을 더 높이, 더 편하게 생각하는 경향이 있다. 인종 없는 인종투쟁, 여성 없는 여성투쟁, 계급 없는 계급투쟁, 지역 없는 지역투쟁을 더 높이, 더 편하게 평가하는 것이다. 이것이 지배 이데올로기의 위엄이다.

나는 애티커스에서 노무현을 본다. 노무현이 그렇듯이 『파수꾼』의 애티커스와 『앵무새 죽이기』의 애티커스는 한 사람이다. 다만 스카웃에 의해 자기모순 없이 관찰되던 『앵무새 죽이기』의 애티커스가 『파수꾼』에서는 진 루이스와의 대립을 통해 백인의 이데올로기적 자기 분열을 심도 있게 보여주고 있을 뿐이다. 이런 점에서 『파수꾼』의 모순적 애티커스에서 『앵무새 죽이기』의 순수한 애티커스를 단순하게 분리해 역사적 상품을 만든 편집자는 가히 천재적이었다. 하지만 우리는 『앵무새 죽이기』가 『파수꾼』의 일개 에피소드였을 뿐이라는 사실을 인정해야만 한다. 애티커스라는 '백인 구세주'를 떠나보내는 마음이 황망할지 모르지만 반드시 기억해야만 한다. 현실은 우리가 도취해 있는 순수한 이데올로기보다 감당하기에 더 불편하고, 더 잔인하고, 더 복잡하다.

7장

신성화된 호남을
어떻게 세속화 시킬 것인가

1

호남의 욕망 말하기

이념적 관점에서 볼 때 인간의 욕망이란 주제는 수수께끼 같은 측면이 있다. 이 세상의 어떤 이념도 욕망에 대한 억압을 자랑스럽게 목표로 삼거나 내세우려 하지는 않는다. 그저 욕망의 정체에 대해 다툴 뿐이다. 자본주의적 욕망에 철저한 사람들은 공산주의적 진보이념이 인간의 자연적 욕망을 억압한다고 생각한다. 반면 공산주의적 욕망에 철저한 사람들은 자본주의적 욕망을 왜곡된 욕망일 뿐이라고 일축한(했)다. 물론 이 사이에는 무수히 많은 이념적 욕망관이 존재한다.

나는 현재 우리 삶 속의 욕망이 진짜 욕망인지 가짜 욕망인지를 여기서 이념적으로 다툴 생각이 없다. 난 그 정체가 무엇이든 현재 발현된 욕망의 존재 자체는 무조건 인정한다. 내 이념적 지향이 무엇이든 바로 그곳에서부터 출발해야 하기 때문이다. 최근 출간된 『이기적 섹스』의 저자 은하선은 욕망, 즉 '원하는 것'에 대해 이런 주장을 펼친다.

책은 어떤 한국 남성들의 참을 수 없는 '찌질함'에 대한 폭로이기도 하다. 어떤 남자는 자신의 섹스 경험을 과장해 떠벌리고, 어떤 남자는 잘하지도 못하면서 고수인 양 가르치려 든다. 여성들은 자기가 진짜 원하는 것이 무엇인지 살피는 대신, 남성들의 큰 목소리에 끌려다니곤 한다. 이런 내용의 『이기적 섹스』를 남성 독자들이 좋아할 리 없다. 은씨는 "모두가 좋아하는 글을 쓰고 싶지는 않다"며 "남자가 내 글이 좋다고 하는 순간, 그 글은 뭔가 잘못된 것"이라고 했다.[1]

은하선의 주장이 '모두에게' 우호적인 동의를 받을 순 없겠지만, 여성도 욕망의 주체여야 한다는 전제는 적어도 상식적인 사람들이라면 인정할 것이라고 믿는다. 사실 성적 욕망이든 계급적 욕망이든 그것이 자본주의적 메커니즘 속에서 어떤 의미작용을 갖고 있는가에 대한 말들은 많아도 어떤 주체적 인간(집단)에 대해 아예 욕망의 주체로서의 자격을 박탈하려는 시도는 거의 찾기 힘들다.

하지만 지역의 욕망은 다르다. 적어도 대한민국에서 지역은 욕망의 주체가 아니다. '지역발전'이란 말처럼 흔한 말도 없는데 무슨 얘기냐며 인정하지 않는 사람도 있을 것이다. 하지만 내가 볼 땐 명백히 지역의 욕망 표현은 금기다. '지역발전'이란 구호는 그저 수줍은 추상적 당위명제일 뿐이다.

구체적으로 묻자. 영남패권주의적 욕망실현에 호남이라는 지역적 주체가 그것에 대립하는 욕망으로 저항하는 것을 이렇게까지 터부시하는 이유가 뭔가? 영남패권주의자들은 물론이고, 개혁·진보적 영남패권주의자들 역시 앞장서서 지역을 구체적인 욕망의 주체로 인정하는 것을 터부시한다. 이 때문에 우리나라에서 영남패권주의를 비난하는 방식은 주체 없는 추상적 당위명제의 형식을 취할 뿐이다. 영남이든 호남이든 그 어디든, 지역적 패권은 안 된다는 명제다. 이를 다른 형식의 명제로 번역하면 '깡패든 시민이든 폭력을 행사하면 안 된다, 성폭행의 가해자이든 피해자이든 성폭행을 하면 안 된다, 제국이든 식민지든 침략하면 안 된다!'처럼 표현될 것이다. 귀가 시리도록 공평하게 들리는 추상적 명제다.

지역이 관념 속에서 욕망의 주체로 인정받지 못한다고 해서 현실 속에서 지역이 욕망을 실현하지 못하는 것은 아니다. 영남패권주의 현실은 꿈속에서 만들어진 관념적 욕망이 아니다. 그것은 실제상황이다. 그런데 저항의 경우는 좀 더 어려운 처지에 놓인다. 반영남패권주의 투쟁에 앞장서는 호남이 지역투쟁의 주체로 인정받지 못한다고 해서 그런 투쟁이 존재하지 않는 것은 당연히 아니다. 문제는 영남패권주의적 욕망실현은 (그것을 비난하든 옹호하든) 공공연하게 혹은 암묵적으로 인정되지만 호남은 처지가 다르다는 점이다. 호남은 반영남패권주의 투쟁을 위해 욕망을 공공연한 의제로 상정하기는커녕 오히려 그것을 감추거나 부끄러워해야 한다. "영남패권주의적 탐욕과 싸우자면서 어떻게 그런 지역적 욕망을 의제로 만들 수 있느냐,

그럼 둘 다 똑같지 않느냐"는 도덕적 비난과 맞닥뜨리기 때문이다.

앞에서 은하선은 "모두가 좋아하는 글을 쓰고 싶지는 않다"며 "남자가 내 글이 좋다고 하는 순간, 그 글은 뭔가 잘못된 것"이라고 했다. 욕망은 충돌한다. 그녀는 심지어 남녀간 합일이 필요한 섹스를 논하면서도 욕망의 충돌을 얘기한다. 하지만 그 대립하는 욕망도 어쩔 수 없이 서로 의존적으로 실현돼야만 한다. 문제는 바로 그 모순에 있다.

선거는 민주주의 국가의 핵심 이벤트다. 그 과정은 인간 욕망의 모순이 가장 난장판으로 펼쳐진 후, 판도라의 상자처럼 희망만을 남긴 채 허겁지겁 다시 닫히며 기묘하게 수습되는 아찔한 모습을 보여준다. 그런데 패권적이든 반패권적(저항적)이든 한 지역주민의 이해관계 혹은 욕망이 어떻게 지역적으로 일치할 수 있느냐는 의문을 가진 사람들이 있다. 그들이 보기에 지역적 욕망이란 사회 속에서 계급적으로 '만' 존재하는 개인의 이해관계를 잘못 이해한 허위의식이다. 하지만 나는 지금 그런 지역적 이해관계 혹은 욕망이 존재한다고 주장한다. 지역의 모든 욕망을 지역단위에 모두 담을 수는 없지만 분명히 그런 중층적 이해관계가 존재한다고 보는 것이다.

우선 호남의 경우는 영남패권주의가 존재한다는 현실 자체가 바로 지역적 욕망이 실현되어야 하는 가장 큰 이유다. 여기서 말하는 '지역'적 욕망이란 개념에 오해 없기를 바란다. 내가 말하는 호남의 지역적 욕망실현이란 단순히 현 호남이라는 지리적 범위 안에 물질적 재화를 다른 지역보다 더 많이 축적하자는 의미가 아니다. 우선 내가 말하고 있는 '호남'은 현 호남이라는 지리적 범위가 아니라 호남 경계 안팎에서 호남인의 정체성을 가지고 살아가는 모든 사람을 아우르는 의미다. 그리고 '욕망'은 또 다른 배타적 이기심으로 물질을 도모하자는 것이 아니라 영남패권주의적으로 실현되는 물질적 총생산과정을 반패권적(저항적)으로 실현하자는 의미를 담고 있다. 물론 그 반패권적 욕망실현도 한편으로 이전과 별다를 것 없는 물질적 욕망실현일 뿐이겠지만, 다른 한편으론 다른 어떤 욕망의 주체도 억압·배제하지 않는다는 의미에서 민주적 욕망실현이다. 따라서 그것은 자체로 이미 진일보한 사회의 정신을 담고 있는 물질적 욕망실현이다. 문제는 호남은 스스로 이 반패권적(저항적) 욕망추구를 꺼리며 심지어 정신적으로 부끄러워하고 있다는 점이다.

잠깐! 호남인들이 그런 욕망추구를 꺼리며 심지어 정신적으로 부끄러워하고 있다고? 당연히 나올 법한 반문이다. 물론 영남패권주의 대한민국이 아니라면 이런 주장 자체가 난센스다. 지역단위로 보든 계급단위로 보든 모든 인간은 욕망을 실현하기 위해 애쓴다고 보는 것이 자연스럽다. 하지만 특정 조건하에서는 욕망의 실현뿐만 아니라 욕망의 발현 자체가 지체된다. 예컨대 제국의 지배하에서 독립을 위해 싸우는 식민지 인민이라든지, 입시준비를 위해 노는 것을 미루는 수험생도 그렇고, 현충일에 음주가무를 삼가는 것도 말하자면 욕망의 지체로 볼 수 있다. 영남패권주의 대한민국에서 호남은 바로 이런 특정 조건 속에서 살아왔다. 말하자면 호남의 부르주아조차 수십 년을 새누리당에 투표하지 않는 행동을 해왔다. 그들은 왜 그랬을까? 새누리당과 밀착관계를 유지하는 것이 그들의 욕망실현에 더 유리하지 않았을까? 김대중당을 추종해 한 방에 먹기 위해서? 그래서 지금까지 새정치민주연합을 지지하며 사는 것일까? 한 방을 노리는 배타적 욕망실현의 꿈을 버리지 못해서?

'그렇다'고 말하는 사람들이 있다. 반새누리당 전선에 90% 이상의 연대를 하는 것이야말로 오히려 배타적 욕망실현이 아니냐고 묻는 사람들이다. 그런 사람들은 김대중을 이런 욕망, 즉 지역주의(얼마나 공평한 용어인가!)의 화신이자 수혜자라고 비난하기까지 한다. 하긴 그런 사람들이 보기에는 김구도 대한민국 임시정부 주석까지 지냈으니 식민지 국가주의의 화신이자 수혜자로 보일 것이다. 이런 식의 엽기적 발상이 그저 놀라울 뿐이다. 한마디로 호남이 언제는 그런 욕망을 원하지 않고 부끄러워한 적이 있었냐고 묻는 것은 대한민국이 언제 정상적인 나라가 아닌 적이 있었냐고 정색하며 시치미를 떼는 것과 같다. 단언컨대 대한민국은 지금도 정상적인 나라가 아니다. 따라서 공평하게 정상적인 욕망을 펼칠 수 있는 나라가 아니다. 호남도 정상적으로 욕망을 말할 수 있는 세상을 만들어야 한다고 주장하는 것은 결코 난데없는 잠꼬대가 아니다.

호남은 수십 년 동안 영남패권주의와 투쟁하면서 이제는 비정상을 정상으로 느끼는 지경까지 됐다. 무슨 도통한 사람들처럼 욕망을 도모하는 것 자체를 부끄럽게 여기는 만성적인 심리상태가 된 것이다. 말하자면 호남은 현충일에 음주가무를 삼가는 사람의 심리상태를 1년 내내, 거의 평생을 겪고 있는 것이다. 심지어 호남의 욕망추구에 대한 '죄의식'을 부추기는 많은 개혁·진보주의자들이 있다. 호남은 '광주정신'을 삶의 지표로 삼아야 하며, 모범을 보여야 한다는 것이다. '착한 호남 콤플렉스'는 호남을 숙명처럼 옥죄고 있다. 호남은 욕망의 실현이라는 인간으로서의 본능과 호남만은 그래서는 안 된다는 '착한 호남 콤플렉스' 속에서 만성적인 심리적 혼란을 겪고 있다. 최악인 것은 이런 도덕적 강박을 벗어나지 못한다면 앞으로도 영원히 투항적 영남패권주의를 은폐된 행동강령으로 삼는 새정치민주연합만을 희망 없이 바라보며 살게 될 것이란 점이다.

왜 호남은 대한민국의 민주주의 실현에 대한 결정적 책임을 혼자서 짊어지고 있는가? 내 말이 과장으로 들리는가? 단언컨대 현재보다 10%만 더 호남이 새누리당을 지지하면 대한민국은 새누리당의 영구집권을 목격하게 될 것이다. 호남이 그럴 수는 없다고? 그러면 안 된다고? 그것이 바로 대한민국이 정상적인 나라가 아니며, 호남이 욕망을 말할 수 없는 상태라는 내 주장의 명명백백한 근거다.

그래서! 나는 지금 호남도 욕망을 실현하기 위해 새누리당을 찍으라는 말을 하고 싶은 것인가? 아니다. 그것은 근원적인 얘기가 아니다. 근원적인 전제를 두고 논쟁하지 않는다면 그런 유의 이야기는 말초적 흥밋거리 이상의 것이 될 수 없다. 근원적인 차원에서 말하자면 나는 이제라도 호남이 대한민국의 민주주의를 홀로 책임질 수밖에 없고, 책임져야 한다는 자의식 과잉상태에서 벗어나야 한다고 본다. 대한민국의 민주주의는 대한민국 전체의 책임이다. 대한민국의 민주주의는 대한민국의 각 계층·계급이, 각 지역이, 남녀 모두가, 자신들의 세속적 욕망을 표출하고 타협하는 과정 속에서 진보해가는 것이지 어떤 역사적 사명을 부여받은 한 지역이 세속적 욕망을 부끄러워하며 절절한 고립감 속에서 도덕적 의무처럼 지켜야 하는 천형 같은 멍에가 아니다. 이는 말을 바꾸면 대한민국의 진보·개혁 담론이 호남에 가혹할 정도의 특별한 의무를 요구하지 말라는 의미이기도 하다. 거듭 말하지만 그것은 죄악이다!

나는 호남이 정신적으로 압도당하고 있는 '광주정신'의 역사적 의미를 '반영남패권주의 정신'이라고 생각한다. 따라서 그것은 지역적 평등의 정신이고, 민주주의의 정신이다. 그것이 전부다. 그리고 이 정신을 누구도 부정할 수 있는 명분이 없다. 세월의 무상함 앞에서 속절없이 신성화·신화화되고 있는 5·18의 '절대공동체' 정신이란 것도 사실상 반영남패권주의적 민주주의 투쟁의 와중에 절대적으로 고립된 공동체가 일순간 체험했던 신비한 역사적 경험이었지, 처음부터 역사초월적인 진공상태에서 그것 자체를 목표로 삼았던 비세속적·욕망초월적 신성 이데올로기 운동은 아니었다. 이런 의미에서 나는 오히려 광주정신이 산 사람들을 위해 역사경험적인 의미를 되찾고 세속적으로 물화되기를 바란다. 광주정신이 반영남패권주의정신이라는 것을 영남패권주의자들이 받아들일 수 없으므로, 광주정신을 영남패권주의자들이 좋아할 만한 어떤 추상적 개념으로 신성화·신화화시키자는 주장이야말로 역사경험적인 광주정신을 배신하는 것이다. 광주정신은 곧 민주주의적 욕망을 의미한다. 광주정신과 광주의 세속적 욕망 사이에는 어떤 모순도 없다.

천정배는 호남정치라는 구호에 대해 '호남 자민련', '호남 신당' 등 지역주의 프레임으로 공격하는 이들이 많은 것에 대한 질문에 이런 대답을 했다.

자꾸 타깃이 없는 공격, 허공을 향한 공격을 하는데 내 입장에선 아니라고 할 수밖에 없지 않나. 다만 호남의 정당한 이익은 지켜야 한다. 운동장이 호남에 너무 불리하게 기울어져 있어 그걸 회복하자는 것이다. 호남이 위에 선다는 게 아니다. 이를 자꾸 호남 패권으로 몰아가니 답답하다. 일제강점기에 불순한 조선인이라고 낙인 찍힌 사람들처럼 어느 사회든지 억눌린 사람들이 있다. 아무리 강하다고 해서 그들과 무조건 타협하고 인정하는 게 정의로운 일인가. 앞으로 통일되면 이북 사람은 대통령하면 안 된다는 게 말이 되나. 기득권 패권주의자들은 억눌린 사람들이 억눌렸다는 인식을 하지 못하게 만든다. 보수 언론이나, 새누리당이 그렇게 말하는 것은 어느 정도 이해하지만, 이번 선거 과정에서 새정치연합 사람들이 그렇게 비난하는 건 참기 힘들었다. 새정치연합 안에서 패권주의가 가동되고 있는 것이다.[2]

내가 보기에 '호남정치' '친노패권' '영남패권주의'는 모두 유사한 문제의식을 표현한 유사한 정치구호다. 이 중 천정배가 제기한 호남정치라는 구호는 레이코프George Lakoff가 말하는 '프레임 전쟁'에서 수세에 몰릴 가능성이 가장 큰 구호다. 호남정치를 말하는 순간 호남의 정당한 이익이 논쟁이 되기보다는 '호남(패권)지역주의 추구가 아니다'는 변명으로 증폭될 가능성이 더 크기 때문이다. 반면 가장 성공적인 효과를 거두고 있는 것은 '친노패권'이란 프레임으로 생각된다. 문재인이 '친노패권은 없다'는 변명을 할 때마다 모두가 친노패권을 생각할 수밖에 없기 때문이다. 한편 영남패권주의라는 구호는 그 대상이 야권의 은폐된 투항적 영남패권주의뿐만 아니라 우리나라 영남패권주의 정치현실에 대한 근원적이고 전면적인 공격이란 면에서 강한 휘발성을 가지고 있다. 따라서 하나의 정치 프레임으로 대중적으로 정착시킬 수만 있다면 가장 강력한 무기가 될 수 있을 것이다. 영남패권주의의 프레임으로 공격받는 순간 호남지역주의 운운보다는 '영남패권주의는 없다'는 변명에 급급해야 할 것이기 때문이다.

이제 정리를 하자. 나는 호남이 세속적 욕망을 말할 수 있어야 한다고 했다. 이는 단순히 '호남은 이제 새누리당도 찍어야 하는가'의 문제가 아니다. 내 말의 주요 취지는 호남이 자신들의 욕망을 포기하고 특정 정당을 맹목적으로 지지해서는 안 된다는 의미다. 즉 호남이 특정 정당을 추종할 일이 아니라 어떤 정당이라도 '우리가 나서 호남의 세속적 욕망을 대변하겠다'고 간절하게 호소할 때에만 그들에게 투표해야 한다는 의미다.

이런 원칙을 철저하게 수행하면 심지어 영남패권주의 본당인 새누리당도 호남을 향해 부분적으로 타협안을 제시해올 수 있을 것이다. 그럼 그 타협안을 보고 부분적으로 동의하면 된다. 호남이 가장 경계해야 할 정당은 악한 정당이 아니라 위선적인 정당이다. 예컨대 선거전엔 '이 나라 민주주의를 위해 호남은 선도적·맹목적으로 특정 정당, 특정 후보에게만 몰표를 던져야 한다'고 호소하면서, 선거 후엔 '이 나라 민주주의를 회복하기 위해 호남은 자신들이 찍어준 몰표의 대가는 잊고 영남을 세속적 욕망으로 유혹하는 데 협조해야 한다'고 위선적인 주장을 펼칠 가능성이 있는 정당과 후보를 가장 경계해야 한다. 더군다나 과거에 그런 파렴치한 행적을 보여준 정당과 후보라면 그들의 위선에 다시 당하지 않도록 온 신경을 곤두세워 철저한 주의를 기울여야 한다.

내 주장은 어린아이도 알아들을 수 있을 만큼 너무나 단순명료하다. 어떤 정당이든, 어떤 후보든, 노동자의 표를 원하면 노동자가 욕망하는 것을, 여성의 표를 원하면 여성이 욕망하는 것을, 호남의 표를 원하면 호남이 욕망하는 것을 실현하겠다 약속하고 실천하게 하라! 그렇지 않은가? 이것이 모두가 알고 있는 민주주의 아닌가?

2

복수정당제 쟁취하기

나는 호남에서의 복수정당제를 주장했다. 그런데 난해한 점은 이것이 단순히 제도나 정강정책의 문제가 아니라 정략의 문제이며, 동시에 이 나라 개혁·진보의 희망과 관련된 문제로서 제기되고 있다는 점이다. 그러므로 이 방정식을 풀지 못하면 내 주장은 한낱 탁상공론에 그치고 말 것이다. 이 점을 염두에 두고 문제를 재검토해보자.

호남은 지금 진퇴양난에 빠져 있다. 호남에서 새정치민주연합의 일당독재에 지친 호남인들로서는 새로운 대안을 찾고 싶다. 하지만 새정치민주연합 바깥에서 새로운 대안을 찾는다는 것은 곧 야당의 분열을 의미한다. 그리고 이는 총선뿐만 아니라 대선에서의 완패를 의미한다. 그렇다고 새정치민주연합 안에서 뭔가 대책을 찾자니 공허하다. 무엇보다 일당독재의 지배체제를 숙명처럼 받아들여야 한다. 수십 년을 이렇게 살았지만 김대중 시절만 하더라도 희망이 있었다. 아니, 희망이 없던 때에도 그래야만 한다는 확신은 있었다. 그런데 지금은 희망도 없거니와 확신도 없다. 다만 관성처럼 어쨌든 새누리당을 지지할 수는 없다는 단 한 가지 이유로 새정치민주연합만 바라보고 있는 것이다. 그렇게 희망도 확신도 없이 그들만을 바라보고 있자니 정 떨어진 부부가 한 집안에 동거하고 있는 것처럼 화병만 날 지경이다.

이런 호남의 진퇴양난은 정치인들에 의해 그대로 반영될 수밖에 없다. 친노패권을 추종하는 것이 그나마 소수인 호남의 유일한 살길이라 생각하는 순종적인 호남인들은 어쨌든 분열이 아닌 새정치민주연합에서 길을 찾고자 한다. 패권을 장악한 친노가 보기에 그들은 인질을 자처하는 '착한 호남'일 것이다. 반면 새정치민주연합 바깥에 길이 있다고 믿는 호남인들은 죽으나 사나 신당을 만들어야 한다고 생각한다. 패권을 장악한 친노는 이 신당을 오래된 전략적 전통에 따라 호남당으로 규정·공격하며 그런 호남인들을 '불령선인' 취급한다. 이런 와중에 정당 설립의 활동과 자유를 공격하는 그들의 위헌적 사고를 아무도 문제 삼지 않는 것은 영남패권주의 대한민국 정치의 덤이다.

호남의 이런 진퇴양난 중 후자를 반영하는 천정배는 2015년 9월 6일 "새로운 개혁정치세력은 이 나라의 독점을 견제하고 공정한 대한민국을 만드는 세력이어야 한다"며 사실상의 신당 선언을 했다. 독점과 공정이라는 키워드가 눈에 띈다. 그는 좀 더 자세히 "독점 기득권

자체라 할 수 있는 여당과, 광주와 호남, 개혁세력이 밀어준 야당도 기득권화돼 어떤 희망도 만들지 못하고 있다"며 신당의 필요성을 주장했다.[3]

　호남에서 새정치민주연합의 지배는 거의 제도화된 일당독재라고 할 수 있으며, 전국적 차원에서 새누리당의 지배는 조금 과장하면 사실상의 일당독재에 가깝다. 군이 비유하자면 호남(영남)의 지역정치 현실은 중국 공산당의 일당독재체제에 가깝고, 전국적 차원에서는 일본 자민당의 일당지배체제에 가깝다고 할 수 있다. 규범적 차원에서 헌법이 보장하고 있는 복수정당제가 현실적 차원에서는 실현불가능한 무의미한 제도보장이 돼버린 것이다.

　한편 호남을 새정치민주연합에 묶어두려는 문재인은 이런 사태에 우왕좌왕하며 자신이 이끌고 있는 정당의 좌표가 뭔지도 제대로 모르는 듯한 혼란상을 드러내고 있다. 문재인은 2015년 9월 1일 광주·전남 언론과 가진 간담회에서 "분열된 야권의 통합을 위해서 노력하겠다"며 "(탈당한) 천정배 의원, 정동영 전 의원과도 다 함께해야 한다고 생각한다"고 말하는가 하면, 그 이튿날 전북 지역 언론과의 간담회에서는 "전북은 참여정부의 모태와 같은 곳이다. (호남 역시) 인위적인 물갈이는 하지 말아야 한다"며 동요하는 민심을 다독이는 데 주력했다.[4]

　하지만 이런 행태야말로 문재인은 정치를 그저 기회주의적인 권력 추구를 통해 친노의 패권장악만 하면 된다는 식으로 이해하고 있다는 고백에 다름 아니다. 천정배와 정동영이 새정치민주연합에 언제부터 그렇게 중요한 인물이 됐는가? 그들이 호남의 민심을 반영하고 있다고 보는가? 그런데도 호남의 민심을 거스르며 그들을 사실상 내쳤다는 말인가? 입만 열면 호남의 물갈이를 주장하던 모습은 또 어디 갔는가? 『한겨레』 기자 이승준·이세영이 해석하듯 그것이 호남의 "동요하는 민심을 다독이는"[5] 것인가? 그렇다면 호남의 물갈이는 호남의 민심을 거스르며 친노패권을 행사하려 했던 것인가? 도대체 정당의 미래좌표는 어디에 있고, 누가, 언제 했던, 무슨 말을 믿어야 하는가?

새정치민주연합 혁신위원으로 활동하고 있는 서울대 조국은 새정치민주연합과 호남의 관계에 대한 의미심장한 표현을 흘렸다. 나는 겉으로 호남의 "동요하는 민심을 다독이는" 시늉을 하는 문재인과는 달리 조국은 결이 다른 직설적 속내를 부지불식간에 드러냈다고 본다. 그는 이렇게 말했다.

조 교수는 전날(14일) 새정치연합 출입기자들과 만난 자리에서 "천 의원이 수도권을 버리고 호남으로 간 것은 아쉽지만, 호남에서 당선된 것은 바람직했다. 천 의원이 최대한 자기 세를 불려서 대권에 도전하고 싶은 마음이 있는 것 같다"면서 "내년 4월 총선이 끝나고 합치면 되지 않겠느냐"고 말했다. 그는 오는 10월 재·보궐 선거와 관련해선 "10월 재보선은 무공천해야 한다. 천 의원이나 무소속 연대에서 당선되면 되지 않겠느냐"며 "내가 호남사람이라도 새정치연합을 안 찍는다. 돈 대주고, 힘 대주는데 의사결정에선 소외된다고 여긴다면 찍을 이유가 없

다"고 밝혔다.[6]

무슨 의미인지 이해되는가? 특별히 "내가 호남사람이라도 새정치연합을 안 찍는다. 돈 대주고, 힘 대주는데 의사결정에선 소외된다고 여긴다면 찍을 이유가 없다"는 말은 무슨 말일까? 이 말이 밖에서 새정치민주연합을 공격하는 말이라면 십분 이해가 간다. 하지만 그는 당시 새정치민주연합을 위해 한참 일하고 있던 사람이다. 그런 그가 자기가 호남사람이라도 새정치민주연합을 안 찍겠다니? 그는 새정치민주연합 혁신위원회의 정체성과 의도에 관한 거의 기밀에 가까운 핵심을 무의식적으로 흘린 것이다. 정체성과 의도에 기밀이 있다? 있다. 하지만 놀랍지도 않다. 노무현 때부터 계속되는 익숙한 사태이기 때문이다. 조국의 말은 이런 뜻이다.

①현 새정치민주연합은 호남이 돈과 힘을 결정적으로 대주고 있다. ②하지만 새정민주연합에 호남의 의사가 반영될 여지는 없다. 즉 혁신위는 호남이 문제 삼고 있는 친노패권을 척결한다든가 하는 그런 혁신을 할 생각이 전혀 없다. ③호남은 그걸 느꼈다면 새정치민주연합을 안 찍어도 좋다. 내가 호남사람이라도 그럴 것이다. ④그 경우 아마도 반발하는 호남의 의지는 상당 부분 천정배 신당에 결집될 것이다. 물론 '착한 호남인들'이 친노를 추종할 것이므로 패권은 여전히 친노가 장악할 것이다. ⑤그러므로 새정치민주연합은 불만을 가진 호남인들을 대변하는 천정배를 도와줘도 좋을 것이다. ⑥총선이 끝나면 천정배에 의해 결집된 불만을 가진 호남이 어디로 가겠는

가? 아마도 천정배는 대권을 꿈꾸는 것 같으니 총선 후 대세를 장악해 포섭하면 된다. 그도 노무현정부 출신 아닌가? ⑦그러니 혁신위는 문재인 중심의 친노당권을 강화하는 방안을 마련해 그것을 혁신이라고 부르고 위기를 돌파하면 된다. 이렇게 하면 호남 일부와 수도권 승리를 해 대세를 장악하고 '호남지역주의'를 타파할 수 있을 것이다.

실제로 조국은 "문재인이 혁신안을 지지해 얻는 이익은 당 지배력을 강화하는 것이고, 안철수가 혁신안을 반대해 얻는 이익은 문재인 체제의 조기 안착을 막고 대선주자로서의 자기 위상을 재부각하는 것이고, 현역 의원들이 혁신안을 무산시켜 얻는 이익은 재선을 보장받는 것"[7]이라고 친절하게 친노/비노의 '정치적 이익'을 평가했다.

분열을 두려워하지 않고, 호남 '불령선인'을 놓쳐도 총선 승리를 할 수 있다는 환상 속에서 혁신위원회는 실제로 그런 개혁안을 내놓았다. 그들이 개혁의 핵심이라고 생각한 공천제도는 안심번호가 도입될 경우의 선거인단 구성은 국민공천단을 100%로 하고, 도입되지 않았을 경우엔 국민공천단 70%, 권리당원 30%로 구성하도록 하는 것이다.[8] 이런 저런 세부적 내용들이 더 있지만 핵심은 정당문제다. 새정치민주연합의 이 혁신안은 기본적으로 정당혐오적이다. 나는 이 혁신안을 보며 특정 정파의 유불리 차원을 떠나 우리나라에서 헌법이 규정하고 있는 정당제도가 과연 정상적으로 자리 잡을 수 있는가에 대한 깊은 회의감을 느꼈다. 이에 대해 조국은 이렇게 변명을 했다.

전통적으로 새정치연합의 당헌 상, 이 당헌은 물론 안심번호가 도입되기 전 상태에서 확정된 건데요. 그 경우 국민과 당원을 같이 하라는 당헌 규정이 있었습니다. 그랬을 때 그 비율은 한쪽을 50%가 넘지 않도록 하라, 이렇게 당헌이 돼있거든요? 그런데 이제 왜 그러면 국민이 70이고 당원이 30이냐 이 문제는, 당직은 당원이 중시돼야 하고요. 공직은 국민의 의사가 중시돼야 합니다. 왜냐면 선거를 해서 이길 후보를 만들어야 하니까, 그래서 저희의 대원칙은 공직의 경우는 국민의 의사가 중시되는 방식으로 설계돼야 한다고 보고, 그 경우 안심번호가 도입되지 않으면 국민이 70, 권리당원이 30, 이렇게 설계한 것입니다.[9]

말이 되는가? 국민과 당원 어느 한쪽의 의사가 50%를 넘지 않아야 한다는 당헌이 기껏 안심번호가 없어서 만들어진 것이었을까? 그보다 "당직은 당원이 중시돼야 하고요. 공직은 국민의 의사가 중시돼야 합니다"는 주장이 더 근원적 속임수다. 조국은 국민의 공직선거와 정당의 공직후보 선출을 바로 등치시키고는 정당의 공직후보 선출을 국민의 뜻에 따라야 한다고 말한다. 하지만 정당의 공직후보 선출은 정당의 정강·정책을 잘 실현할 수 있는 후보를 선출하는 과정이며, 국민이 공직자를 선출하는 선거는 정당의 후보들 중 국민의 뜻에 맞는 후보를 고르는 절차다. 만약 이런 구분 없이 정당의 공직후보 공천이고 뭐고, 그저 국민의 뜻에 따라 공직자를 선출하는 선거만 필요하다고 우기는 것은 곧 정당제도가 불필요하다는 주장과 같다. 그나마 여기까진 낫다. 조국은 갑자기 당파색을 띠며 견강부회한다. 그는

"김무성표 오픈프라이머리는 뭐냐면 선거사무실을 전국에 차려놓고 여당 지지자건 야당 지지자건 무당파건 누구나 와서 투표를 하는 겁니다"[10]라고 비판한다. 하지만 그의 논리가 바로 선거에서 이겨야 하는 "공직은 국민의 의사가 중시돼야" 하기 때문에 당원이 아닌 국민 공천단이 정당 후보를 선출해야 한다는 것 아니었나? 이야말로 정파적인 횡설수설에 불과하다.

새누리당 대표 김무성과 새정치민주연합 대표 문재인은 오픈프라이머리 총선 룰에 합의했다. 그런데 이러고도 갈 길 먼 우리나라의 정당민주주의가 뿌리를 내릴 수 있을지 정말 의문이다. 두 당대표가 합의한 오픈프라이머리에 대해서는 정의당 심상정이 할 말을 모두 했다. 그녀는 "휴대폰 프라이머리 도입은 민주적 정당활동을 여론조사로 대체하려는 발상"이라고 지적했다. 그녀는 "인지도 싸움으로 귀결될 오픈프라이머리는 현역과 다선에 유리한 제도인데다, 정당 구성원이 당에 헌신하고 단결할 유인을 낮춰 당의 기반을 허약하게 만든다"며 "안심번호는 열성 지지층의 과다대표와 동원선거 가능성을 완전히 차단하지 못한다"고 정확히 문제를 짚었다.[11]

결국 문제는 이렇게 제기된다. 공직후보 선출권을 주도하는 주체는 당원인가 국민인가? 만약 그 주체가 국민이라면 비례대표 공천 및 선거제도를 포함해 모든 것을 처음부터 재검토해야 한다. 아예 정당의 존재와 역할에 대한 근원적 고민이 필요할 것으로 본다. 그게 망설여진다면 새정치민주연합 친노가 왜 정당혐오적 휴대폰 프라이머리 경향을 보이는지 다른 측면에서 의심을 한번 해보는 것도 효과적이다. 다음은 새정치민주연합의 당원과 대의원 현황이다.

〈새정치민주연합 대의원 및 권리당원 분포〉[12]

지역	전국 대의원	권리당원
서울	3,606	37,503
경기·인천	4,047	41,470
영남	**2,728**	**8,678**
호남	**2,311**	**145,854**
충청	1,414	18,856
제주·강원	613	10,250
합계	**14,719**	**262,611**

※권리당원 수는 2015년 1월 18일 기준
자료: 새정치민주연합

새정치민주연합의 호남 권리당원 비율은 55.5%인 데 비해 대의원은 15.7%다. 반면 영남 권리당원 비율은 3.3%인 데 비해 대의원은 18.5%다. 새정치민주연합은 지금까지 줄곧 이런 식의 지역별 보정제를 강조해왔다. 요컨대 새정민주연합의 권리당원에서 호남이 차지하는 비중이 절대적이므로 영남 당원의 투표 등가성을 높여줘야 한다는 논리다. 영남은 복도 많다. 새누리당은 당 차원이든 정권 차원이든 호남을 위해 이런 배려를 꿈도 꾸지 않는데 새정치민주연합은 당 차원이든 정권 차원이든 얼마나 영남에 우호적인 정당인가? 그런데 이제는 이것도 부족해 당원을 아예 무시하고 '국민공천단 100%'

를 개혁이라며 제시한 것이다. 호남은 이런 은폐된 투항적 영남패권주의 정당의 인질이 돼 일편단심 목을 매고 있다.

나는 호남뿐만 아니라 영남에서도 복수정당제가 실현되기를 기대한다. 한데 새정치민주연합에서 대통령이 나오기만을 염원하는 호남인들은 이 복수정당제를 분열로 생각하며 두려워하고 있다. 나는 그들의 꿈과 두려움이 부질없는 허상에 기반하고 있다고 본다. 이는 다음 주제에서 살피기로 하겠다. 다만 여기서는 현 제도에서라도 호남이 실행해야 할 한 가지만 확인한다.

호남은 '모든' 정당을 경쟁시켜야 한다. 새누리당에 대해서는 방어적으로, 새정치민주연합이나 천정배 신당 등에 대해서는 공격적으로, 호남의 표를 원하는 모든 정당에 호남의 반영남패권주의를 실현하겠다는 약속을 받아내야 한다. 지역당은커녕 지역관념조차 인정치 않고 있는 진보정당에 대해서도 마찬가지다. 만약 진보정당이 (진보운동의 오랜 전통을 뒤늦게라도 확인해) 진보정책에 부합하는 한 지역관념을 인정하겠다면, 호남 역시 지역이익에 부합하는 한 진보정당을 인정하겠다는 자세가 필요하다. 물론 필요하다면 경쟁적 연대를 해야 한다.

호남은 '모든' 정당을 상대로, 신의를 저버리고 (은폐된 투항적) 영남패권주의 이데올로기의 선전·선동만을 일삼는다면 가차 없이 응징할 준비를 해야 한다. 이것은 오직 복수정당제에 의해서만 실현될 수 있다. 현 상황하에서 나는 이 복수정당제의 확립이 은폐된 투항적 영남패권주의를 신조로 삼는 새정치민주연합의 친노세력이 국회의원이나 대통령에 당선되는 것보다 몇 배는 더 중요하다고 본다. 과장이 아니다. 지금 이대로라면 현재, 그리고 앞으로도 '표 찍는 인질'을 결코 벗어나지 못할 호남의 처지에서는 분명히 그렇다.

3

개헌투쟁에 모두 걸기

가장 고통스런 인간도 죽기 직전까지 붙들고 있는 생명의 원천은 뭘까? 희망이다. 가장 고통스런 인간도 희망이 남아 있는 한 아직 최악은 아니다. 살인자에게 칼에 찔려 죽어가는 희생자도 최후까지 살 수 있을 거라는 희망이 있을 수 있다. 반면 처형장에 끌려가는 사형수에겐 희망이 없다. 적어도 그 순간만큼은 그 살인자가 자신이 희생시킨 희생자보다 더 큰 지옥을 경험하고 있을 것이다. 그래서 단테는 지옥 문 위에 이런 글귀가 적혀 있다고 상상했다.

여기 들어오는 너희는 모든 희망을 버려라.[13]

그렇다면 절망 속에서도 희망의 끈을 놓지 않고 있는 우리들은 아직 지옥에 떨어진 건 아니다. 그래서 근근이 사는 사람들이 상속세를 강화하는 걸 염려한다. 자신도 언젠가는 상속세를 낼 희망이 있기 때문이다. 노동자들도 『조선일보』를 즐겨본다. 자신들도 그들의 정보와 생각을 공유하며 언젠가는 그들처럼 살 수 있을 것이라는 희망이 있기 때문이다. 가난한 사람들도 새누리당을 찍는다. 자신들도 금방 그들과 모든 것을 공유하는 지배집단의 일원이 될 수 있다고 믿고 싶기 때문이다. 그래서 우리는 개천에서 용 나는 이야기나 신데렐라 이야기를 그렇게 좋아한다. 자신도 언젠가 용이 되고 신데렐라가 될지 모른다는 희망을 가지고 있기 때문이다.

하지만 자신도 마이클 조던이 될 수 있을 거라는 희망 속에서 수없이 많은 흑인 소년들이 공을 붙든 채 다른 기회를 날리고 있다. 그렇다고 그들에게 너희들은 마이클 조던이 아니니 희망을 버리고 지옥에 떨어지라고 충고할 순 없지 않은가? 희망은 절망적인 사람들의 마약이다. 자본은 이 마약으로 우리를 지배한다. 희망만 있으면 아직 지옥은 아닌 것이다. 아직은 지옥이 아니니 괜한 저항으로 그들 자본이 유혹하는 유토피아에 저항하기보다는 근면성실한 자세로 그들의 유토피아를 내 것으로 만드는 것이 더 안전하고, 더 희망적인 것 아니겠는가!?

영남패권주의 대한민국의 호남에게도 희망이 있다. 그들은 일치단결해 영남패권주의에 찌든 대통령이 아닌 공평한 민주적 대통령을 만들고 싶은 희망이 있다. 실제로 호남은 김대중과 노무현이라는 기적을 만들기도 했다. 열린우리당으로 호남의 희망을 저버린 노무현은 결국 자멸했지만, 호남에게 김대중은 아직도 마이클 조던이다. 그래서 김대중은 호남의 희망, 아니 마약이 된다. 다시 노력하면 또 다른 마이클 조던이 나올 수 있는 것 아닌가? 그렇게 일치단결하면 희망이 있는 것 아닌가?

물론 그런 희망을 가질 수는 있다. 하지만 그것은 100년에 한 번 가능할까 말까 한 기적일 뿐이다. 그런 기적을 바라는 희망을 가지고 앞으로도 계속 동일한 방식으로 투쟁해야 하는가? 김대중이 대통령이 되기까지의 수십 년 지난한 과정을 한번 복기해보라. 영남패권주의 정권에서만 3번의 죽을 고비를 넘겼다. 목숨을 부지한 것 자체가 기적이었다. 그에 대한 이데올로기 공세는 또 어땠는가? 이런 과정을 견뎌 이겨낼 수 있는 인물이 흔한 게 아니다. 설령 그런 인물이 다시 나타났다고 치자. 정치적 환경이 조금은 나아졌으므로 가능성도 조금 더 높아졌을까? 단언컨대 그 가능성은 전혀 높아지지 않았다. 현재 호남 정치인은 대통령 유력 후보로 아예 거론조차 되지 않는 현상은 결코 우연이 아니다.

호남이 일치단결한다고 해서 호남 정치인이 대통령 후보로 나설 수 없는 이유는 자명하다. 우선 인구분포상 영남패권주의 새누리당과 정상적인 경쟁이 불가능하다. 대선 경쟁은 (90% 이상의 몰표를 전제로 한!) 호남＋(과반수) 충청＋(친노 중심의) 영남개혁세력＋소수 진보＋수도권 중도세력까지 모두 연대해야 겨우 가능하다. 하지만 친노세력은 결코 호남 정치인을 후보로 내세울 생각이 없다. 그들의 논리인즉 영호남 후보의 대결이 되면 절대 이길 수 없다는 것이다. 영남 후보로 영남을 잠식하지 않으면 안 된다는 것이다. 문제는 이들 영남

개혁세력은 노무현 이데올로기를 표방하는 투항적 영남패권주의세력이라는 점이다. 따라서 호남은 제아무리 일치단결해봐야 정통 영남패권주의세력인 새누리당 대신 투항적 영남패권주의세력인 친노에게 그 일치단결한 몰표를 헌납할 수밖에 없는 운명이다. 노무현 이데올로기가 지배하는 한 앞으로도 달라질 건 없다.

그럼 어떻게 해야 하는가? 호남은 이제 모든 정치적 희망을 버리고 지옥에 떨어져야 하는가? 그럴 수는 없다. 이론상 두 가지 전략이 있긴 하다. 절망적이긴 거의 마찬가지지만 그래도 현 상태 속에서 시간을 낭비하는 것보단 조금은 나을 수 있다. 우선 유일한 역사적 성공 사례인 호남·충청 연대를 기반으로 진보세력까지 합작해 영남개혁세력의 (어쩔 수 없는) 동의를 얻어내는 방식이다. 하지만 이 방식도 이론적 상상일 뿐이지 현실적 가능성이 있는 전략은 아니다. 무엇보다 충청의 희망인 반기문이 역할을 해줘야 하지만 그가 야권의 대표로 나서줄 가능성은 희박해 보인다. 결정적 어려움은 호남과 친노의 단결을 거의 불가능하게 만들고 있는 노무현 후유증이다. 친호남 후보가 나섰을 때 그에게 투표하지 않을 상당한 비율의 친노 유권자, 반대로 친노 후보가 나섰을 때 그에게 투표하지 않을 소수의 호남 반노 유권자만으로도 대선 승리의 승산은 거의 없다고 봐야 한다.

그래서 내가 강력하게 주장하는 것은 투쟁의 패러다임을 바꾸자는 것이다. 이는 기존의 부질없는 희망을 버리고 새로운 희망을 만들어가자는 의미다. 그 새로운 희망은 어디에 있는가? 헌법에 있다. 정확히 말하면 개헌에 있다. 이 개헌의 키워드는 독일식 비례대표 내각제

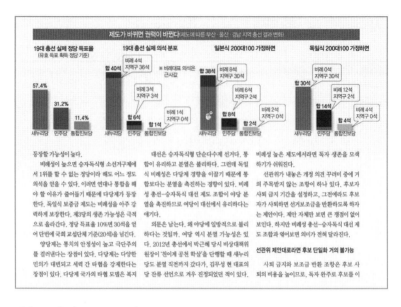

지난 19대 총선(부산·울산·경남)에 일본식/독일식 비례대표제를 적용했을 경우의 결과 변화. 한국처럼 지역구 득표와 정당 득표를 별개로 치는 일본식 제도로는 약간의 변화가 있을 뿐이지만 전체 의석 배분을 정당득표에 맞추는 독일식을 채택하면 새누리:민주당:통합진보당 의석이 40:6:1에서 30:14:4로 격변한다! 이 마법 같은 시뮬레이션은 그만큼 현행 선거제도가 민의를 공평하게 반영하지 못하고 있다는 반증이다.(시사IN, 390호, 2015.03.15)

다. 요즘 들어서 많이들 이 안을 인지하고 있는 것 같기는 하다. 하지만 결정적 핵심을 놓치는 경우가 많다. 이 제도의 핵심을 정확히 이해해야 한다.

우선 독일식 비례대표제 도입에 대해서는 현 야권도 대체로 동의하는 것 같다. 먼 길이었지만 그나마 다행이다. 이제는 많이들 인식하고 있으므로 간단히 정리하겠다. 이 제도는 정당이 국민으로부터 받는 지지율에 비례해 의석을 배분하는 방식이다. 정당투표와 지역구투표를 각 한 표씩 한 다음 정당지지율과 지역구 당선자를 결정한다. 그리고 정당지지율에 따라 각 정당이 차지해야 할 의석수를 정하고, 지역구 당선자만으로 부족한 의석수는 비례대표로 채워준다. 경우에 따라서는 권역별로 나눠서 시행할 수도 있을 것이다. 이렇게 하면 정확히 정당지지율에 따른 의석배분이 이뤄진다. 즉 각 정당이 획득한 득표율에 비해 의석점유율이 높거나 낮은 반민주주의적 불공평을 완벽하게 피할 수 있다.

그런데 문제는 지금부터다. 독자들도 이미 짐작하겠지만 이 제도는 정당국가적 민주주의에 기초하고 있다. 국민들이 정당을 신뢰하지 않거나 정당보다는 인물에 대한 선호투표 경향이 더 강한 경우에는 정착하기가 힘들다. 앞에서 얘기했지만 우리 국민 중 많은 이들이 정당혐오에 가까울 정도의 편견을 가지고 있다. 새정치민주연합만 하더라도 당원을 신뢰하기는커녕 '국민공천단 100%'라는 신기루를 개혁의 이름으로 제안할 정도다. 새누리당의 오픈프라이머리는 말할 나위도 없다. 가관인 것은 새정치민주연합의 경우 이런 정당혐오적 편견에 편승해 총선전략을 짜면서도 철저하게 정당민주주의에 토대하는 독일식 비례대표제를 주장하고 있다는 사실이다.

더 중요한 근원적 문제가 있다. 이 독일식 비례대표제는 대통령제와 전혀 맞지 않다는 것이다. 그럼에도 불구하고 정치권 유력인사들은 (우리나라의 오래된 전통[?]인) 외국제도의 장점만 그럴듯하게 취합하면 더 좋지 않겠느냐는 안이한 생각을 하고 있다. 다시 말해 국회의원선거는 공평한 의석배분을 위해 독일식 비례대표제를, 대통령선거는 권력독점을 막기 위해 프랑스식 분권형 대통령제와 결선투표제를 도입하면 어떻겠냐는 제안이다. 문재인이 이런 주장을 하는 대표적인 인물이다. 천정배도 이런 생각을 하는 것 같다. 그야말로 한국형 짬뽕식 민주주의다. 문제는 이 한국형 짬뽕이 기대와는 달리 엄청난 민주주의적 혼란을 야기할 가능성이 크다는 점이다.

우선 프랑스식이든 다른 변형이든 분권형 대통령제는 대통령과 총리의 이원적 권력구조를 전제로 한다. 이를 우리가 도입하면 대체로 대통령은 국가를 대표하는 외교·국방·통일 등을 관장하고, 총리는 내정을 책임지게 될 것이다. 하지만 한국처럼 극단적인 정치적 환경을 가진 나라에서 대통령과 총리의 분권제도가 무리 없이 작동하기를 바라는 건 무리라고 본다. 여기까진 그냥 예고편이다.

본격적인 문제는 '국회 vs 대통령＋총리' 사이에 벌어진다. 분권형 대통령제를 채택하면 당연히 직선제로 대통령을 선출해야 한다. 이 경우 대통령은 현행 상대다수선거제도하에서는 새누리당에서 당선될 확률이 가장 높다. 결선투표를 하는 경우라면 그 확률이 조금 적어지겠지만, 그래도 새누리당을 이기기 쉽지 않을 것이다.

그런데 국회의원 총선은 어떤가? 만약 독일식 비례대표제를 택할 경우 새누리당은 의석점유율 50%를 넘기 힘들 것이다. 따라서 반새누리당 연대의 의회지배, 즉 현 야권연대세력의 내각 접수 가능성이 훨씬 크다. 말하자면 전형적인 여소야대, 프랑스식으로 표현하면 동거정부 상황이다. 단순히 여소야대일 뿐만 아니라 대통령과 총리의 권한 배분문제까지 얽물려 있다. 정당을 혐오하고 극단적인 소모전과 벼랑끝 전술을 통해서만 문제를 해결하는 우리 정치가 과연 이런 대립을 해결해나갈 능력이 있을까?

　나는 독일식 비례대표제를 채택하기를 바란다. 하지만 이것을 개헌 없이 현 대통령선거제와 연계하는 것은 '절대!' 반대한다. 개헌 후 분권형 대통령제와 연계하는 것도 그 실천적 난이도를 고려하면 신중해야 한다. 독일식 비례대표제를 받아들이려면 내각제까지를 패키지로 받아들여야 한다. 분권형 대통령제라고 해도 우리나라 특유의 극한적인 여소야대 대립의 위험성이 상존하기 때문이다. 우리나라에서 여소야대가 어떤 정변을 몰고 왔는지를 상기하기 바란다.

　1978년의 국회의원 총선에서 31.7%를 얻은 박정희의 민주공화당은 32.8%를 얻은 제1야당 신민당에 뒤진다. 의석점유율은 여소야대가 아니었지만 실질적인 여소야대가 있었고, 10·26 저격사건이 일어난다. 명실상부 여소야대로 인한 사건만 보더라도 1990년의 3당 합당, 1998년의 김대중 정권의 정상적인 조각불능 사태, 2004년의 대통령 노무현 탄핵소추 등은 상징적이다. 우리는 미국 대통령제의 여소야대가 미국식 정치에 의해 해소되는 과정을 보며 우리나라 정치에서의 여소야대 문제도 별거 아니라는 착시에 빠지는 경향이 있다. 하지만 역사경험을 돌이켜보면 결코 간단한 문제가 아니다.

　나는 독일식 비례대표제는 반드시 내각제와 결합되어야 한다고 생각한다. 그리고 또 독일식 비례대표제가 아닌 한 굳이 내각제를 채택할 필요는 절대 없다고 본다. 이는 아주 중요한 핵심이다. 새누리당은 독일식 비례대표제가 아닌 내각제 혹은 분권형 대통령제를 주장할 가능성도 있다. 김무성이 주장하는 분권형 대통령제는 독일식 비례대표제를 전제로 한 것이 아니다. 이 경우 여소야대의 위험을 걱정하기보다는 새누리당의 일본 자민당식 장기집권 가능성을 더 걱정해야 할 것이다.

독일식 비례대표제는 철저하게 정당득표율에 비례하기 때문에 소수 정당에 아주 유리하다. 이 제도로는 새누리당은 절대 안정적으로 과반을 넘기는 다수당이 되기 힘들다. 이는 제도를 조작해 새누리당을 곤경에 빠트린 결과가 아니라 민주적으로 제도를 정상화한 결과다. 새누리당의 영남패권주의 지배체제는 영남패권주의 선거제도에 의해서만 유지될 수 있었고, 또 유지될 수 있다는 것을 알아야 한다.

독일식 비례대표 내각제는 특히 현 야당에 놀라운 결과를 가져올 것이다. 내가 이 제도를 주장하는 가장 큰 이유는 현재와 같은 야권 분열 상태를 해결할 수 있는 유일한 제도이기 때문이다. 원래 대통령제는 연대 혹은 연립정부와 친화적인 제도가 아니다. 그런데 우리는 연립정부와는 거리가 먼 대통령제를 선호하면서도 실질적으로는 선거 때마다 당연한 듯 야권연대 혹은 연립정부를 세우기 위해 몸살을 앓는다. 더군다나 우리는 결선투표제도도 없다. 그래서 매번 거의 강박적으로 제3후보를 사퇴시키려 하는 기본권(참정권) 침해를 일삼는다. 대표적인 사례를 들자면 김대중이 김영삼을 위해 후보사퇴를 거부했다는 이유로 지금도 비난을 퍼붓는 사람들이 있다.

정치적 연대는 단지 정치공학의 문제가 아니다. 그것은 복지국가를 위한 초석이기도 하다. 권력을 나눠가질 준비를 해야 부를 효과적으로 분배할 수 있다. 우리도 이제 정상적인 복지국가를 위한 정치제도를 준비해야 하지 않겠는가? 참고로 선진국 중 미국만 대통령제를 취하고 있으며, 미국만 진보정당이 발을 붙이지 못하고 있다.

이뿐만 아니다. 우리에게 독일식 비례대표제 내각제가 결정적으로 필요한 이유는 현재와 같은 야권분열 상태가 오히려 야당의 집권에 절대적으로 유리한 조건을 제공한다는 점 때문이다. 즉 호남/영남 친노가, 보수/진보 야당이, 여타 야권 제 세력이 편을 갈라 싸울수록, 그래서 각자의 확고한 지지자들이 뭉칠수록, 이 경향은 결정적으로 선거를 유리하게 만들 것이다. 부질없는 회한이지만 만약 1987년 선거를 결선투표 없는 대통령제가 아닌 독일식 비례대표 내각제로 치렀다면 전두환의 민정당은 필패했을 것이다.

내가 가장 의아하게 생각하는 것 중의 하나는 우리나라 국민들의 대통령제 선호 현상이다. 영남이 대통령제를 선호하는 것은 충분히 이해할 수 있다. 대통령제야말로 영남패권주의를 가장 효과적으로 실현할 수 있는 최선의 제도이기 때문이다. 한데 호남은 뭔가? 대통령제 독재치하에서 그렇게 당했으면서 왜 대통령제에 대한 미련을 버리지 못하는 것일까? 그것은 절망적인 사람의 희망이다. 즉 마약이다. 언젠가는 일치단결해서 민주적 대통령을 만들고 말리라! 제2의 김대중을 만들고 말리라!! 내 손으로 대통령을 찍어 당선시켜 반영남패권주의 투쟁에서 확실한 승리를 거두고야 말리라!!!

하지만 현실에선 호남은 친노, 혹은 연대세력을 위해 '표 찍는 인질'로 전락할 뿐이다. 몰표를 바쳐봐야 돌아오는 것은 상찬이 아닌 조롱일 뿐이다. 노무현의 경험을 하고서도 호남은 아직 꿈을 꾸고 있다. 그러다 절반의 호남인들이 갓 꿈을 깨고 주위를 둘러보기 시작하자 우리나라 야권이 요동치고 있는 것이다.

알고 있다! 새누리당은 독일식 비례대표 내각제에 눈곱만한 관심도 없을 것이다. 그들의 관심은 오직 민주주의 제도를 왜곡시켜 영남 패권주의를 지속시키는 것뿐이기 때문이다. 하지만 내 주장이 탁상공론만은 아니다. 우리가 만약 총선·대선 후보 선출과 총선·대선승리를 위한 그 악착같은 열정만큼만 제도개혁, 즉 개헌을 위해 노력하고 투쟁할 수 있다면 언제까지 새누리당이 외면만 할 수는 없을 것이다. 왜곡된 민주주의를 정상화시키고 싶은 국민은, 특히 그 왜곡 속에서 고통받는 호남은 대통령제에 대한 희망을 버려야 한다. 더 나은 개혁·진보적 민주주의를 위해 '대통령을 내 손으로'라는 추억 속의 이데올로기는 이제 '정당국가적 민주주의'에 길을 양보할 때가 됐다.

4

더 큰 세상 잊지 않기

2015년 9월, 천정배가 대각선 방향으로 서로 마주 보는 의원 회관 사무실을 쓰고 있는 안철수의 방에 들러 소소한 정치적 의견을 교환했다. 이 자리에서 안철수는 "정권교체를 바라는 호남 민심에 대해 잘 알고 있"고 "지금 진행되고 있는 우리 당의 혁신으로는 호남 민심을 되돌릴 수 없다"면서 천정배에게 "시간이 필요하겠지만 함께해야 한다"고 말했다. 반면 천정배는 "새정치연합이 가망이 없다고 생각한다. 자체적 혁신도 어렵고 혁신으로 살아나기 어렵다"며 안철수에게 "새로운 판을 짤 수밖에 없다"고 말했다.[14]

두 의원이 잠깐 만나 이런 식의 평범한 정치적 의견을 교환하자 TV 예능프로그램에도 출연하는 등 시중에 이름이 꽤 알려져 있는 한 인사는 다음과 같은 자극적인 트위터 발언을 했다. 그의 발언을 오해의 소지를 없애기 위해 충분히 간추려 감상해보자.

전국적 승리를 위해선 지역색을 벗거나 벗으려 한다는 제스처를 취해야 하는데, 그 당 의원들이 거꾸로 호남 지역주의를 노골적으로 표방하는 것은... 그들 스스로 총선승리나 정권교체는 물 건너갔다고 본다는 얘기죠. / 남은 것은 자기들 이권. 그래서 부끄러운 줄도 모르고 바바리맨이 되어 바지 까고 적나라하게 지역주의 드러내는 거죠. 안철수-천정배 만남... 구태 중에서도 저런 엽기적 구태는 처음 보네요. 한심한 인간들... / 정의당이 원내교섭단체만 돼도 야당교체가 이루어지거나, 최소한 새정연이 위기의식을 느껴 제대로 거듭나는 계기가 될 겁니다. / 저 지랄이 어떤 지랄이냐 하면, 조금이라도 유권자들을 생각하면 인두껍을 쓰고는 도저히 할 수 없는 지랄입니다. 자기들이 뭔 지랄을 해도 유권자들은 새누리당 싫어서 결국 자기들 찍을 수밖에 없다는 배짱에서 나오는 배째라 지랄이죠. / 새정연 지지하는 분들, 배 째달라고 하는데, 확실히 째 드리세요. 다시는 저 지랄 못하게... / 고전 읽으며 우아하게 살고 있는데... 새정연 애들이 기어이 트윗질 하게 만드네...ㅜㅜㅜ[15]

기사에 발언자의 이름이 적혀 있지 않았다면 나는 기자가 조회수 올리려고 무슨 일베 게시판에 올라온 내용을 쓸데없이 기사화한 것이라고 짐작했을 것이다. 발언자는 미학자 진중권이다. 내가 놀란 건 "바지 까고" "엽기적 구태" "한심" "인두껍" "지랄" "배째라" 등의 자극적 표현이 아니다. 이런 표현들로 언론의 자유를 즐기는 건 그의 취향이다. 내가 놀란 건 "고전 읽으며 우아하게 살고 있는"그의 사고체계다. 그는 서울과 호남의 두 지역구 의원이 만나 호남 민심 말고 뜬금없이 강원이나 충청 민심을 주제로 얘기를 나눠야 분노하지 않고 만족했을까? 도대체 그의 마음속 밑바닥엔 뭐가 웅크리고 있을까?

우리나라에서 반영남패권주의 투쟁에 대한 거부감은 뿌리 깊고 광범위하다. 반영남패권주의 투쟁이라고 해봐야 별 것도 없다. 그저 투표 때 새누리당에 투표하지 않거나, 정치인들이 가끔씩 저항적 발언을 하거나, 아니면 글이나 말로 개인적 의견을 밝히는 것 정도다. 한데 헌법이 보장하는 이런 정도의 참정권이나, 정당의 설립과 활동의 자유나, 언론의 자유를 행사하는 것도 영남패권주의에 찌든 사람들의 감성으로는 도저히 참을 수가 없는 것이다.

진중권은 일베의 여성, 외국인 노동자 혐오에 대해 "남성 대 남성의 경쟁에서 구조적으로 밀려난 이들이 문제의 근원을 보지 못하고, 그 원인을 여성이나 외국인 노동자 탓으로 돌려 박탈감에 대한 심리적 보상을 받으려 하는 것"[16]이라는 나름 과학적 분석을 해낸다. 이런 식의 계급환원주의적 분석이 이슬람 남성의 여성지배나 국가적 차원의 이주민 정책에까지 딱 들어맞는다고 볼 수는 없다. 경우에 따라서는 계급환원주의적으로 설명할 수 없는 성별, 국가간 대립 현상이 있을 수도 있다. 하지만 일베 현상에 대한 설명으로 크게 부적절한 것 같지는 않다.

문제는 그가 영남패권주의적 현상에 대해서는 왜 이런 식의 과학적이고 냉정한 분석태도를 견지하지 못하는가 하는 점이다. 일베의 호남비하 현상, 혹은 영남의 호남배제 선동도 정확히 같은 논리를 적용할 수 있는 문제다. 그것이 지역이든 국적이든 성별이든 학연이든 뭐든, 어떤 특정 집단을 배제하면 이익을 얻는 집단이 생긴다. 호남을 배제함으로써 영남이 얻는 이익은 하층 여성이나 외국인 노동자를 배제함으로써 얻는 이익보다 전면적이다. 그래서 영남은 호남을 전면적으로 배제하려 한다. 이를 통해 노동자는 노동자대로, 자본가는 자본가대로, 공무원은 공무원대로 자신의 위치에 비례하는 이익배분을 받는 것이다.

그런데 진중권은 남성의 여성 지배, 한국 노동자의 외국 노동자 배제 등의 사회 현상에 대해서는 그렇게 잘 보면서 호남 배제를 기반으로 하는 영남패권주의적 지배 현상에 대해서는 아무것도 보지 못한다. 그의 호남비하 관점은 일베와 공통된 속성을 갖고 있다. 그는 말하자면 '일베 바깥의 일베적 개혁·진보 이데올로기'를 말초적으로 대변한다고 할 수 있다. 그의 이런 '진보적 증상'은 계급환원주의에 대한 병적인 집착 때문에 발생한다. 계급환원주의적 진보는 내가 말하는 '호남 없는 개혁' 테제 중 '호남 없는'이라는 명제에 병적으로 집착한다. 물론 개혁적 '친노'도 유사 증상을 보인다. 한마디로 대한민국 진보와 친노, 그리고 일베는 '호남'을 두고서는 공통의 관점을 가지지만 '개혁'에 대한 나름의 호불호, 그 양과 질에 있어서만 의견을 달리하는 것이다.

최근 로렌 소던이란 여성이 자신의 SNS에 '나는 페미니즘이 필요 없다'라고 적은 사진을 올려 큰 논란이 됐다. 그녀는 자신의 반대자들에게 자신은 여자인데도 왜 페미니즘을 지지하지 않는지를 설명하는 짧은 동영상을 만들어 유튜브에 공개했다. 그녀는 여성이 이혼소송에서 남성보다 양육권을 챙길 확률이 더 높고, 같은 범죄를 저질러도 더 적은 형량을 받고, 성범죄의 피해자가 돼도 덜 비웃음을 당하는 등 분명 여성이 남성보다 누리는 혜택이 더 많은데도 페미니스트들은 이런 점을 전혀 주목하지 않는다고 주장했다. 또 미국과 캐나다에서 질병, 노동, 범죄, 전쟁 사망자 중 대다수가 남성인데다 여성할당제로 인한 역차별을 받고 있는데도 페미니스트들은 어떤 문제제기도 하지 않는다는 지적도 했다. 그녀는 양성평등을 추구한다고 말하면서도 한쪽 성만 대변하는 페미니즘은 평등하지 않다면서 자신이 그곳에 속하고 싶지 않다며 마무리 지었다.[17]

이는 그저 인터넷상의 흥미로운 해프닝에 불과한 것일까? 아니다. 내가 보기에 로렌 소던의 주장은 지난 수백 년 혁명사에 잠복된 이슈의 대중판인 것으로 보인다. 단지 여성운동만으로 범주를 좁혀 말하는 게 아니다. 우리는 어떤 특정 시대에 억압받는 한 집단이 그 집단의 억압받는 시선으로 당대 사회의 모순을 적시하며 문제를 제기하는 것은 언제나 민주적이라는 주장에 흔쾌히 동의할 수 있다. 식민지의 문제제기가 그렇고, 노동자의 문제제기가 그렇고, 여성의 문제제기가 그렇고, 흑인의 문제제기 등이 모두 그렇다.

그러다 어느 날 이들 억압받는 집단이 기득체제를 전복하고 그들의 목소리를 100% 반영할 수 있는 나라를 세우는 데 성공하기도 한다. 공산혁명이 그 대표적 실례다. 북한 헌법 제4조는 "조선민주주의인민공화국의 주권은 로동자, 농민, 군인, 근로인테리를 비롯한 근로

인민에게 있다"라고 선언한다. 북한의 노동자, 농민, 군인, 근로인테리를 비롯한 근로인민이 억압받는 인민의 계급적 입장을 위해 투쟁할 때 그들의 목소리는 민주적이었다. 한데 그들이 나라를 세우고 난 뒤, 전체 인민을 대의해야 하는 순간이 왔을 때 그들의 계급적 논리는 필연적으로 모순에 빠진다. 그것은 계급적 논리로 전체 인민의 이익을 옹호해야 하기 때문에 야기되는 모순이다. 근대의 모든 혁명 세력이 혁명 전엔 부분의 이익을 주장할 수 있는 (직접)민주주의적 관념을 옹호하고, 혁명 후엔 선량選良(들)이 전체를 대변하는 대의(민주주의)적 관념을 옹호해왔다는 건 아이러니한 일이다.

문제는 혁명 후에 그들 혁명계급이 전체를 대의하지 못한다고 생각할 때 발생한다. 위 로렌 소던은 말하자면 현대가 여성혁명이 성공한 후의 사회라고 생각한 듯하다. 그래서 여성운동의 리더들, 말하자면 페미니스트들이 이제 남성과 여성 모두를 평등하게 바라보며 모두를 대변해야 하지 않느냐고 물은 것이다. 즉 페미니스트들의 논리가 양성평등 사회가 아니었냐고 물으면서 이제 그녀들의 논리를 실천하라고 요구한 것이다. 물론 여성은 아직 불평등한 사회의 약자이므로 자신들의 시각에서 자신들의 문제만을 대변하는 것이 임무라고 주장할 수는 있다. 하지만 지금 내가 강조하는 초점은 어떤 계급적, 부분적 소수운동이라 할지라도 그 운동이 언젠가 성공하면 자신들의 계급적·소수파적 논리로 전체를 대변해야 할 때가 반드시 올 것이라는 점이다. 말하자면 그 세상은 부분의 논리로 전체를 대의해야 하는 더 큰 세상이다.

바로 그때가 모든 혁명의 위기상황이다. 프롤레타리아의 이름으로 부르주아를 타도했을 때, 피억압자의 논리로 식민지로부터 해방됐을 때, 여성의 힘으로 평등한 세상을 이루었을 때, 반영남패권주의 연대로 영남패권이 사라졌을 때 우리가 프롤레타리아 지배계급, 해방된 제국주의자, 여성우월주의자, 호남패권주의자가 아닌 더 큰 세상을 향해 나아갈 준비를 하는 것은 매우 중요하다. 물론 그때가 되면 지배집단에 대항하는 피지배집단의 부분논리는 자연스레 소멸될 수밖에 없을 것이다. 이런 맥락에서 알랭 바디우는 마르크스가 한 계급으로서의 프롤레타리아 계급을 보편적인 것이라고 했던 의미를 이렇게 설명한다.

프롤레타리아 계급이 어떤 개별적인 속성도 갖고 있지 않은, 무無이기 때문이지요. 이것은 따라서 부정의 보편성에 관한 문제입니다.[18]

프롤레타리아 계급이 무로 화해야 했던 현실공산주의는 실패했다. 하지만 모든 실패는 또 다른 모순을 잉태하고, 그렇게 세상은 진보해나간다. 그 진보가 벼락처럼 찾아오지 않는 것을 실망할 이유는 전혀 없다. 우리가 지금 각자 어떤 처지에 놓여 있든 식민지가 무가 돼야 하는, 흑인이 무가 돼야 하는, 여성이 무가 돼야 하는, 그리고 호남이 무가 돼야 하는 더 큰 세상을 맞이할 준비를 착실히 해나간다면 어느덧 우리는 그만큼 진보된 세상의 공기를 마시고 있을 것이다.

나는 영남패권주의에 대한 목소리를 높이고 있지만 단 한 번도 세상을 지역모순으로만 이해해야 한다고 주장한 적은 없다. 세상의 모순은 결코 단순하지 않다. 그런데 도대체 무슨 이유 때문인지 계급환원주의자들은 이 세상의 모순을 그들의 관념 속에서 극단적으로 단순화시키는 것을 좋아한다. 그래서 그들은 우리나라의 지역모순을, 즉 영남패권주의를 주요 모순으로 상정하면 격렬한 히스테리 반응을 보인다. 하지만 이는 사회과학적 통찰의 무능력을 스스로 고백하는 것에 다름 아니다. 이 세상이 그들의 사회과학적 통찰의 무능력을 만족시켜주기 위해 단순하게 존재할 수는 없는 노릇이다.

흔히 지역 얘기, 즉 영남패권주의 얘기를 하는 것에 대해 이런 푸념을 늘어놓는 사람들이 있다. 이 조그만 땅에서 도대체 무슨 지역을 가르고 따지고 하나? 이런 푸념은 은연중에 이미 호남을 겨냥하고 있다. 이런 푸념을 호남을 향해 해서는 안 된다. 성폭행 피해자 앞에서 웬 성문제가 이렇게 많으냐고 푸념을 늘어놓아서는 안 되는 것과 같다. 호남은 영남패권주의를 원한 적이 없다. 호남은 그저 영남패권주의라는 구차한 현실 속에서 힘겹게 저항하고 있을 뿐이다. 그것이 전부다. 그리고 지역분쟁은 지역이 넓고 좁은 것과 무관하다. 경우에 따라서는 이웃 동네끼리 척지고 사는 경우도 있다. 다만 우리나라가 특이한 것은 민족이나 종교가 지역적으로 대립하는 것도 아닌데 영남이 타 지역보다 인구가 조금 더 많은 것을 기화로 이렇게까지 패권을 행사하려고 한다는 사실이다. 그러니 그런 푸념을 늘어놓고 싶다면 영남을 향해 이 조그만 땅에서 그렇게 지역패권을 행사하고 싶으냐고 물을 일이다.

우리나라는 언젠가 통일을 하게 될 것이다. 그땐 지금보다 지역문제가 훨씬 더 복잡해질 수 있다. 물론 그때에도 영남은 대한민국의 패권을 장악한 저력으로 통일 한반도를 패권적으로 장악하고자 시도할 것이다. 그 경우 북한에도 영남패권세력에 기회주의적으로 복무하는 세력이 있을 것이다. 그들은 예컨대 새누리당 탈북자 국회의원 조명철처럼 "권은희 과장은 광주의 경찰입니까, 대한민국 경찰입니까"[19]라는 질문을 해댈 것이다. 반면 호남보다 더한 지역적 저항을 하는 세력도 있을 것이다. 이때에도 대한민국 진보세력은 영남패권주의는커녕 아예 지역은 없다며 지역모순에 눈을 감을 것인가?

우리가 지역모순에 눈을 감는 논리는 아주 간단하다. 2015년 9월, 정부는 합참의장에 3사 출신인 이순진을 내정하는 등 7명의 대장 인사를 단행했지만 호남출신은 단 1명도 포함되지 않았다.[20] 국방위원회 소속 새누리당 송영근은 KBS 라디오 시사프로그램에 출연해 "호남출신 인사가 배제됐다는 반발의 목소리도 있던데, 이런 지역적인 출신문제는 어떻게 보십니까?"라는 질문에 이렇게 답한다.

제가 개인적으로 보기에는 지역을 안배해놓고 인사를 한다는 자체가 어폐가 있지 않나 싶습니다. 그쪽 지역에 인재가 있으면 많이 등용하는 것이고 없으면 등용 못하는 것이지, 여기는 인원이 없는데도 거기서 꼭 내야 된다고 해서 함량이 미달한 사람을 뽑아서 올리는 것은 바람직하지 않지 않겠습니까.[21]

'영남패권주의는 없다'고 우기는 건 얼마나 쉬운가? 그 같잖은 변명을 위해 호남출신은 졸지에 "함량이 미달한 사람"들이 되고 말았다. 이쯤 되면 인재의 출신지역적 편향이 의도가 아닌 우연이라는 확신이 설 때까지 각 분야에서 끝없이 지역을 따지고 지역할당을 요구해나갈 수밖에 없다. 얼마나 피곤한 나라인가? 그렇더라도 호남은 자신의 권리를 자신의 힘으로 쟁취해나갈 수밖에 없다.

하지만 나는 이 반영남패권주의 투쟁이 결코 호남만의 의무는 아니라고 확신한다. 우리가 가증스런 요설로 포장된 영남패권주의적 난행을 막지 못하면 국가 전체의 효율은 한없이 떨어질 수밖에 없기 때문이다. 민주주의의 후퇴는 말할 것도 없다. 이런 식으로는 절대 더 큰 세상을 맞이할 수 없다. 그러므로 대한민국을 더 큰 나라로 만들 수 있느냐 없느냐는 우선 영남패권주의를 타파할 수 있느냐 없느냐에 달려 있다. 그리고 그 주요 모순을 타파할 수 있는 역량을 갖춘 사회라면 다른 모순도 틀림없이 민주적으로 지양해나갈 수 있는 사회임을 의심하지 않는다. 이것이 모두가 알고 있지만 모두에게 낯선, 내 상식적 주장의 결론이다.

| 註 |

머리말

1 이연식, 『아트 파탈』, 휴먼아트, 2011, 24쪽.

1장

1 제임스 조지 프레이저, 이용대 옮김, 『황금가지』, 한겨레출판, 2003, 662쪽.

2 제임스 조지 프레이저, 이용대 옮김, 『황금가지』, 한겨레출판, 2003, 641쪽.

3 요한의 복음서(공동번역 개정판), 11:47~53.

4 르네 지라르, 김진식 옮김, 『희생양』, 민음사, 2007, 186쪽.

5 르네 지라르, 김진식 옮김, 『희생양』, 민음사, 2007, 43~44쪽.

6 르네 지라르, 김진식 옮김, 『희생양』, 민음사, 2007, 77쪽.

7 「보훈처 "〈임을 위한 행진곡〉 제창, 국민통합 저해"」, 『연합뉴스』, 2015년 5월 14일.

8 「이승복 어린이, 정말 공산당이 싫었나요」, 『미디어 오늘』, 2015년 5월 6(노출7)일.

9 쉴라 피츠페트릭, 김부기 옮김, 『러시아혁명(1917~1932)』, 대왕사, 1990, 236~239쪽.

10 마르틴 브로샤트, 김학이 옮김, 『히틀러국가』, 문학과지성사, 2011, 48~49쪽.

11 김욱, 『김대중의 끝나지 않은 이야기』, 인물과사상사, 2005, 33쪽.

12 「민주 주도세력 친노에서 DJ맨으로」, 『뉴스1』, 2013년 5월 9일.

13 「조국 "야 기득권 포기하고 혁신과 단결로 희망 보여달라"」, 『뉴스1』, 2015년 5월 21일.

14 「진중권 "쓰레기들이 기득권 포기 못해 벌어진 사태"」, 인터넷 『경향신문』, 2015년 5월 21일.

15 성한용, 「성한용 선임기자의 정치 막전막후」 18: 압승하고도 몸 낮춘 새누리…'10년 야당'으로 단련된 힘」, 인터넷 『한겨레』, 2015년 5월 1일.

16 『연합뉴스』, 2015년 5월 7일.

17 「"호남 표심 창 싫어 나 찍었다"」, 인터넷 『경향신문』, 2003년 9월 24일.

18 이주빈, 「"흩어진 꽃잎이 뺨을 때린다. 울지 마라 광주"」, 『오마이뉴스』, 2012년 12월 23(최종24)일.

19 이주빈, 「"흩어진 꽃잎이 뺨을 때린다. 울지 마라 광주"」, 『오마이뉴스』, 2012년 12월 23(최종24)일.

20 「박준영 도지사 "호남 대선몰표, 무겁지 못했고 충동적인 선택"」, 『뉴스1』, 2013년 1월 8일.

21 「[전문] 박준영 도지사 호남민심 폄하 발언-민주당 합동논평」, 『뉴스1』, 2013년 1월 8일.

22 「이정현 "나는 광주시민이 버린 쓰레기…광주에서도 사람 보는 눈 가져야" 발언 논란」, 『쿠키뉴스』, 2015년 3월 27일.

23 홍세화, 「[특별기고] 다시 5월에, 빛고을의 새로운 도전에 부쳐」, 인터넷 『한겨레』, 2015년 5월 14일.

2장

1   김성익, 『전두환 육성증언』, 조선일보사, 1992, 436쪽.

2   「〈촛점〉국회운영파란 1」, 『연합뉴스』, 1990년 7월 12일.

3   http://stdweb2.korean.go.kr/search/List_dic.jsp.

4   「5·18관련 용어 혼용 세계화 '걸림돌'」, 인터넷 『무등일보』, 2015년 5월 20일.

5   「[이사람] "학살의 충격…독일서 한국현실 눈떠"」, 인터넷 『한겨레』, 2010년 6월 2(수정4)일.

6   김길조(증언), 「7134 살인적인 고문에 죽어나가는 사람들」, 한국현대사사료연구소 편, 『광주5월민중항쟁 사료전집』, 풀빛, 1990, 1453쪽.

7   최정운, 『오월의 사회과학』, 풀빛, 1999, 142쪽.

8   「조지 카치아피카스 "광주 5·18, 파리코뮨보다 영향 커"」, 『연합뉴스』, 2015년 5월 14일.

9   김영택, 『5월18일, 광주』, 역사공간, 2010, 233~237, 250~251쪽.

10 강준만, 『지방식민지 독립선언』, 개마고원, 2015, 81~85쪽.

11 최장집, 『민주화 이후의 민주주의』, 후마니타스, 2002, 117쪽.

12 「[2010 연중기획] 5·18 진상 규명, 미완의 성과」, 인터넷 『위클리경향』, 제876호, 2010년 5월 25일.

13 「정부·행사위 갈등에 상처 입은 '오월 정신'」, 인터넷 『광주일보』, 2015년 5월 27일.

14 한강, 『소년이 온다』, 창비, 2014, 203쪽.

15 한강, 『소년이 온다』, 창비, 2014, 85쪽.

3장

1   「한국인 57% "일본은 군국주의"·일본인 56% "한국은 민족주의"」, 『연합뉴스』, 2015년 5월 29일.

2   「진중권 "새정치, 더 험한 꼴 보기 전에 헤어져라" 독설」, 인터넷 『한겨레』, 2015년 5월 27(수정28)일.

3   황태연, 「15대 대선과 지역문제」, 『한국정치학회소식』 제22권 제1호(1998년 1월), 7쪽.

4   「이해찬 국회의원 "호남신당은 제일 한심한 소리"」, 『뉴시스』, 2015년 5월 6일.

5   「27년 '야권 불패' 관악을…"심판하자" 누구를?」, 『프레시안』, 2015년 4월 28일.

6   「이총리, 경부고속철사업은 대표적 정책실패」, 인터넷 『조세일보』, 2005년 1월 14일.

7   김영삼, 『나의 정치 비망록』, 심우, 1992, 105쪽.

8   김영삼, 『나의 정치 비망록』, 심우, 1992, 153쪽.

9   「김대중과 군부」, 『월간 말』, 1992년 10월, 39쪽.

10 「김대중과 군부」, 『월간 말』, 1992년 10월, 39쪽.

11 「"'권노갑-U 대권동맹' 살아 있지만 이인제, 민주당 후보 정통성 없다"」, 『오마이뉴스』, 2002년 2월 20일.

12 「"호남 표심 창 싫어 나 찍었다"」, 인터넷 『경향신문』, 2003년 9월 24일.

13 이에 관한 자세한 경과 설명은 김욱, 『정치는 역사를 이길 수 없다』, 개마고원, 2013, 120쪽 참조.

14 「노대통령 "선거에 걸림돌 된다면 당 비판 감당"」, 『연합뉴스』, 2006년 8월 27일.

15 노무현, 〈전문〉노무현 대통령 원광대학교 명예박사 기념 특강, 『뉴시스』, 2007년 6월 8일.

16 「"'권노갑-U 대권동맹' 살아 있지만 이인제, 민주당 후보 정통성 없다"」, 『오마이뉴스』, 2002년 2월 20일.

17 「지역주의와 이정현, 그리고 '영남 패권론'」, 『시사오늘·시사온』, 2015년 3월 28일.

18 플라톤, 박종현 역주, 『국가·정체』, 서광사, 1997, 111쪽.

19 김의겸, 「[편집국에서] 더 이상 호남을 팔지 마라」, 인터넷 『한겨레』, 2015년 5월 13일.

20 김의겸, 「[편집국에서] 서글픈 내 고향 왜관」, 인터넷 『한겨레』, 2011년 7월 3(수정4)일.

21 http://www.hani.co.kr/arti/opinion/column/691034.html.

22 https://twitter.com/kohjongsok, 2015년 5월 14일.

23 「김상곤 "책임 있는 분들, 백의종군·선당후사 필요해"」, 『연합뉴스』, 2015년 9월 23일.

24 「김윤덕 "전북 지역구 9석 되면 정개특위 사퇴"」, 『뉴스1』, 2015년 9월 24일.

25 「야 베일벗은 판도라 상자…중진들은 살생부, '86'은 제외」, 『연합뉴스』, 2015년 9월 23일.

26 「정의장 "'님'은 광주정신...정부는 국회결의 존중해야"」, 『연합뉴스』, 2015년 5월 18일.

27 「보훈처 "'임을 위한 행진곡' 제창, 국민통합 저해"」, 『연합뉴스』, 2015년 5월 14일.

28 「문재인 "박정부, 5·18 위대한 역사 지우려 해"」, 『뉴시스』, 2015년 5월 18일.

29 조희연, 「금남로에서 광주정신을 생각하다」, 인터넷 『광주일보』, 2015년 5월 19일.

30 「5·18 직·간접 경험 광주시민들 '오월증후군' 심각」, 『뉴시스』, 2015년 5월 19일.

31 김은실, 「'착한 아이 콤플렉스'는 지나친 칭찬이 만든 아이의 불안」, 『MOM대로 키워라』, vol. 61(2015.5), 22쪽.

32 김성훈, 「'정치'가 아닌 '문화'로 치유해야」, 『프레시안』, 2013년 2월 11일.

33 「"광주비엔날레에 광주가 보이면 안 됩니다"」, 인터넷 『동아일보』, 2014년 9월 10일.

34 「"이 그림에서 '허수아비'만 보입니까?"」, 인터넷 『시사인』, 제363호, 2014년 8월 25(승인9월3)일.

35 「홍성담 '세월오월' 사태를 보며」, 『광주드림』, 2014년 9월 5일.

36 프리드리히 니체, 김정현 옮김, 「도덕의 계보」, 『니체전집 14』, 책세상, 2002, 354쪽.

37 프리드리히 니체, 김정현 옮김, 「도덕의 계보」, 『니체전집 14』, 책세상, 2002, 356쪽.

38 프리드리히 니체, 김정현 옮김, 「도덕의 계보」, 『니체전집 14』, 책세상, 2002, 377쪽.

39 프리드리히 니체, 김정현 옮김, 「도덕의 계보」, 『니체전집 14』, 책세상, 2002, 363쪽.

40 프리드리히 니체, 김정현 옮김, 「도덕의 계보」, 『니체전집 14』, 책세상, 2002, 365쪽.

41 프리드리히 니체, 김정현 옮김, 「도덕의 계보」, 『니체전집 14』, 책세상, 2002, 367~368쪽.

42 정희진, 「'유승준'과 '황교안'」, 인터넷 『경향신문』, 2015년 6월 11일.

43 김택근, 『새벽 김대중 평전』, 사계절, 2012, 240~241쪽.

44 「노태우 회고록' 이어 전두환 전 대통령도 집필 중」, 인터넷 『한겨레』, 2011년 8월 11일.

45 「열린우리당내 '영—호남 갈등' 수면위로」, 『프레시안』, 2004년 5월 27일.

46 「[전문] 노 대통령-대구경북 언론인 만남 "요즘 대구가 어렵죠?"」, 『오마이뉴스』, 2003년 8월 19일.

47 「문재인 "부산에 신경 썼는데 왜 부산정권으로 안 받아주나"」, 인터넷 『매일경제』, 2006년 5월 15일.

48 조기숙, 「안철수 캠프, '친노 왕따 · 호남 왕따' 방어자 돼야」, 『오마이뉴스』, 2012년 10월 8일.

4장

1 「신기남 "〈조선일보〉 '선혈낭자' 보도 유감"」, 『오마이뉴스』, 2003년 5월 13일.

2 「재통합은 어불성설, 수도권 개혁세력 대승」, 『대자보』, 2004년 1월 5일.

3 「"우리당의 호남 석권을 바라지 않는다"」, 『오마이뉴스』, 2004년 3월 30일.

4 「문재인 전 민정수석 "지방선거후 정국은 정당이 주도할 것"」, 인터넷 『동아일보』, 2006년 5월 16일.

5 김욱, 「'개혁신당'인가, '제도개혁'인가」, 『오마이뉴스』, 2003년 4월 28일.

6 김갑수, 「친노 어게인!」, 인터넷 『국제신문』, 2015년 2월 25일.

7 「[전문] 노 대통령-대구경북 언론인 만남 "요즘 대구가 어렵죠?"」, 『오마이뉴스』, 2003년 8월 19일.

8 「설훈 "정균환·박상천에게 도와달라고 하라" 노 대통령 "민주당, 전국적 토대 위에 서야"」, 『오마이뉴스』, 2003년 5월 28일.

9 「김경협 "비노, 당원자격 없어…분당준비?" 발언 논란」, 『연합뉴스』, 2015년 6월 12일.

10 유시민, 『97 대선 게임의 법칙』, 돌베개, 1997, 267쪽.

11 「[월요인터뷰] 복지부 장관 취임 석 달 맞은 '정치인' 유시민」, 인터넷 『중앙일보』, 2006년 5월 14(수정6월 22)일.

12 「유시민 "노 '연정' 발언, 전혀 놀랍지 않더라"」, 『프레시안』, 2005년 7월 29일.

13 「유시민 "한나라당 집권해도 복지부 장관 유임시켰으면…대선후보 나설 일 없을 것"」, 인터넷 『조선일보』, 2007년 1월 9일.

14 노무현, 「지역구도 등 정치구조 개혁을 위한 제안: 당원동지 여러분께 드리는 글」, 『프레시안』, 2005년 7월 28일.

15 「[특집ㅣ위키리스크 외교문서] 2007년 이명박 대통령 당선 기정사실화」, 인터넷 『주간경향』, 제943호, 2011년 9월 27일.

16 「"이상득·노건평 형님라인, 전직 대통령 수사 않기로 밀약"」, 인터넷 『중앙일보』, 2015년 4월 28일.

17 「리틀 DJ 한화갑 "비싼 값에 사줘 고맙다"…박 지지, 입당은 안 해」, 『뉴시스』, 2012년 12월 6일.

18 「호남 일부 민주당 출신들, '박 지지' 배경과 민심」, 『연합뉴스』, 2012년 12월 10일.

19 「[선택 4·11] '김용민 막말' 효과…새누리 과반 지켰다」, 인터넷 『국민일보』, 2012년 4월 12일.

20 http://www.bbc.com/news/election/2015/results.

21 「'총선 휴유증' 영국 혼란·고립 가속화되나…내우외환 커질 듯」, 인터넷 『국민일보』, 2015년 5월 10일.

22 「영국총선 D-1, '돌풍' 스코틀랜드독립당 스터전 당수」, 『연합뉴스』, 2015년 5월 7일.

23   L. Trotsky, *The War and the International*; 로날도 뭉크, 이원태 옮김, 『사회주의 혁명과 민족주의』, 민·글, 1993, 75쪽에서 재인용.

24   J. Stalin, *Marxism and the National Question*; 로날도 뭉크, 이원태 옮김, 『사회주의 혁명과 민족주의』, 민·글, 1993, 144쪽에서 재인용.

25   로날도 뭉크, 이원태 옮김, 「서문」, 『사회주의 혁명과 민족주의』, 민·글, 1993, 10쪽.

26   조기숙, 「안철수 캠프, '친노 왕따·호남 왕따' 방어자 돼야」, 『오마이뉴스』, 2012년 10월 8일.

27   K. Marx and F. Engels, *Ireland and the Irish Question*; 로날도 뭉크, 이원태 옮김, 『사회주의 혁명과 민족주의』, 민·글, 1993, 38쪽에서 재인용.

28   알베르토 알레시나, 에드워드 글레이저, 전용범 옮김, 『복지국가의 정치학』, 생각의힘, 2012, 225~230쪽.

29   「영국총선 D-1, '돌풍' 스코틀랜드독립당 스터전 당수」, 『연합뉴스』, 2015년 5월 7일.

5장

1   「천정배 전 의원, 왜 광주에 변호사 개업?」, 인터넷 『한겨레』, 2013년 3월 29일.

2   「천정배 전 장관, 8일 광주서 변호사 업무 시작」, 『뉴스1』, 2013년 4월 7일.

3   「천정배 '뉴DJ' 선전포고, 새정치연합 광주 의원들 '으르렁'」, 『뉴스1』, 2015년 5월 5일.

4   박상준, 「박상준의 여의도 밀!당: 동지서 적으로…천정배-권은희 '얄궂은 인연'」, 인터넷 『한국일보』, 2015년 3월 29일.

5   박상준, 「박상준의 여의도 밀!당: 동지서 적으로…천정배-권은희 '얄궂은 인연'」, 인터넷 『한국일보』, 2015년 3월 29일.

6   「천정배 '뉴DJ' 선전포고, 새정치연합 광주 의원들 '으르렁'」, 『뉴스1』, 2015년 5월 5일.

7   「이해찬 "세종시 전략공천?…국회의원만 20년 한 사람이 뭘"」, 『뉴시스』, 2012년 2월 25일.

8   「'도움' 청한 한명숙 '화답'한 이해찬」, 『뉴시스』, 2012년 3월 19일.

9   「180도 바뀐 '천의 논리'」, 인터넷 『동아일보』, 2006년 10월 31일.

10 「천정배 "우리당이 민주당보다 개혁적인가?"」, 『프레시안』, 2006년 11월 3일.

11 「'인간 천정배'가 '인간 노무현'과 결별하는 이유」, 『뷰스앤뉴스』, 2007년 1월 27일.

12 「"일당독점 깨지 못하면 야권도 호남정치도 희망 없다"」, 인터넷 『광주일보』, 2015년 5월 4일.

13 「[민주 신당 계파간 대결] "헤쳐모여 창당" vs "편가르기 불가"」, 인터넷 『동아일보』, 2003년 4월 30일.

14 「여 '신당 추진안' 격론」, 『연합뉴스』, 2003년 5월 30일.

15 강준만, 「강준만의 인간학 사전-김대중·노무현의 매트릭스: '역사의 배신'인가?」, 『월간 인물과 사상』 (2005. 8), 87쪽.

16 「"권노갑-U 대권동맹" 살아 있지만 이인제, 민주당 후보 정통성 없다"」, 『오마이뉴스』, 2002년 2월 20일.

17 「"DJ가 구석자리라니" 야 때 아닌 대표실 배경막 '소동'」, 『연합뉴스』, 2015년 9월 9일.

18 「'문재인 대통령' 만들러 들어와…재신임 안 되면 나도 떠날 것」, 인터넷 『중앙일보』, 2015년 9월 12(수정 13)일.

19 「야 "YS도 같은 뿌리"…'영남개혁세력' 복원 시도」, 『연합뉴스』, 2015년 8월 24일.

20 「노-YS '80분 밀담' 내용 촉각」, 인터넷 『동아일보』, 2002년 4월 30일.

21 「'현실 정치인' 노무현의 고민 – YS 부산시장 후보천거 거부, 노 한이헌 선택」, 『프레시안』, 2002년 5월 10일.

22 「김민석, '대안야당 재건' 선언…"야, 열린우리당으로 회귀"」, 『뉴시스』, 2015년 9월 18일.

23 「천정배 "호남 정치', 이제 경쟁입찰을 하자"」, 인터넷 『한겨레』, 2015년 4월 17(수정19)일.

24 「천정배 "호남 정치', 이제 경쟁입찰을 하자"」, 인터넷 『한겨레』, 2015년 4월 17(수정19)일.

25 「천정배 "'호남 정치', 이제 경쟁입찰을 하자"」, 인터넷 『한겨레』, 2015년 4월 17(수정19)일.

26 「[직격 인터뷰] '돌아온' 천정배가 말하는 야당집권플랜–"정권 잡고 싶다면 양치기 소년 오명부터 벗어야"」, 인터넷 『월간중앙』(2015년 6월호), 2015년 5월 17일.

27 「천정배 "'호남 정치', 이제 경쟁입찰을 하자"」, 인터넷 『한겨레』, 2015년 4월 17(수정19)일.」

28 「천정배 "'호남 정치', 이제 경쟁입찰을 하자"」, 인터넷 『한겨레』, 2015년 4월 17(수정19)일.」

29 http://info.nec.go.kr.

30 함규진, 「1987년 YS·DJ 후보 단일화가 됐다면」, 인터넷 『한겨레21』제804호, 2010년 4월 1일.

31 「한인섭 "DJ는 '호남정치' 같은 축소지향적 언어 쓴 적 없다"」, 『뷰스앤뉴스』, 2015년 5월 3일.

32 『일요신문』, 1995년 1월 22일; 강준만, 『김대중 죽이기』, 개마고원, 1995, 157쪽에서 재인용.

33 「천정배 "새정치와 총선경쟁할 '뉴DJ' 광주에 100명도 넘어"」, 『뉴스1』, 2015년 5월 15일.

34 「[야당은 왜 매번 지는가] 3년 만에 국회 복귀 천정배 "새정치서 절반 정도 빼올까 싶다"」, 인터넷 『경향신문』, 2015년 4월 30일.

35 「"호남의 정당한 이익 지키자는 것 자꾸 호남 패권으로 몰아가 답답"」, 『오마이뉴스』, 2015년 5월 6(최종 7)일.

36 「[만나고 싶었습니다] 천정배 "새로운 정치세력 만드는 건 절대명제"」, 『뉴스1』, 2015년 6월 6일.

37 「천정배 "호남 신당? 내 관심은 정권교체"」, 『프레시안』, 2015년 5월 20일.

38 「"'비호남연대'가 개혁적 국민에 대한 도리"」, 『뷰스앤뉴스』, 2014년 2월 12일.

39 「천정배 "호남정치, 투쟁에 나서야 한다"」, 인터넷 『광남일보』, 2015년 5월 19일.

40 「CBS 라디오 '시사자키 정관용입니다'」, 『노컷뉴스』, 2015년 5월 8일.

41 「천정배 "호남정치, 투쟁에 나서야 한다"」, 인터넷 『광남일보』, 2015년 5월 19일.

42 유시민, 「구절양장(九折羊腸) 개혁신당 신당문제와 관련하여 개혁당 당원 동지들께 드리는 편지」, 『오마이뉴스』, 2003년 7월 28일.

43 「[사설] '노무현 정신' 실종된 노무현 6주기」, 인터넷 『한겨레』, 2015년 5월 24일(수정25)일.

44 「야, "내년 총선, 호남·세대·이념 3각파도 넘어야"」, 『연합뉴스』, 2015년 6월 3일.

45　「[인터뷰] 강기정 "분당, 신당론 압박은 공천 기득권 지키려는 분열주의"」, 인터넷 『PBC뉴스』, 2015년 7월 10일.

46　「노 전 대통령 추도식 비노 '봉변'…친노·비노 갈등폭발」, 『연합뉴스』, 2015년 5월 23일.

47　「새정치 박지원 "봉하마을 간다고 했더니 갖은 욕설…서로 이해해야"」, 인터넷 『경향신문』, 2015년 5월 23일.

48　함영준, 「박지원과 5공, 그리고 DJ」, 인터넷 『중앙SUNDAY』, 제366호, 2014년 3월 16일.

49　「DJ "17대 총선서 우리당후보 찍었다"」, 인터넷 『문화일보』, 2004년 9월 8일.

50　「DJ "미·중과 협력하되 할 말은 제대로 해야"」, 인터넷 『경향신문』, 2006년 10월 9일.

51　「"고통 크다, 아무것도 할 수 없다" 노 전 대통령 투신·서거」, 인터넷 『경향신문』, 2009년 5월 23일.

52　「이희호 "DJ정신 계승, 정쟁논리로 거론해선 안 돼"」, 『연합뉴스』, 2015년 5월 6일.

6장

1　통계청, http://kosis.kr/statHtml/statHtml.do?orgId=101&tblId=DT_1C65&vw_cd=MT_OTITLE&list_id=MT_CTITLE_c_C2010&scrId=&seqNo=&lang_mode=ko&obj_var_id=&itm_id=&conn_path=E1.

2　행정자치부, 『2015 행정자치통계연보』 통권 제17호(2015, 7), iv, 222~223쪽을 재구성.

3　「정부, TK 예산 5600억 '셀프 증액'…'총선용'」, 『프레시안』, 2015년 11월 10일.

4　「국토부 새해 SOC 예산 증액 들여다봤더니…TK지역에 29%, 1263억원 몰아줘」, 인터넷 『경향신문』, 2014년 1월 3일.

5　통계청, http://kosis.kr/statisticsList/statisticsList_01List.jsp?vwcd=MT_ZTITLE&parentId=A.

6　「500대 기업CEO] 오너 출신지서도 호남 '고개 푹'…영남 '득세'」, 인터넷 『CEO스코어데일리』, 2013년 7월 24일; 「500대 기업CEO] 확 기울어진 영호남 출신사장 '저울대'」, 인터넷 『CEO스코어데일리』, 2013년 7월 24일.

7　김대원, 「호남, 판을 키우자 2015 무등일보 어젠다」, 인터넷 『무등일보』, 2015년 1월 1일.

8　「[박근혜 정부 후반기 '파워 엘리트' 218명 분석] 못 말리는 'TK 천하'…전체 23% 차지, 집권 초 4위서 1위로」, 인터넷 『경향신문』, 2015년 9월 25일.

9　「[박근혜 정부 후반기 '파워 엘리트' 218명 분석] 국정원·경찰청·국세청 최고위직에 호남 출신 한 명도 없어」, 인터넷 『경향신문』, 2015년 9월 25일.

10　전우용, 「국민통합, 내선일체」, 인터넷 『경향신문』, 2015년 7월 3일.

11　김욱, 「지역과 계층, 이중모순을 인정하자」, 『인물과 사상 28』(2003, 10), 128쪽.

12　「한수진의 SBS전망대」, 인터넷 『SBS뉴스』, 2015년 6월 18일.

13　http://www.gallup.co.kr.

14　「[여당] '성추행 논란' 최몽룡, 교과서 집필 자진사퇴」, 인터넷 『JTBC』, 2015년 11월 6일.

15 「[전문] 박대통령 시정연설…예산 운용 계획·국회 당부 밝혀」, 『뉴스1』, 2015년 10월 27일.

16 손호철, 「책머리에」, 『3김을 넘어서』, 푸른숲, 1997, 6~7쪽.

17 「임석규의 정치빡」(18) 토호 '완장질'에 지친 호남 민심, 신당 키워줄까?」, 인터넷 『한겨레』, 2015년 1월 23일.

18 유시민, 「유시민의 아침편지」, 2003년 12월 11일, www.usimin.net.

19 김욱, 「노무현, 2002년의 꿈과 2006년의 현실」, 『월간 인물과 사상』(2007, 1), 67쪽.

20 공손룡, 임동석 역주, 「공손룡자」, 『등석자/윤문자/공손룡자/신자』, 동서문화사, 2011, 308~316쪽.

21 박상훈, 『만들어진 현실』, 후마니타스, 2009, 66쪽.

22 박상훈, 『만들어진 현실』, 후마니타스, 2009, 57쪽.

23 박상훈, 『만들어진 현실』, 후마니타스, 2009, 57쪽.

24 박상훈, 『만들어진 현실』, 후마니타스, 2009, 59쪽.

25 박상훈, 『만들어진 현실』, 후마니타스, 2009, 32쪽.

26 박상훈, 『만들어진 현실』, 후마니타스, 2009, 231쪽.

27 박상훈, 『만들어진 현실』, 후마니타스, 2009, 43쪽.

28 박상훈, 『만들어진 현실』, 후마니타스, 2009, 223쪽.

29 박상훈, 『만들어진 현실』, 후마니타스, 2009, 231쪽.

30 박상훈, 『만들어진 현실』, 후마니타스, 2009, 241쪽.

31 최장집, 『민주화 이후의 민주주의』, 후마니타스, 2002, 109쪽.

32 박상훈, 『만들어진 현실』, 후마니타스, 2009, 56쪽.

33 박상훈, 『만들어진 현실』, 후마니타스, 2009, 244쪽.

34 한비, 이운구 옮김, 『한비자 II』, 한길사, 562쪽.

35 두산백과(doopedia), http://terms.naver.com/entry.nhn?docId=1059101&cid=40942&categoryId=31651.

36 헌재 1995.12.27. 95헌마224·239·285·373(병합) 결정.

37 헌재 1995.12.27. 95헌마224·239·285·373(병합) 결정.

38 헌재 2001. 10. 25. 2000헌마92·240(병합) 결정.

39 헌재 2014. 10. 30. 2012헌마190·192·211·262·325, 2013헌마781, 2014헌마53(병합) 결정.

40 https://ko.wikipedia.org.

41 헌재 1995.12.27. 95헌마224·239·285·373(병합) 결정.

42 『국회속기록』, 제1회 제2호(1948년 6월 1일), 국회사무처, 16~17쪽.

43 E. Burke, "Acceptance Speech on Election to House of Commons for Brlstol", *Edmund Burke: Selected Writings and Speeches*, ed., Peter J. Stanlis, Regnery Publishing, Inc., 1997, pp. 224–225.

44 박완서, 「도둑맞은 가난」, 『박완서 단편소설 전집 1: 부끄러움을 가르칩니다』, 3판; 문학동네, 2013.

45 박완서, 「도둑맞은 가난」, 『박완서 단편소설 전집 1: 부끄러움을 가르칩니다』, 3판; 문학동네, 2013, 402~403쪽.

46 박완서, 「도둑맞은 가난」, 『박완서 단편소설 전집 1: 부끄러움을 가르칩니다』, 3판; 문학동네, 2013, 404쪽.

47 박완서, 「도둑맞은 가난」, 『박완서 단편소설 전집 1: 부끄러움을 가르칩니다』, 3판; 문학동네, 2013, 405~406쪽.

48 「'파수꾼' 출간 한 달…그레고리 펙 주연의 '앵무새 죽이기' 다시 찍을 판?」, 인터넷 『한겨레』, 2015년 8월 13일.

49 하퍼 리, 공진호 옮김, 『파수꾼』, 열린책들, 2015, 350쪽.

50 하퍼 리, 공진호 옮김, 『파수꾼』, 열린책들, 2015, 352쪽.

51 하퍼 리, 공진호 옮김, 『파수꾼』, 열린책들, 2015, 379쪽.

52 하퍼 리, 공진호 옮김, 『파수꾼』, 열린책들, 2015, 379~380쪽.

53 하퍼 리, 공진호 옮김, 『파수꾼』, 열린책들, 2015, 283쪽.

7장

1 「[저자와의 대화] 한국 남성들의 '찌질함' 폭로…"여성의 욕망을 솔직히 털어놓자"」, 인터넷 『경향신문』, 2015년 8월 29일.

2 「[인터뷰②] 4·29재보선 당선 천정배 무소속 의원: "호남의 정당한 이익 지키자는 것 자꾸 호남패권으로 몰아가 답답"」, 『오마이뉴스』, 2015년 5월 6(최종7)일.

3 「천정배 "독점 견제할 새로운 세력 필요"」, 『연합뉴스』, 2015년 9월 6일.

4 「문재인 "천정배·정동영과 함께"…천정배·정동영 동문은 탈당」, 인터넷 『한겨레』, 2015년 9월 3(수정4)일.

5 「문재인 "천정배·정동영과 함께"…천정배·정동영 동문은 탈당」, 인터넷 『한겨레』, 2015년 9월 3(수정4)일.

6 「조국 "새정치−천정배 신당간 경쟁, 야 전체에 도움"」, 『뉴스1』, 2015년 7월 15일.

7 「조국, 안 겨냥 "절차 따르기 싫으면 탈당·신당하라"」, 『연합뉴스』, 2015년 9월 14일.

8 「야 혁신위, 국민100% 선거인단 경선·결선투표 제시」, 『뉴스1』, 2015년 9월 7일.

9 「안녕하십니까 홍지명입니다」, 『KBS NEWS(KBS 1Radio)』, 2015년 9월 8일.

10 「안녕하십니까 홍지명입니다(KBS1Radio)」, 인터넷 『KBS NEWS』, 2015년 9월 8일.

11 「심상정 "양당 '휴대폰 프라이머리'…정당이 놀고먹겠다는 것"」, 『뉴시스』, 2015년 9월 30일.

12 「노쇠한 당을 어찌할꼬」, 인터넷 『시사인』, 제388호, 2015년 2월 12일.

13 단테 알리기에리, 박상진 옮김, 『신곡 지옥편』, 민음사, 2007, 26쪽.

14 「안철수–천정배 전격 회동…"야 이대론 안 돼" 공감」, 『연합뉴스』, 2015년 9월 9일.

15 「진중권 "안철수–천정배 만남…저런 엽기적 구태는 처음"」, 『뷰스앤뉴스』, 2015년 9월 11일.

16 「진중권 "남 대 남 경쟁에서 밀려난 이들…" 남성운동 비판」, 인터넷 『동아일보』, 2013년 7월 30일.

17 「페미니즘에 반대한다!' 미국 '여성' 반페미니스트에 주목」, 인터넷 『국민일보』, 2015년 9월 15일.

18 알랭 바디우, 페터 엥겔만, 김태옥 옮김, 『알랭 바디우, 공산주의 복원을 말하다』, 숨쉬는책공장, 2015, 80~81쪽.

19 「'광주의 경찰' 조명철에 누리꾼 "당신은 평양의 아들?"」, 『뉴스1』, 2013년 8월 19일.

20 「군도 경찰도…호남인맥 씨가 마른다」, 인터넷 『광주매일신문』, 2015년 9월 14일.

21 「안녕하십니까 홍지명입니다」, 『KBS NEWS(KBS 1Radio)』, 2015년 9월 16일.

| 찾아보기 |